世界贸易组织讲席计划丛书

中国竞争政策研究

Study of Competition Policy in China

应品广　著

法律出版社
LAW PRESS·CHINA
北京

本书出版得到世界贸易组织讲席计划（WCP）、上海高校智库国际经贸治理与中国改革开放联合研究中心的支持。

作者简介

应品广，法学博士，副教授，上海对外经贸大学WTO亚太培训中心执行主任、贸易谈判学院副院长、世界贸易组织讲席（中国）研究院副院长，教育部国别和区域研究备案基地世界贸易组织研究中心副主任，上海高校智库国际经贸治理研究中心副主任。兼任中国服务贸易协会专家委员会副理事长、上海市法学会竞争法研究会副秘书长、上海涉外法律人才库专家、上海仲裁委员会仲裁员、上海市市场监督管理局反垄断执法专家库专家以及湖南省、重庆市等多个省（市）公平竞争审查专家库专家。曾挂职首届中国国际进口博览会，并在新加坡管理大学、澳大利亚昆士兰科技大学、比利时布鲁塞尔自由大学等担任访问学者。曾参与国家市场监督管理总局和上海市、浙江省、安徽省、江西省、海南省等的多项公平竞争审查第三方评估项目，在竞争政策理论研究和公平竞争审查实务方面具有广泛经验。研究方向为竞争政策与国际经贸治理。

目　录

绪　论

竞争政策是国家为促进和发展竞争性市场体制所采取的各种公共政策。在现代市场经济条件下，在政府调节经济运行采取的各项政策中，竞争政策占有越来越重要的地位。竞争政策的实施和调整，通常会使一国的基本经济格局发生重大变化。因此，竞争政策越来越被界定为能够对一国经济社会发展产生深刻影响的基础性政策。

在经历了40多年的经济体制改革历程之后，我国竞争政策已经起步并初见成效。但是，长期以来，我国虽有竞争政策的实践，却无竞争政策的理念。直到《反垄断法》(2007年)出台，才首次以立法形式明确了“竞争政策”的概念，赋予了国务院反垄断委员会“研究拟定有关竞争政策”的职责。但是由于该规定从属于《反垄断法》(2007年)，从国务院反垄断委员会和反垄断执法机关的角度，极易将其仅理解为“竞争法律”或“反垄断政策”，而忽视了对于我国这样的转型国家而言，法律之外的体制改革和竞争倡导同样是竞争政策的重要内容。也正因如此,在较长一段时间内,学界对竞争政策的研究主要聚焦在竞争法本身,包括具体制度的构建及其实施。但是,2015 年前后,无论是官方还是学界,对于竞争政策本身的讨论开始突然增多,并蔚然成为风气,使竞争政策研究成为“显学”。这表现在:

一方面,党和国家层面的有关提法开始发生重大变化,为竞争政策的发展提供了重要契机。从党的十八大报告提出“经济体制改革的核心问题是处理好政府和市场的关系”开始,中国共产党在系列全会的公报中表明了“使市场在资源配置中起决定性作用和更好发挥政府作用”的决心,并提出了“毫不动摇鼓励、支持、引导非公有制经济发展”“深刻认识深化行政体制和政府机构改革的重要性和紧迫性”“建设统一开放、竞争有序的市场体系,是使市场在资源配置中起决定性作用的基础”“要依法全面履行政府职能,推行政府权力清单制度”“形成对外开放新体制,完善法治化、国际化、便利化的营商环境,健全服务贸易促进体系,全面实行准入前国民待遇加负面清单管理制度,有序扩大服务业对外开放”等一系列与竞争政策相关的表述。这些决定表明,我国的经济政治体制改革已经到了全面推进的关键时期。无论是“全面深化经济体制改革”还是“全面推进依法治国”的目标,都指向了处理“政府与市场的关系”这一核心问题。从最初的“更加尊重市场规律”到“充分发挥市场在资源配置中的基础性作用”再到“要紧紧围绕使市场在资源配置中起决定性作用”,表明党和国家对于市场作用的认识在逐步强化,市场竞争在调节经济中的决定性作用成为正确处理政府与市场关系的基础原则。

另一方面,竞争政策的相关制度构建开始发力。在《反垄断法》(2007 年)首次提出“竞争政策”概念之后,在 2015 年,《中共中央、国务院关于深化体制机制改革加快实施创新驱动发展战略的若干意见》和

《中共中央、国务院关于推进价格机制改革的若干意见》等文件相继提出“强化竞争政策和产业政策对创新的引导”,并明确“要逐步确立竞争政策的基础性地位”。这是一个重大的转变,是国家在关于全面建成小康社会、全面深化改革、全面推进依法治国和全面从严治党的现实要求基础上,借鉴国际经验,经过充分论证后提出的一项重大决策。2016 年 6 月,国务院又印发了《关于在市场体系建设中建立公平竞争审查制度的意见》,要求建立公平竞争审查制度,标志着建设我国统一开放、竞争有序的市场体系和落实中共中央和国务院提出的“逐步确立竞争政策的基础性地位”要求迈出了关键一步,我国的竞争政策体系开始初步形成。

因此,2015 年可以视为中国竞争政策的转折之年,不仅社会各界对于竞争政策的认识上了一个新台阶,对中国竞争政策的制度构建及其细化落实也开始步入议事日程。导致这种变化的一个非常重要的原因,在于我们国家已经进入了重要的“战略机遇期”和“改革攻坚期”。当前,中国经济在经历了较长时期的超速增长之后,出现了发展动力不足、政策激励弱化、结构性矛盾突出等问题。

可以看一些基本的经济数据:(1)在投资方面,过度投资的迹象越发明显。我国投资占 GDP 的比重从 2000 年的大约 35% 增长到 2013 年的约 50%,[①]该比率比处于相似工业化水平的其他亚洲国家(如日本和韩国)明显要高。随着总投资的增加,回报率下降,违约率也在增加,且由于大量的投资都是依靠银行贷款,最终增加了银行系统的脆弱性。2008 年,贷款总额(包括政府贷款、企业贷款和房贷)大约占 GDP 的

---

① See Giovanni Palmioli & Adam Heal, *Structural Economic Reform in China: The Role of the Shanghai Free Trade Zone*, *Trade Insights*, United Nations Economic and Social Commission for Asia and the Pacific, Issue No. 3(2014).

150%,到了2014年,该比例已经达到250%。[①] (2)在储蓄和消费方面,呈现高储蓄率和低消费的态势。根据国际货币基金组织的数据,城市家庭的储蓄率从20世纪90年代中期的低于20%,到2011年已经超过30%。[②] 伴随着高储蓄率和高投资率的是较低的家庭消费比率:大约占GDP的35%,远低于处于类似发展水平的其他经济体(如日本和韩国)。[③] 低消费率增加了经济对于出口和投资的依赖。(3)由于利率和信贷分配的国家控制以及显著的进入壁垒,储蓄大量通过金融系统流入大型国有企业。在2012年,五大国有商业银行占有银行系统44%的资产总额。[④] 相比于私营企业,国有企业能够以更低的利率拿到贷款。因此这是一个结构性缺陷,导致了扭曲的资本分配,阻碍了最优效率的投资分配,损害了竞争并在长期内扼杀创新。(4)服务业的低生产率和低附加值。虽然中国被誉为"世界工厂",但是服务业的发展水平相对落后。中国的服务业确实在发展:1978年,服务业仅占中国GDP的23%,并吸纳了中国12%的劳动力;[⑤]到了2012年,服务业已经占中国GDP的46%,并吸纳了中国37%的劳动力。但是,相比于其他新兴经济体,中国服务业对于国内经济的贡献要更低,2013年,服务业占巴西

---

① See The Economist, *The Great Role of China* (Oct. 18, 2014), http://www.economist.com/news/leaders/21625785 – its – debt – will – not – drag – down – world – economy – it – risks – zombifing – countrys – financial.

② See Steven Barnett, Alla Myrvoda & Malhar Nabar, *Sino – Spending*, Finance and Development, Vol. 49, p. 3 (2012).

③ See The Economist, *Pedaling Prosperity* (May. 26, 2012), http://www.economist.com/node/2155576.

④ See World Bank, *China 2030: Building a Modern, Harmonious, and Creative Society*, World Bank and Development Research Center of the State Council (Feb. 27, 2012), http://www.worldbank.org/en/news/feature/2012/02/27/china – 2030 – executive – summary.

⑤ See Ying Fan, *Services Policy Reform in the People's Republic of China: Before and After the Global Financial Crisis*, ADBI Working Papers from Asian Development Bank Institute (Aug. 15, 2011), https://econpapers.repec.org/paper/risadbiwp/0304.htm.

GDP的69%，占印度和俄罗斯GDP的59%，占南非GDP的70%。[①]（5）中国作为世界上最大的贸易国，出口依存度过高。

上述数据表明，中国经济当前面临的最重要的问题是结构性问题。中国当前面临的经济形势、所处阶段、国内外形势决定了中国需要在保持经济增长、转变经济发展方式和优化产业结构等方面有所突破。从产业政策为主向竞争政策为主的“政策换位”成为必然选择。加快确立符合市场配置资源体制的政策体系成为当务之急。主要依靠产业政策实施结构转变和创新驱动的路径已经行不通，竞争政策的确定和实施才是关系到市场经济体制成功转型和经济社会持续发展的基本出发点。为此，亟待科学总结竞争政策的作用，明确我国竞争政策的定位，完善我国竞争政策体系，建立竞争政策的实施机制，并最终确立竞争政策在我国的基础性地位。

这对竞争政策的研究提出了新的要求。如果说，之前的研究主要还是借鉴国外理论和制度“解释和分析”中国问题，那么今后的研究就应该侧重于在结合国内外理论和实践的基础上“解决”中国问题。

中国的竞争政策具有典型的转型性、演进性和阶段性特征。中国提供了一个非常特殊的视角，可以从一个侧面体现出竞争政策如何受经济体制影响，并反作用于经济体制，促进经济体制改革和升级。中国的竞争政策从无到有、从不被重视到“逐步确立基础性地位”，存在一个动态演进的过程，也给世界竞争政策的发展提供了一个绝佳的范本。

尽管时间不长，但是中国竞争政策在自身的发展过程中，还形成了若干与众不同的“特性”，值得深入研究。比如，在《反垄断法》实施的过

---

① See World Bank, *China* 2030: *Building a Modern, Harmonious, and Creative Society*, World Bank and Development Research Center of the State Council (Feb. 27, 2012), http://www.worldbank.org/en/news/feature/2012/02/27/china-2030-executive-summary.

程中,行政执法部门和司法机关对于纵向限制(特别是维持转售价格)的不同分析思路、在纵向垄断协议的查处中适用宽大制度、在经营者集中的救济中多采用行为救济而非结构救济、依靠行使“建议权”的方式对行政性垄断进行规制等做法,均体现出与其他国家不同之处。中国竞争执法部门针对高通、利乐等跨国公司的滥用市场支配地位案件的查处,以及在国际上普遍无条件通过的情况下,对于微软和诺基亚、谷歌和摩托罗拉、阿尔卡特朗讯和诺基亚等经营者集中附加限制性条件的做法等,亦体现出中国竞争执法部门的开创性,更体现出中国越来越成为继美国和欧盟之后最重要的反垄断法辖区之一。

基于上述背景,笔者认为,在体制改革和经济转型的背景下理解中国竞争政策,是中国竞争政策研究的基本前提。如果我们建立一个有关市场和政府关系的图谱,可以发现,无论是优化市场与政府的关系还是全面深化改革,关键是处理“政府端”的相关问题,包括约束政府限制竞争行为、开展垄断行业改革、深化国有企业改革等。因此,中国竞争政策的最大亮点以及能够为全球竞争政策的发展提供最大贡献之所在,就是针对政府限制竞争行为以及国有企业限制竞争行为进行有效规制。

中国的反垄断法立法史亦为此提供了证明。在《反垄断法》提交全国人大审议期间,当时的若干委员均强调了通过反垄断法规制行政垄断和国有企业的必要性。

此外,还要关注国内市场的需求与政策供给不相匹配、竞争政策实施政府推力与阻力共存、竞争政策缺乏国民意识的普遍响应、国内竞争政策与国际竞争政策尚未实现有效对接等现实问题。这些问题意味着不能在竞争政策自身的框架内研究竞争政策,还应该在重视竞争政策与经济体制的关联性的基础上,对竞争政策的目标、竞争政策的实施、竞争政策与其他经济和社会政策的关系、中国竞争政策如何与国际竞争政策对接、如何推进中国竞争政策的实施以及倡导中国特色的竞争文化等问题开展研究。

基于此，全书分为六章，分别对中国竞争政策的基本理论、目标选择、内部制度、外部关系、国际话语以及推进机制展开分析，论证中国竞争政策与经济体制的关联性、在目标选择中如何考虑发展的阶段性、在竞争政策实施过程中如何有所侧重、在处理与其他经济和社会政策的关系时如何体现竞争政策的基础性地位、在对接国际竞争政策时如何回应理念的多元性、在推进竞争政策时如何通过竞争倡导孕育中国特色的竞争文化等问题。

CHAPTER 01 >>

第一章

竞争政策的基本理论：体制的关联性分析

第一节　在中国视角下重新理解竞争政策

一、竞争政策具有多层含义

（一）竞争与竞争机制

“竞争”不仅是一个生物学概念，还是一个经济学、社会学和政治学概念。自然界的竞争表现为自然状态的“优胜劣汰、物竞天择”，经济竞争表现为争夺交易或投资机会，社会竞争表现为社会地位（体现在财富、权力、声望等各个方面）的竞赛，政治竞争则体现为政党竞争或晋升竞争。

竞争政策视角下的竞争主要是指经济层面的竞争。这里所指的竞争不仅是一种竞争行为，更是一种竞争机制。[①] 竞争行为是从个体利益出发，通过价格、质量、服务和广告等方面的竞争，试图胜过或压倒对

① 参见徐士英：《竞争法论》，世界图书出版公司2000年版，第3页。

方的行为活动。经济竞争的本源是生物之间最原始的"生存斗争"本能。但是,哪怕竞争的本源是出于私利,竞争的结果却能够使经济资源流向有最大产出效率的利用者,也激励企业以最有效率的方式组织生产,竞争还能保证生产效率的提升不仅是转化为企业盈利的增加,还同时提升消费者的福利。因此,竞争还体现为一种"资源配置机制",是能够将竞争行为引向特定目标(诸如效率或消费者福利)的机制。[①]

亚当·斯密在其经济学著作《国民财富的性质和原因的研究》(又称《国富论》)中对竞争机制展开了论述。在经济学"经济人"假设之下,尽管"单个的个人所盘算的只是自身的利益,但有一只看不见的手引导并最终增进了社会的利益",这只看不见的手就是"市场机制"。市场机制是目前为止人类所了解到的最有效的分配有限的资源并使其流向能够更好地利用它的地方的一种机制。

但是,竞争机制本身并不足以将在个体利益驱动下实施的竞争行为引向提升经济效率和消费者福利并最终促进社会整体利益的轨道上来。偏离轨道的竞争行为(如不正当竞争行为和限制竞争行为)会破坏竞争机制,降低资源配置效率。因此,"有效"的竞争机制还需要建立在"法治"的基础上,特别是建立在完备的产权制度、交易制度和竞争制度的基础之上。市场经济语境中的竞争机制需要依靠现代文明社会的制度予以支撑,保障竞争自由和竞争公平是市场竞争机制的基本内涵。

(二)竞争政策的三层含义

竞争政策的作用在于实现竞争机制的有效运行。从这个角度看,竞争政策至少具有三层含义(见图1-1)。

---

① Maurice E. Stucke, *Better Competition Advocacy*, ST. John's Law Review, Vol. 82:3, p. 987 (2008).

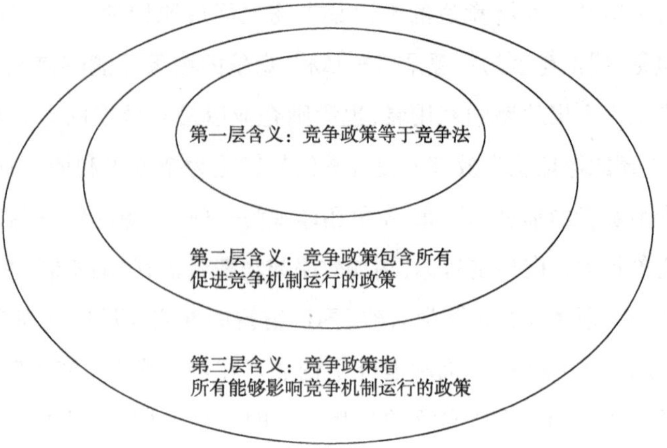

图1-1 竞争政策的三层含义

第一层含义:竞争政策等于竞争法

在国际层面,无论学术界还是实务界,谈到竞争政策时,通常与竞争法同义,而且主要指反垄断法,即竞争政策就是通过反垄断法规制各种限制竞争的行为,包括禁止垄断协议、滥用市场支配地位和防止限制竞争的经营者集中,而较少涉及反不正当竞争法。这很好理解:一方面,一个国家最核心的竞争政策往往就体现在竞争法或者反垄断法之中,即竞争法是实现国家竞争政策的根本手段;另一方面,反不正当竞争法更多的是作为民法的特别法而存在(尽管这种观点已经饱受争议),较少引发国际影响、国际冲突和国际协调。

第二层含义:竞争政策包含所有促进竞争机制运行的政策

在这层面,竞争政策不仅包括竞争法,还包括产业政策、财政政策、投资政策、贸易政策、知识产权政策、环境政策等其他经济和社会政策中"促进竞争"的那部分。比如,产业政策中的结构性改革、放松规制等，如果基于促进竞争的目的，可视为竞争政策的组成部分。[①] 再如，降低关税和非关税壁垒、促进贸易便利化的贸易政策，减少投资审批的投资政策，防止“专项性”补贴的财政政策，也属于促进竞争的竞争政策。此外，针对国有企业开展混合所有制改革、鼓励政府和社会资本合作（Public－Private－Partnership，PPP）等，也都体现了竞争政策的内涵。

澳大利亚的“国家竞争政策”很好地体现了这个层次的竞争政策的内涵。1995 年，通过各级政府之间签订政府间协议的方式，澳大利亚形成了自己的国家竞争政策。其政策框架不仅包括竞争法，还包括针对传统垄断行业的改革、针对国有企业的竞争中立规则以及针对立法的竞争审查等内容。比如，通过对垄断行业[②]开展结构性改革，一方面在传统的垄断行业引入竞争，另一方面则加强价格和质量监管，降低第三方接入垄断基础设施的门槛；在“竞争中立”基础上规范国有企业的行为；此外，各级政府对可能排除、限制竞争的 1700 多部立法进行了竞争审查。[③]

竞争政策的这层含义表明，竞争法本身不足以解决经济社会中“限制竞争”的那些制度条件，需要将竞争政策的理念融入其他经济和社会政策，才能够从制度上保证竞争机制的有效运行。

第三层含义：竞争政策指所有能够影响竞争机制运行的政策

在这个层面，竞争政策既包含促进竞争机制的政策，也包括阻碍竞

① 参见于立、吴绪亮、刘慷：《反垄断法的经济学基础：历史、趋势与难题》，载于立主编：《产业组织评论》（第 1 辑），东北财经大学出版社 2007 年版，第 168 页。

② 澳大利亚的垄断行业中，有些是自然形成的垄断，如电力输送、输气管道、电信以及铁路网络和水务设施；有些是政府强制的垄断，如标准的信件邮递服务。

③ See Jim Murphy, *Competition Policy: The Australian Experience*, address to the National Development and Reform Commission (Jul. 9, 2007), http://www.sdpc.gov.cn/gzdt/W020070720552787085079.doc.

争机制的政策,即促进垄断或限制竞争的政策也可称为有关竞争的政策。[①] 这是因为,维护竞争机制的政策目标有可能会和维护社会公共利益或假借公共利益之名的其他政策目标发生冲突。比如,关税和非关税壁垒、交易和投资的准入门槛、价格和数量管制以及财政补贴等,均是影响竞争的政策。这些政策的出台并非基于促进竞争的目的,但是出于社会公共利益的考虑,有时促进竞争的竞争政策只能屈从于限制竞争的政策。

(三)区分的意义

第一,有助于从多角度理解竞争政策,避免仅从反垄断法的角度出发看待竞争政策,促进不同政策之间的协调。从反垄断法的角度理解竞争政策,竞争政策的推广只需要完善法律规则和加强法律实施即可。但是,目前来看,竞争政策的推广面临的困难主要不在于《反垄断法》本身,而是如何将竞争政策的理念渗透到其他经济和社会政策之中。由于我国长期以来并不重视竞争政策,许多经济和社会政策中仍然存在大量的限制竞争内容。竞争政策的推行必然会和这些限制竞争的政策产生冲突。竞争政策的上述三层含义,为理解竞争政策并界定相关政策是否具有“促进”或“限制”竞争的性质提供了可能性,同时具有防止基于“公共利益”的理由排除竞争政策的适用的指导性。

第二,有助于认清竞争政策的“属地性”,即对竞争政策的理解在不同国家和地区有不同侧重。在发达经济体(如美国和欧盟),对竞争政策的理解以第一层含义为主。由于竞争政策的理念已经渗透到发达经济体的大多数经济和社会政策之中,因此其在国际层面推行烙有欧美印记的竞争政策理念和制度时,较少关注到发展中经济体尚在体制和

① 参见[日]金泽良雄:《经济法概论》,满达人译,中国法制出版社 2005 年版,第 165 页。

政策层面存在大量“限制竞争”的内容。比如,美国学者在相关论述中,基本上将竞争政策的概念与反垄断法的概念等同。① 在欧盟,谈及欧盟竞争政策,基本上也等同于欧盟竞争法。与此相反,对于包括中国在内的发展中经济体而言,不对其他经济和社会政策之中限制竞争的因素加以规范,竞争法本身的施行就会遭遇很大困难。因此,对于许多发展中经济体而言,更值得关注的不是竞争法本身,而是在竞争法之外如何推行和贯彻竞争政策的理念。基于此,才有国内学者指出,有必要确立“竞争政策是与竞争法并列”的概念。② 这是发展中国家的竞争政策更加侧重竞争法以外的、旨在促进和保护竞争的政策措施的表现。

第三,竞争政策涵盖“竞争法和与竞争相关的政策”的观点,有助于深入认识当代社会“法和政策”的关系。根据覆盖范围之大小,“政策”具有两层含义:(1)从狭义角度看,政策专指没有被法律所包含的原则、方针和策略,如没有表现为规范性法律文件的内容;(2)从广义角度看,政策是包括法律在内的所有能够对不特定多数人产生影响的原则和规则。在现代社会,越来越出现“法的政策化”和“政策的法治化”的趋势。所谓法的政策化,是指在现代社会,法越来越不能依赖法典和立法机关制定的法律,因此出现对政府的概括授权,通过政策方式体现法治理念;所谓政策的法治化,是指将政策的制定、出台和实施过程纳入法治轨道,遵循法治程序,并且对错误或失误的政策实施问责。

竞争政策正是“法的政策化”和“政策的法治化”的集中体现。③ 比如,日本著名经济法学者金泽良雄在其《经济法概论》一书中提及,经济

---

① See Rudolf J. R. Peritz, *Competition Policy in America*, 1888 - 1892: *History*, *Rhetoric*, *Law*, Oxford University Press, 1996, p. 374.

② 参见耿邦:《论中国竞争政策体系的构建》,载《人民论坛》2012 年第 35 期。

③ 参见史际春、赵忠龙:《竞争政策:经验与文本的交织进化》,载《法学研究》2010 年第 5 期。

法就是经济政策法,竞争法就是竞争政策法。[①] 在中国目前的制度生态下,法的政策化已经成为常态,但是政策的法治化尚未成为一种习惯。因此,对于竞争政策的研究,或许有助于从侧面促进我国政策的法治化的形成。

二、竞争政策与"经济体制"存在密切联系

(一)经济体制的类别

经济体制是经济方面的制度安排,体现为所有制(产权)制度、交易制度、市场规制制度、宏观调控制度等。从宏观看,经济体制指向整个国民经济的管理体制;从中观看,经济体制是指各个行业(农业、工业、服务业等)的管理体制;从微观看,经济体制也可指不同类型企业的管理体制。从功能上看,经济体制则最终体现为一种资源占有和配置的制度模式。

从已有的研究来看,对经济体制的划分主要从资源占有和资源配置两个方面展开。如果我们将资源占有方式抽象为公有制与私有制两类,资源配置方式抽象为计划配置与市场配置两类,那么就可以将经济体制划分为四种类型:公有制计划经济体制、私有制计划经济体制、公有制市场经济体制、私有制市场经济体制。除私有制计划经济体制外,其他三类体制在历史上均存在过。比如,西方发达国家主要实行私有制市场经济体制,社会主义国家都曾实行过公有制计划经济体制,而中国当前的经济体制基本可归为公有制市场经济体制的范畴。此外,还有学者从意识形态的角度出发,建立了"所有制 + 运行机制 + 意识形

---

① 参见[日]金泽良雄:《经济法概论》,满达人译,中国法制出版社 2005 年版,第 164 ~ 165 页。

态＝某种主义的经济制度”的经济制度“公式”。比如,熊彼特把经济体制分为资本主义、社会主义和民主主义三类。①

从以上分析可知,经济体制与社会制度存在紧密联系。比如,公有制总是和社会主义联系在一起,私有制则在资本主义社会备受推崇。但是,经济体制的优劣并不是看所有制本身,而是要看在特定的经济体制下,资源是否得到了合理的配置。

(二)不同的经济体制塑造不同的竞争政策

首先,竞争政策的制定和实施必然受所有制的影响。如果一个国家的经济体制建立在私有制的基础之上,那么竞争政策作用的主要对象就是私人垄断;如果一个国家的经济体制是以公有制为主导的,那么竞争政策要发挥作用,就必然对国有企业的垄断地位形成挑战,同时也对政府利用国有企业实施排除、限制竞争的行为构成挑战。如果公有制还和一定的“主义”或意识形态相联系,那么竞争政策的实施就面临更大的政治阻力。

其次,竞争政策的制定和实施受资源配置方式的影响。政府和市场是资源配置的两大方式。如果资源配置主要依靠政府,那么竞争就不太会受到重视。比如,在计划经济时代,所有的资源都通过国家之手进行统一分配,因此也就不存在竞争。而且,在计划经济时代,“受意识形态的约束,甚至连‘竞争’这个字眼都被带上了意识形态的色彩”。②在竞争本身都不被承认的情况下,就更不可能出现竞争政策。相反,只有市场经济才能催生竞争政策。因为只有市场能够为经济竞争提供平

---

① 参见[美]约瑟夫·熊彼特:《资本主义、社会主义与民主》,吴良健译,商务印书馆 1999 年版,第 1 页。

② 参见郑鹏程:《行政垄断的法律控制研究》,北京大学出版社 2002 年版,第 103 页。

台,竞争政策也只能在市场经济发展到一定阶段后才会萌芽并发展。因此,政府在资源配置中发挥主要作用的国家,应重点关注政府垄断;市场在资源配置中发挥主要作用的国家,应重点关注私人垄断。

当然,市场经济也并非只有一个模式。不同的市场经济制度也塑造着不同性格的竞争政策。比如,英美崇尚自由市场经济,因此其竞争政策更多地关注经济效率,更加能接受"芝加哥学派"关于"反垄断法的唯一目标是促进经济效率"的观点。以德国为代表的欧洲大陆,则更加接受"社会市场经济"的理念,[①]反映在竞争政策层面为更加接受弗莱堡学派提出的"竞争秩序"观,[②]即相比于经济效率,欧洲大陆显然更容易接受竞争政策是为了形成"竞争秩序"的观点。德国《反限制竞争法》以及欧盟竞争法,都受到此观点的影响。

三、中国的经济体制及其改革历程

(一)中国的经济体制存在一个演变的过程

从1949年至今,中国的经济体制经历了一个从计划经济体制逐步向市场经济体制转变的过程,这个过程基本上可以划分为四个阶段。

1. 计划经济体制时代(1949~1978年)

从新中国成立到1978年实行改革开放,中国经历了30年的计划经济时代。在计划经济体制下,不仅绝大部分的资源为政府所占有(公有制),而且资源的分配全部依赖政府计划。换言之,生产什么、怎样生产和为谁生产都依靠政府的指令,国家在最大限度上消灭了市场的存在。

---

① 参见[德]何梦笔主编:《秩序自由主义》,董靖等译,中国社会科学出版社2002年版,第7页。

② 参见[德]瓦尔特·欧根:《经济政策的原则》,李道斌译,上海人民出版社2001年版,第305页。

2. 部分引入市场机制的计划经济体制时代(1978 ~ 1984 年)

1978 年中共十一届三中全会之后,中国开始实行“对内改革、对外开放”的改革开放政策。1981 年,中共十一届六中全会通过《中国共产党第十一届中央委员会关于建国以来党的若干历史问题的决议》,提出“以计划经济为主,市场调节为辅”的理论。1982 年,中共十二大重申了“计划经济为主、市场调节为辅”的原则。“计划经济为主、市场调节为辅”成为这一时期中国经济体制的总概括。不过,该阶段仍然实行的是计划经济体制,只不过是试图通过引入价值规律完善计划经济体制。在实践层面,在农村主要体现为推行以联产承包责任制为主的改革,在城市主要体现为对部分工业企业实行扩大自主权的改革。

3. 有计划的商品经济时代(1984 ~ 1992 年)

1984 年,中共十二届三中全会通过《中共中央关于经济体制改革的决定》,提出“社会主义计划经济……是公有制基础上的有计划的商品经济”,“有计划的商品经济”开始成为这一时期的经济体制。1987 年,中共十三大报告提出了“社会主义有计划商品经济的体制,应该是计划与市场内在统一的体制”的观点,同时提出了“国家调节市场,市场引导企业”的经济运行机制模式。尽管这一时期对市场经济的认识还主要停留在商品经济层面,但是用“商品经济”取代“计划经济”,已经使中国的经济体制发生翻天覆地的变化。在实践层面,这一时期的主要改革特征是所有制结构的变革,即从过去单一的公有制经济结构转变成为以公有制为主体、多种经济成分并存的所有制结构。同时,在所有制改革的基础上,对计划、投资、财政、流通、价格、体制和社会保障等制度都进行了以引进市场机制为主要内容的改革。

4. 社会主义市场经济时代(1992 年至今)

1992 年到 2003 年是“建立”社会主义市场经济的阶段。1992 年,中共十四大提出“我国经济体制改革的目标是建立社会主义市场经济体制”。从此,社会主义不再和计划经济捆绑,社会主义也可以与市场经济相结合,逐渐成为人们的共识。1993 年,中共十四届三中全会作出《中共中央关于建立社会主义市场经济体制若干问题的决定》,确立了社会主义市场经济体制改革的各项任务:一是开始以建立现代企业制度为核心的微观基础的转型,使企业成为独立的商品生产者和经营者,全面参与市场竞争,成为真正的市场主体;二是开展以配套改革为内容的宏观制度的创新,对财政、税收、外汇、金融、投资、外贸以及流通体制等综合配套体系进行了全方位改革;三是开展以市场流通和社会保障为主的宏观体制改革,通过市场流通领域改革,健全了市场规则、整顿市场秩序,并探索建立了多层次的社会保障制度。

2003 年至今可以看成是“完善”社会主义市场经济的阶段。2003 年,中共十六届三中全会通过《中共中央关于完善社会主义市场经济体制若干问题的决定》,对建立完善的市场经济体制进行了全面部署,中国开始进入完善社会主义市场经济的阶段。在实践上,这一时期的主要任务包括:完善公有制为主体、多种所有制经济共同发展的基本经济制度,建立有利于逐步改变城乡二元经济结构的体制,形成促进区域经济协调发展的机制,建设统一开放竞争有序的现代市场体系,完善宏观调控体系、行政管理体制和经济法律制度,健全就业、收入分配和社会保障制度,建立促进经济社会可持续发展的机制等。

按预定计划,到 2010 年,中国将建立起比较完善的社会主义市场经济体制;到 2020 年,建立起比较成熟的社会主义市场经济体制。2012 年,中共十八大提出了“经济体制改革的核心问题是处理好政府和市场的关系,必须更加尊重市场规律,更好发挥政府作用”的观点。2013 年,中共十八届三中全会更是提出了“使市场在资源配置中起决定性作用”的要求。从此,中国在各个方面的市场化改革又进入了一个新阶段。

总的来看,中国经济体制演变具有以下特点:第一,中国的经济体制经历了一个逐步市场化的过程。这表现在:在所有制结构上,从单一的公有制演变为以公有制为主体、多种经济成分并存;在资源配置上,市场相比于政府在资源配置方面发挥越来越大的比重。第二,中国的经济体制变革是渐进式变革,经历了四个阶段,近半个世纪,才基本建立社会主义市场经济体制。第三,中国的经济体制改革是多元化改革,在所有制结构、计划、投资、财税、价格、分配等体制方面都进行了全方位改革。

(二)中国当前的经济体制

《宪法》第 6 条至第 18 条集中规定了有关经济制度的内容(见表 1-1)。

表 1-1 《宪法》关于经济制度的规定

条文	主要内容
第 6 条第 2 款	国家在社会主义初级阶段,坚持公有制为主体、多种所有制经济共同发展的基本经济制度,坚持按劳分配为主体、多种分配方式并存的分配制度。
第 7 条	国有经济,即社会主义全民所有制经济,是国民经济中的主导力量。国家保障国有经济的巩固和发展。
第 8 条第 3 款	国家保护城乡集体经济组织的合法的权利和利益,鼓励、指导和帮助集体经济的发展。
第 9 条第 1 款	矿藏、水流、森林、山岭、草原、荒地、滩涂等自然资源,都属于国家所有,即全民所有;由法律规定属于集体所有的森林和山岭、草原、荒地、滩涂除外。
第 10 条	城市的土地属于国家所有。农村和城市郊区的土地,除由法律规定属于国家所有的以外,属于集体所有;宅基地和自留地、自留山,也属于集体所有。国家为了公共利益的需要,可以依照法律规定对土地实行征收或者征用并给予补偿。任何组织或者个人不得侵占、买卖或者以其他形式非法转让土地。土地的使用权可以依照法律的规定转让。一切使用土地的组织和个人必须合理地利用土地。

续表

条文	主要内容
第 11 条	在法律规定范围内的个体经济、私营经济等非公有制经济,是社会主义市场经济的重要组成部分。国家保护个体经济、私营经济等非公有制经济的合法的权利和利益。国家鼓励、支持和引导非公有制经济的发展,并对非公有制经济依法实行监督和管理。
第 12 条第 1 款	社会主义的公共财产神圣不可侵犯。
第 13 条	公民的合法的私有财产不受侵犯。国家依照法律规定保护公民的私有财产权和继承权。国家为了公共利益的需要,可以依照法律规定对公民的私有财产实行征收或者征用并给予补偿。
第 14 条第 1 款	国家通过提高劳动者的积极性和技术水平,推广先进的科学技术,完善经济管理体制和企业经营管理制度,实行各种形式的社会主义责任制,改进劳动组织,以不断提高劳动生产率和经济效益,发展社会生产力。
第 15 条	国家实行社会主义市场经济。国家加强经济立法,完善宏观调控。国家依法禁止任何组织或者个人扰乱社会经济秩序。
第 16 条	国有企业在法律规定的范围内有权自主经营。国有企业依照法律规定,通过职工代表大会和其他形式,实行民主管理。
第 17 条	集体经济组织在遵守有关法律的前提下,有独立进行经济活动的自主权。集体经济组织实行民主管理,依照法律规定选举和罢免管理人员,决定经营管理的重大问题。
第 18 条第 1 款	中华人民共和国允许外国的企业和其他经济组织或者个人依照中华人民共和国法律的规定在中国投资,同中国的企业或者其他经济组织进行各种形式的经济合作。

其中,最重要的有两条:一是《宪法》第 6 条,其第 1 款规定:"中华人民共和国的社会主义经济制度的基础是生产资料的社会主义公有

制,即全民所有制和劳动群众集体所有制。社会主义公有制消灭人剥削人的制度,实行各尽所能、按劳分配的原则。”第2款规定:“国家在社会主义初级阶段,坚持公有制为主体、多种所有制经济共同发展的基本经济制度,坚持按劳分配为主体、多种分配方式并存的分配制度。”该条明确提出了我国的基本经济制度是“公有制为主体、多种所有制经济共同发展”,并强调了“社会主义经济制度的基础是生产资料的社会主义公有制”,可称为“公有制条款”。

二是《宪法》第15条,其第1款规定:“国家实行社会主义市场经济。”第2款规定:“国家加强经济立法,完善宏观调控。”第3款规定:“国家依法禁止任何组织或者个人扰乱社会经济秩序。”该条明确了我国实行的是“社会主义市场经济”,并强调了经济立法、宏观调控和经济秩序的重要性,可称为“社会主义市场经济条款”。

其他相关条款,基本上可以理解为是从这两条规定中衍生出来的。

从上述规定来看,可以得出中国的经济体制具有如下特征:第一,中国实行的是市场经济,因此市场在资源配置中具有基础性、决定性作用;第二,中国实行的是社会主义市场经济,因此中国的市场经济与社会主义制度联系在一起。社会主义制度体现在所有制结构层面,表现为“以公有制为主体,多种所有制经济共同发展”;在分配制度层面,表现为“以按劳分配为主体,多种分配方式并存”。社会主义市场经济体制能否有效运行,关键就在于能否真正解决公有制与市场机制有机结合的问题。

四、经济体制对中国竞争政策的影响

(一)对中国经济体制的解释直接影响中国竞争政策的实施

如前所述,《宪法》中的“公有制条款”(第6条)和“社会主义市场经济条款”(第15条),均是我国“经济体制”的重要组成部分。如果说,《宪法》中的经济制度不仅具有宣示效应,更重要的是确立了“国家干预经济”的一般界限,那么,这两个条款对于国家干预经济的界限的理解,显然是不一样的。以哪一条为主解释竞争政策,可能对竞争政策的实施产生截然不同的影响。

从表面上看,公有制条款含有“基本经济制度”的字眼,明确了“以公有制为主体”是我国经济制度的基本特征,因此应该以公有制条款为主。或者说,可以理解为公有制条款是社会主义市场经济条款的细化和落实。但是,如果严格坚持公有制条款,可能给竞争政策的适用带来巨大挑战,特别是在利用竞争政策指导国有企业改革或将竞争政策适用于国有企业限制竞争行为的时候。这是因为,市场经济所追求的自由和公平竞争有可能会与公有制条款保障公有制经济相抵牾。换言之,国有企业的市场化改革本身以及削弱国有企业竞争力(哪怕建立在不公平竞争的基础上)的政策,很可能是与公有制条款相冲突的。相反,如果坚持社会主义市场经济条款,特别是强调竞争政策维护社会主义市场经济可持续发展的功能,那么将竞争政策适用于国有企业和政府垄断行为就具有宪法依据。

(二)促进社会主义市场经济健康发展是中国竞争政策的追求目标之一

我国在官方文件中首次出现“竞争政策”这一术语,是在《反垄断法》(2007年)之中。《反垄断法》(2007年)赋予了国务院反垄断委员会“研究拟定有关竞争政策”的职责。显然,竞争政策不只包含反垄断法,但反垄断法无疑是竞争政策最核心的部分。发达经济体越来越将反垄断法的目标定位于“消费者福利”,而发展中经济体则更加注重竞争的公平性,并倾向于将“公共利益”作为反垄断法的最重要目标之一。[①] 我国反垄断法的与众不同之处,在于不仅将维护社会公共利益作为立法目标之一,而且将促进社会主义市场经济健康发展作为追求目标之一。这从另一个侧面反映出经济体制对于竞争政策的影响。同时,也使如何解释“社会主义市场经济健康发展”,成为竞争政策实施(特别是反垄断法实施)不可回避的内容。

(三)对政府限制竞争行为和国有企业限制竞争行为的规制成为难点

在发达国家或地区,限制竞争的行为主要是企业作出的,因此竞争政策的重点是规制企业垄断。而在我国,相比于经济性垄断,行政性垄断可能更加严重。因此,对行政性垄断的约束,必然成为中国竞争政策的重点和难点。虽然我国已经在反垄断法中明确对滥用行政权力排除、限制竞争的行为进行规制,但是竞争主管部门仅对这种行为享有“建议权”,并无处罚权,其事后规制的效果差强人意。在行政性垄断的规制方面,显然还需要依靠更多的“事前”预防措施,而不能仅仅依靠“事后”的竞争执法。这是中国竞争政策发展的必然方向。

与此同时,由于我国实行以公有制为主体的经济制度,国有企业在许多行业占有主导地位,享有竞争优势。从表面上看,国有企业实施的限制竞争行为属于经济垄断的范畴,但是由于国有企业与政府存在紧密联系,其实施的行为通常具有政策依据。[②] 从这个意义上看,对国有企业的规制也不能仅仅依靠竞争法,还需要结合国有企业改革,并参考国际经验探索构建适合中国国情的“竞争中立制度”,实现国有企业与私营企业的公平竞争。

---

① 参见应品广:《法治视角下的竞争政策》,法律出版社 2013 年版,第 111 ~ 115 页。

② 参见薛克鹏:《中国反垄断法个性及其机理刍议》,载《中国流通经济》2008 年第 1 期。

(四)中国竞争政策的发展不能仅仅依靠竞争执法和竞争司法

中国竞争政策的发展需要依靠竞争法的实施。通过竞争执法和竞争司法,最能教育企业和民众,形成“垄断有害”和“竞争有益”的竞争文化。但是,仅仅依靠“事后”的执法措施或司法救济,无法从根本上改变在许多行业和领域存在的垄断状态或行为。这不仅是因为执法和司法的打击范围是有限的,更重要的原因在于,竞争法无法进入尚未开放的垄断领域,也很难对政府许可的垄断行为予以规制。打破垄断和放开市场,不仅需要依靠竞争法,更需要依靠以竞争政策为指导的其他改革措施,如垄断行业的市场化改革、国有企业的分类改革、对政府文件的竞争审查等。因此,中国竞争政策的发展,关键是推动实现竞争政策在经济政策体系中的基础性地位,逐步将竞争政策的理念渗透到其他政策的制定和实施过程之中。

第二节 伴随经济体制改革的中国竞争政策发展历程

一、中国竞争政策的演变过程

中国竞争政策的演变与经济体制改革的历程同步。前述中国的经济体制演变经历了四个阶段,但是计划经济时代没有竞争政策,因此中国竞争政策的演变至少存在三个阶段:在计划经济体制内部分引入市场机制的阶段(1978 ~ 1984 年)、有计划的商品经济阶段(1984 ~ 1992 年)和社会主义市场经济时代(1992 年以后)。

1978 年改革开放战略的提出可以视为中国竞争政策的发展起点。改革开放的各项政策,包括国资国企改革、价格机制改革、垄断行业改革、财税体制改革等,都可以视为“事实上的竞争政策”的一部分。不过,真正在官方法律文件中出现“竞争政策”这一术语,是在 2007 年出台的《反垄断法》之中。因此,《反垄断法》(2007 年)的出台是中国竞争政策真正进入决策者和公众视野的标志性事件。至此,“事实上的竞争政策”与“名义上的竞争政策”开始统一。

1. 在计划经济体制内部分引入市场机制的阶段(1978 ~ 1984 年)

这一阶段是中国改革开放实施的初期阶段。中央开始对地方下放部分权力,从而调动地方发展经济的积极性。特别是通过财政权的下放,明确了中央和地方财政的收支范围。但是,中央对地方的放权同时带来了地方保护主义的兴起。为了获得更多的财政收入,各地纷纷采取措施为本地企业提供保护。在这种情况下,1980 年国务院出台了《关于开展和保护社会主义竞争的暂行规定》(已失效),由于该规定只有 10 条,因此也被称为《竞争十条》。《竞争十条》是中国最早的一部以保护市场竞争为目的的行政法规。而且,其直指行政性垄断,明确指出“在经济活动中,除国家指定由有关部门和单位专门经营的产品以外,其余的不得进行垄断、搞独家经营”,“开展竞争必须打破地区封锁和部门分割。任何地区和部门都不准封锁市场,不得禁止外地商品在本地区、本部门销售”,十分具有前瞻性,迄今仍具有指导意义。

以此为开端,此后几年间,国务院陆续颁布了一系列规范性文件,对竞争问题作出了探索,包括原国家经济委员会、原进出口管理委员会、原交通部、原对外贸易部《关于改革外贸运输管理体制问题会议纪要》(1981 年),《国务院关于制止商品流通中不正之风的通知》(1981 年),《商业部关于严禁商品搭配的规定》(1981 年)(已变更),《国务院关于在工业品购销中禁止封锁的通知》(1982 年),《国家经济体制改革委员会、商业部关于改革农村商品流通体制若干问题的试行规定》(1983 年)(已失效),原国家经济体制改革委员会、原商业部、原农牧渔业部《关于进一步做好农村商品流通工作的报告》(1984 年)(已失效),《国务院关于改革建筑业和基本建设管理体制若干问题的暂行规定》

(1984年)(已失效)等。

毫无疑问,这是一个短暂的探索期和过渡期,所有的竞争规则都十分原则且零散,并未形成完整的体系。而且,所有这些规定仍然强调计划的主导性和国家干预的重要性,并未从根本上引入市场竞争机制。但是,这一时期打破了社会主义不需要竞争的偏见,开始从国家层面确立了反对垄断(特别是行政性垄断)和鼓励竞争的理念,为中国竞争政策的发展作出了不可磨灭的贡献。

2. 有计划的商品经济阶段(1984~1992年)

在这一阶段,中国实行有计划的商品经济,市场竞争机制开始被正式引进。尽管这种引进是有限度的,即被局限在"商品经济"范畴,但是,国家在这一时期出台的若干立法,为中国的市场经济发展奠定了基础。

1984年中共十二届三中全会通过《中共中央关于经济体制改革的决定》,指出"国家立法机关要加快经济立法"。竞争法律作为经济立法的重要组成部分,在这一阶段得到快速发展。1986年《民法通则》(已失效)的出台从根本上打破了"经济法等于与经济相关的所有立法"的观点,将国家干预经济的"经济法"与平等主体之间自由交易的"民商法"区别开来,从法律上确保了"契约自由"在计划外的商品经济领域得到实现。除此之外,国务院层面还颁布了一系列与竞争相关的行政法规。比如,1987年《广告管理条例》禁止在广告经营活动中实施垄断和不正当竞争行为;在同年的《价格管理条例》中,认定企业之间或者行业组织商定垄断价格的行为是违法行为;在1990年《国务院关于打破地区间市场封锁进一步搞活商品流通的通知》(已失效)中,指出生产企业在完成国家指令性计划产品调拨任务和购销合同后,有权在全国范围内销售产品,工业、商业、物资等部门的企业,有权在全国范围内自行选购所需产品,任何地区和部门都不得设置障碍加以干涉。

值得注意的是,这个阶段还曾开展过制定完整的竞争法的探索。1987年,国务院原法制局牵头,联合原国家经济体制改革委员会、原国家工商行政管理总局(以下简称原国家工商总局)等七部门起草了“禁止垄断和不正当竞争条例”。但是,由于当时的经济体制并未给一部全国性的竞争法提供生存的土壤,“虽然在一年内五易其稿,甚至取消了其中反垄断部分的内容,但是这部法规最后仍旧难产”。①

3. 社会主义市场经济时代(1992年以后)

1992年,中共十四大提出建立社会主义市场经济体制的目标。1993年,《宪法修正案》明确提出我国要发展社会主义市场经济。在“市场经济”被国家的根本法确立之后,以促进竞争为核心的经济立法开始进入新的历史时期。1993年《反不正当竞争法》与《消费者权益保护法》、1997年《价格法》、1999年《招标投标法》和2007年《反垄断法》是典型代表。此外,国务院的若干行政法规中,也体现了竞争政策的内容。比如,2000年国务院颁布的《电信条例》第4条第1款规定“电信监督管理遵循政企分开、破除垄断、鼓励竞争、促进发展和公开、公平、公正的原则”。毫无疑问,在以上规定中,与竞争政策最为相关的是《反不正当竞争法》(1993年)和《反垄断法》(2007年),以下重点对两部法律的立法历程予以回顾。

(1)《反不正当竞争法》(1993年)的立法历程

《反不正当竞争法》(1993年)是当时中国所面临的内外压力的产物。一方面,确立了市场经济体制后,在市场发展过程中出现的各种不正当竞争行为和垄断行为,确实需要立法加以回应;另一方面,在1992年,中美双方达成《中华人民共和国政府与美利坚合众国政府关于保护知识产权的谅解备忘录》,美国对中国提出了根据《保护工业产权巴黎

---

① 参见张舟逸:《反垄断法的挑战》,载《财经》2013年第16期。

公约》保护商业秘密以防止不正当竞争的要求。双方约定:“中国政府的主管部门将于1993年7月1日前向立法机关提交本条规定保护水平的议案,并将尽最大努力于1994年1月1日前使该议案通过并实施。”基于此背景,原国家工商总局于1992年成立专门的起草小组,并在当年形成了《反不正当竞争法》的征求意见稿。

在立法过程中,对于是否要制定一部统一的竞争法,曾经存在不同意见。当时的主流看法认为,中国尚未具备制定和实施反垄断法的条件,但是现实中确实存在垄断行为。立法者最终采纳了主流意见:《反不正当竞争法》虽主要规范不正当竞争行为,但是将部分典型的垄断行为纳入其中,待条件成熟时,再单独制定《反垄断法》。

最终,1993年《反不正当竞争法》共规定了11种违法行为,其中6种属于不正当竞争行为,即仿冒行为(第5条)、商业贿赂行为(第8条)、虚假宣传行为(第9条)、侵犯商业秘密行为(第10条)、不正当有奖销售(第13条)、损害他人商业信誉和商品声誉(第14条),还有5种属于垄断行为,即公用企业限制竞争行为(第6条)、行政垄断行为(第7条)、低价倾销行为(第11条)、搭售行为(第12条)和串通招投标行为(第15条)。

因此,1993年《反不正当竞争法》并非专门针对不正当竞争行为,实际上是禁止不正当竞争行为和部分限制行为的混合立法。但是,由于该法只是对部分限制竞争行为进行了规定,因此其又不构成一般意义上的合并立法。

(2)《反垄断法》的立法历程

在《反不正当竞争法》出台后的第2年(1994年),《反垄断法》就被列入第八届全国人大立法规划,并授权原国家经济贸易委员会和原国家工商总局共同起草;随后又被列入第九届全国人大立法规划。2000年起连续三年的全国人大立法提案中,第001号提案都是关于制定反垄断法的建议,可以想见当时民众的呼声有多么强烈。但是,在 1994 年到 2001 年的 7 年时间里,《反垄断法》一直处于部门起草和征求意见阶段,直到 2001 年中国"入世"之后,《反垄断法》的立法进程才逐渐开始加快。最终,经过 14 年之后,直到 2007 年,《反垄断法》才正式出台。这期间,不仅《反垄断法》的起草小组成员经历了国务院机构改革的变化,中国的经济社会也发生了翻天覆地的变化。"14 年磨一剑"的艰辛历程,不仅深刻地反映了中国市场经济发展的历程,也折射出经济体制改革和竞争政策推行之难。

1997 年 7 月,原国家经济贸易委员会和原国家工商总局牵头的起草小组形成了《反垄断法(草案大纲第一稿)》。1998 年 11 月,形成《反垄断法(草案大纲第二稿)》。1998 年 11 月和 1999 年 12 月,起草小组与经济合作与发展组织(Organization for Economic Co - operation and Development,OECD)合作,共同举办了两次反垄断立法国际研讨会。在会上,国内外反垄断法专家围绕立法草案展开了讨论。根据会议讨论的意见和建议,起草小组对《反垄断法(草案大纲)》进行了修改。2000 年 6 月,起草小组又对《反垄断法(草案大纲)》进行了修改,形成了《反垄断法(征求意见稿)》,送交相关部门征求意见。在修改的过程中,经历了国务院机构改革,原国家经济贸易委员会被撤销,一部分人员组成"国家发展与改革委员会",参与《反垄断法》(2007 年)起草的部分人员并入原对外贸易经济合作部,原对外贸易经济合作部后改组为商务部。

2004 年 2 月 26 日,商务部单独向国务院提交了《反垄断法(送审稿)》。2005 年,国务院成立《反垄断法》审查修改领导小组、《反垄断法》修改工作小组、《反垄断法》修改专家小组,集中对《反垄断法》进行审查修改。2006 年 6 月 7 日,国务院常务会议审定了《反垄断法(草案)》,原则通过了该草案之后,作了若干修改,由国务院总理签署,提交全国人大常务委员会审议。2007年8月30日,全国人大常委会通过《反垄断法》,自2008年8月1日起施行。2021年10月19日,《反垄断法(修正草案)》提请第十三届全国人大常委会第三十一次会议进行首次审议。这是《反垄断法》(2007年)自施行以来首次修订。2022年6月24日,第十三届全国人大常委会第三十五次会议表决通过关于修改《反垄断法》(2007年)的决定,新《反垄断法》自2022年8月1日起施行。

二、中国竞争政策发展的特点

(一)经济体制的变革塑造了竞争政策

中国竞争政策伴随着经济体制的变革而发展。这绝非巧合,而是由于中国竞争政策的萌芽和发展离不开经济体制的变革。

与西方国家通过市场本身的发展自发形成竞争政策不同,中国竞争政策一直是在党和政府的推动下发展的。竞争政策的变化,深刻地烙印在中国共产党的纲领性文件和《宪法》的历次修订之中。换言之,中国共产党在经济体制上的方针变化以及宪法思路的变化,引发了竞争规则和竞争政策的变化。

在此意义上,中国竞争政策的发展,与其说是借助于市场竞争自下而上影响制度的变革或政治的变革(从经济自由到经济民主的路径);毋宁说是借助于政治领导人的力量自上而下地推行市场制度(从经济民主到经济自由的道路)。在这种情况下,政府既可能成为竞争政策发展的动力,也可能成为竞争政策发展的阻力。当竞争政策开始约束政府自身的权力之时,承认和发展竞争政策就不仅需要勇气,更需要魄力了。但是,市场经济的道路一旦向纵深发展,在追求自由竞争和公平竞争的目标之下,中国竞争政策的重点必然会发生转变,即从重点关注企业转为重点关注政府的行为。

在市场经济的商业伦理和竞争理念深入人心之后，已经形成的经济秩序必然反作用于包括竞争政策在内的经济政策，从而引发哈耶克所说的“自生自发”的秩序演变。事实上，当中国的体制改革深化到企业民营化、国企市场化、产权大众化、竞争国际化的时候，市场竞争也随之发生了质的转变——从竞争行为向竞争机制转化，从“计划文化”向“竞争文化”的转变。这是从市场经济初级阶段走向成熟市场经济的标志。但是，竞争文化的建设却非一朝一夕所能完成，这也就决定了我国的竞争政策的发展同样需要随着经济体制改革的推进而阶段性发展。

（二）过去的竞争政策主要围绕竞争法而展开

尽管已经有越来越多的学者认识到，竞争政策不仅包含竞争法，还包括诸多其他有利于竞争的经济法律和政策；[①]但是，在谈及竞争政策时，在很长一段时间里，基本上是围绕竞争法展开的。比如，有学者认为，《反垄断法》(2007 年)的出台是中国竞争政策的基本框架已经形成的标志。[②] 但是，如果不将竞争政策的理念和机制渗透到其他经济立法和政策之中，如在各种行业法、市场规制法和宏观调控法中体现“促进竞争”的目标和内容，那么，竞争政策不能说已经取得基础性地位。

围绕竞争法展开的中国竞争政策，还存在“先天不足”的困扰。这主要体现在两个方面。

第一，中国《反垄断法》的出台与中国加入世界贸易组织(World Trade Organization，WTO)以及应对跨国公司的垄断行为密切相关。中

---

① 参见徐士英：《竞争政策研究——国际比较与中国选择》，法律出版社 2013 年版。

② 参见吴汉洪、周炜、张晓雅：《中国竞争政策的过去、现在和未来》，载《财贸经济》2008 年第 11 期。

国《反垄断法》的出台尽管是自身市场经济发展的必然结果,但是外部压力不容小觑。“加入 WTO 可以说是推动《反垄断法》起草进程的主要外部影响。”[①]同时,对跨国公司垄断中国市场并危害中国经济安全的担忧,也是催生《反垄断法》的隐含因素。

2004 年,《反垄断法》立法专家盛杰民教授推出了一份名为《警惕跨国公司在华限制性竞争行为》的研究报告。随后,原国家工商总局发布了《在华跨国公司限制竞争行为表现及对策》。[②] 两份报告均详细描述了跨国公司在中国实施的限制竞争行为,引起在华跨国公司的强烈反应,纷纷致函原国家工商总局作出解释。中国是否有必要制定并实施《反垄断法》的讨论一时之间甚嚣尘上,几乎是给全民做了“普法宣传”。此后,关于跨国公司垄断的研究开始逐渐增多。《2004 跨国公司在中国报告》显示,在轻工、化工、医药、机械、电子等行业中,跨国公司在中国所生产的产品已占据国内 1/3 以上市场份额。[③]《中国产业地图》指出,中国每个已开放产业的前 5 名均由外资控制,在中国 28 个主要产业中,外资在 21 个产业中拥有多数资产控制权。[④]

过于强调应对外资垄断的《反垄断法》很容易沦为产业政策的工具,失去其应有的维护自由和公平竞争的功能。好在《反垄断法》实施之后,反垄断执法机构针对国有企业和政府行为都开展了反垄断调查,在事实上否定了中国《反垄断法》“内外有别”的质疑。但是,将法律和政策视为工具的传统,很可能将一如既往影响中国《反垄断法》的实施,影响《反垄断法》的既有功能。《反垄断法》第 1 条的立法目的条款以及

---

① 中国世界贸易组织研究会竞争政策与法律专业委员会主编:《中国竞争法律与政策研究报告——2010 年》,法律出版社 2010 年版,第 61 页。

② 参见国家工商总局公平交易局反垄断处:《在华跨国公司限制竞争行为表现及对策》,载《工商行政管理》2004 年第 5 期。

③ 参见王志乐主编:《2004 跨国公司在中国报告》,中国经济出版社 2004 年版。

④ 参见全球并购研究中心编著:《中国产业地图》,中国经济出版社 2007 年版。

第7条中有关“国有经济占控制地位的关系国民经济命脉和国家安全的行业”的条文,都可能被引用为对特定垄断行为的豁免。“这部具有中国特色的法律,注定无法回避经济转型期中对于意识形态的复杂考量。”①

第二,中国《反垄断法》实施当年,刚好是全球经济危机蔓延之年。包括美国和欧盟在内的国际社会都出台了各种救市措施,中国政府更是在2008年出台了4万亿元的经济刺激计划,并在2009年相继推出了包括汽车、钢铁、石化、电子信息产业等在内的十大产业振兴规划。经济刺激计划和产业振兴规划,大多指向国有企业和垄断行业。各种财政补贴、银行贷款和兼并重组等措施,尽管很可能在法律上遭受反垄断法的质疑,但是在事实上并未引发反垄断审查。从《反垄断法》实施之日起,关于如何处理反垄断法与产业政策之间的矛盾的争论就未曾停止。事实证明,反垄断法本身在面对政府的各种经济刺激措施之时,无法发挥有效的应对。在反垄断法之外,还需要构筑系统的竞争政策规则体系,对政府干预市场竞争的行为予以规制。

(三)未来的竞争政策应更加关注竞争法之外“促进竞争”的法律和政策

在很长一段时期里,除竞争法之外的其他法律和政策措施并未纳入竞争政策的体系。这导致在经济体制改革的过程中,尽管总体是朝着市场化的方向发展,但是却并没有明确的理论指导,导致各项政策之间“各自为政”,甚至在某些时候相互冲突,无法形成“合力”。由于没有“促进竞争”的制度改革目标,没有思考市场化以后怎么办,一直以来市场化改革总是陷入“一放就乱、一管就死”的乱局,这都是因为没有建立良性的市场秩序运行机制。

---

① 张舟逸:《反垄断法的挑战》,载《财经》2013年第16期。

未来的竞争政策,应该更加关注竞争法之外“促进竞争”的其他法律和政策。这有两层意思。

第一,竞争法的体系应该扩展。竞争法不仅包括《反不正当竞争法》和《反垄断法》,还包括《民法典》《商标法》《广告法》《价格法》《招标投标法》《消费者权益保护法》等法律中体现了促进竞争目标的内容。[①] 所有这些法律,共同构成市场竞争行为的规范。此外,诸多行业法(如《保险法》《证券法》《电信条例》等)中也具有规范竞争和禁止垄断的内容。这些法律中促进竞争的部分,也属于竞争法的范畴。推动“行业法的竞争法化”(剔除行业法中阻碍竞争的规定、落实行业法中促进竞争的规定),应该是竞争政策的应有之义。

第二,竞争政策尚缺乏发展所必需的完善的市场机制,这需要依靠进一步的改革来实现。改革的基本目标,就是逐步降低政府在资源配置上的话语权,更多地依靠市场本身来配置资源。改革的内容至少包括以下几点:(1)垄断行业的竞争性改革:包括区分自然垄断行业中的垄断业务和竞争业务,针对前者建立独立的规制机构,针对后者放松规制、引入竞争。(2)在国有企业改革的基础上建立“竞争中立制度”:在国有企业分类改革的基础上,对公益类国有企业参照政府机构管理,对竞争类国有企业引入竞争中立制度,消除国有企业的不公平竞争优势,构建自由和公平竞争的市场环境。(3)建立针对政府抽象行政行为的竞争审查制度:不能仅仅依靠“事后”的执法或司法约束行政性垄断,还应该构建“事前”的约束措施,而竞争审查制度是有效方式之一。更进

① 比如,《民法典》是法院审理不正当竞争纠纷的基本依据之一,法院在审理不正当竞争纠纷案件中几乎总是同时援引《民法典》和《反不正当竞争法》的规定。另外,有关法律还规定了一些垄断行为,如《价格法》和《招标投标法》就对垄断行为作出了规定,在《价格法》第 14 条规定的不正当竞争行为中,有三种属于垄断行为,即相互串通操纵市场价格的行为、低价倾销行为以及价格歧视行为。《招标投标法》除在相关条款中详细规定了串通招标投标行为外,还在第 51 条规定禁止招标人对潜在的投标人实行歧视待遇和其他限制投标人竞争的行为。

一步,还有赖于通过政治体制改革实现“限权政府”和“服务型政府”。(4)通过竞争倡导推进竞争文化的传播。法律的实施需要执法机构的严格执法,但更离不开国民对法律的认同,我国竞争文化的状况对竞争政策的进一步完善构成了无形的制约。

三、中国竞争政策的发展趋势

(一)竞争政策发展的动力与阻力共存

从1978年开始的改革开放是一场自上而下的政府推进式改革。改革的其中一个鲜明特点是我国的各项经济立法基本属于部门立法,即通常由负责实施法律的政府部门负责提出立法草案,经过论证后交由立法机构通过。我国的《反不正当竞争法》《反垄断法》以及其他与竞争有关的法律法规都是在政府部门的主导下制定的。所以说,我国竞争政策的发展也必然以政府推动为主要特征。

但是,政府部门既可能是竞争政策发展的动力,在一定程度上也可能成为竞争政策发展的阻力。当竞争政策的发展越来越指向约束政府权力时,竞争政策的实施可能会面临来自政府部门本身的压力。比如,公平竞争审查制度的深入实施,在很大程度上就是跟已经形成的行政管理思路和习惯作斗争,需要改变和克服主要依靠产业政策发展经济的传统思路。

(二)明确竞争政策的基础性地位是当务之急

改革开放之后,我国提出以经济建设为中心,竞争政策与产业政策几乎同时被提上政府推动经济发展的政策台面。然而经过几十年的发展,我国的产业政策如今已经相当发达,在我国的经济政策中也占据举足轻重的地位。而竞争政策在体系上不如产业政策完善,在地位上更是与产业政策相去甚远。很明显,迄今为止,产业政策在中国仍然优先于竞争政策。相比之下,世界上主要发达国家和地区都坚持竞争政策优先的政策选择。在欧盟,竞争政策与产业政策同样存在冲突和矛盾,但《欧盟运行条约》第3条提出在欧共体市场建立一个保护竞争不受歪曲的制度较该条提出的其他任务和措施有着优先适用的地位。①

产业政策是针对特定产业的扶持政策,而竞争政策则针对所有产业的经济政策。如果坚持产业政策优先,势必影响全国性市场的形成,影响企业开展更为广泛的竞争,从而在根本上影响经济的长远发展。因此,当务之急是尽快确立竞争政策的基础性地位,明确在其他经济政策与竞争政策相冲突时,应以竞争政策为准,除非其他经济政策具有显著的“公共利益”的理由。

(三)未来竞争政策实施的效果关键看对行政性垄断和国有企业的约束

可以预见,在较长一段时间里,中国竞争政策发展面临的最大障碍是行政性垄断和国有企业的限制竞争行为。我国的行政性垄断根深蒂固,自改革开放之初,国务院就提出了规制行政性垄断的要求,然而几十年过去了,行政垄断问题依然没有解决。虽然《反垄断法》已经对行政性垄断进行专章规定,然而仅仅依靠《反垄断法》难以解决中国行政性垄断的难题。同样,单纯依靠《反垄断法》来约束国有企业也会捉襟见肘。因此,未来中国能否构建并落实竞争审查制度和竞争中立制度等能够对政府行为和国有企业行为予以约束的制度体系,全方位对行政性垄断和国企垄断行为形成约束,是中国竞争政策是否取得基础性

① 参见王晓晔:《竞争政策优先——欧共体产业政策与竞争政策》,载《国际贸易》2001年第10期。

地位的重要指标。

（四）竞争政策的发展必须同时考虑中国国情和国际趋势

虽然我国已经形成基本的竞争政策框架，但这并不能在短期内改变中国竞争政策欠发达的现实。竞争政策的完善不可能在一朝一夕间实现。竞争政策的发展体现在两个层面：一是制度层面，即竞争法及其配套法律制度；二是理念层面，体现在立法理念、执法理念、司法理念以及普通民众的竞争理念，这需要长时间的培育才能实现。

竞争政策是经济政策的一种，体现一国对市场的基本态度，对国家经济的发展起着举足轻重的作用。因此竞争政策的制定必定需要考虑一国的基本国情，如此才能充分发挥竞争政策的作用，不至于使制定的竞争政策水土不服。同时，竞争政策的发展也必须符合国际趋势。经济全球化要求我国竞争政策的发展要做到与国际接轨。一方面可借鉴国际经验发展我国的竞争政策，另一方面也可减少与他国的竞争摩擦。

第三节　竞争政策的地位和功能

一、竞争政策的地位

（一）事实证明产业政策只具有短期作用且不可持续

竞争政策的地位突出体现在竞争政策与其他经济政策之间的关系之中。长期以来，我国并不重视竞争政策，而是倾向于广泛地利用以直接干预为主的其他经济政策调整经济结构和提升国际竞争力。自1986年在《国民经济和社会发展第七个五年计划》中第一次正式使用“产业政策”概念，并对产业发展提出系统、具体的规划和政策以来，产业政策已经成为我国发展经济的主流方式。

近年来往复出现的“淘汰落后产能”运动,是政府过于重视产业政策、忽视竞争政策从而造成产业结构扭曲的最好注脚。在全球经济危机的影响下,从2009年开始,中国就通过一系列“关停并转”的产业政策手段对煤炭、钢铁等行业开展“淘汰落后产能”的行动。2010年国务院下发了《关于进一步加强淘汰落后产能工作的通知》(国发〔2010〕7号),对10个行业在未来3年内淘汰落后产能的目标作出具体规定,并表示要采取“铁的手腕”淘汰落后产能。[①] 尽管淘汰落后产能已经被纳入地方政府绩效考核体系,[②]并与相关行业是否能够获得信贷挂钩,[③]但是,淘汰的道路却并非一帆风顺。调查显示,“只要淘汰的产品的价格一起来,许多关停的企业将再开起来”,而究其原因,“主要还是因为有市场”。[④] 这反映出,如果淘汰落后产能的运动是暂时性的,那么在市场供需关系的作用下,政府干预的行为不可能长期有效。此外,中央推行的政策在地方的实施情况也不容乐观。在投资拉动的经济增长方式下,被淘汰企业往往都是地方纳税大户,因此“淘汰的步伐,跟不上经由谎报、替代、扩大后继续上升的产能”。[⑤] 在这种情况下,产能过剩的问题就变成了“产业政策造成产能过剩—通过产业政策化解产能过剩—进一步造成新的产能过剩”的死循环。

---

① 参见朱琳:《限期三年:十大行业落后产能淘汰路径渐明》,载21世纪网,http://www.21cbh.com/HTML/2010-4-6/4NMDAwMDE3MTQ4NQ.html。

② 参见晓晴:《淘汰落后产能谁执牛耳?》,载21世纪网,http://www.21cbh.com/HTML/2010-8-10/zNMDAwMDE5MTIzNQ.html。

③ 参见刘兰香:《落后产能信贷排查启动》,载21世纪网,http://www.21cbh.com/HTML/2010-6-1/4OMDAwMDE3OTk4OQ.html。

④ 参见王洁:《铁腕治铁》,载21世纪网,http://www.21cbh.com/HTML/2010-5-7/1MMDAwMDE3NjA1Mw.html。

⑤ 参见肖明:《一份名单引发的公案》,载21世纪网,http://www.21cbh.com/HTML/2010-8-10/xNMDAwMDE5MTIxNQ.html。

事实已经证明上述论断。在2015年召开的中央经济工作会议上，再次把“去产能”列为2016年五大结构性改革任务之首，并明确了“多兼并重组，少破产清算”的思路。如果继续遵循过去的思路，那么再一次的“去产能”可能又是新一轮“产能过剩”的开端。在竞争政策没有被确立为基础性经济政策并对产业政策构成有效制约之前，上述循环还可能继续存在下去。

（二）破解竞争政策的“基础性地位”

《宪法》已经明确我国实行社会主义市场经济，这是竞争政策作为基本经济政策的基础。2015年中共中央、国务院《关于推进价格机制改革的若干意见》，第一次明确提出要“逐步确立竞争政策的基础性地位”。尽管这里的提法是“逐步”确立，但是显然竞争政策的基础性地位已经开始被决策者所承认，只是尚需要通过努力实现上述目标。竞争政策的基础性地位意味着竞争政策将被定位为基础性的经济政策，竞争政策的理念将影响和约束其他经济和社会政策的制定和实施。具体而言，竞争政策是否具有基础性地位的衡量标志主要有以下方面。

1. 竞争政策的法治化程度

如果竞争政策主要通过“非法律”（如通知、意见等文件）的形式实施，那么其实施的效果必然大打折扣。因此，竞争政策的法治化，即通过立法的形式落实竞争政策的相关制度，是确保竞争政策实现基础性地位的关键指标。

首先，竞争政策的理念应当在《反垄断法》中得到体现。2022年最新修订的《反垄断法》第4条新增了“国家坚持市场化、法治化原则，强化竞争政策基础地位”的规定，第5条新增了“国家建立健全公平竞争审查制度”和“行政机关和法律、法规授权的具有管理公共事务职能的组织在制定涉及市场主体经济活动的规定时，应当进行公平竞争审查”

的规定。上述规定不仅明确了竞争政策的基础地位,而且提升了公平竞争审查制度的法律层级,有利于进一步提升竞争政策的地位。

其次,可以考虑在《宪法》修订时增加关于竞争政策基础性地位的规定。通过立宪明确市场经济体制,确保自由竞争和公平竞争原则在亚洲大多数国家都已经实现。①

最后,落实宪法层面的基本权利。尽管不同国家的控权力度和对权利的保障力度有所不同,但对于宪法保障公民基本权利这一功能的认识却是统一的。从这个意义上看,宪法本身也包含有竞争政策的理念。比如,很多国家的宪法中都包含有保护公民和企业"自由权"的条款,"从法律角度看,市场竞争实际上是私人市场主体行使基本权利的竞争行为,也是行使其竞争自由的行为"。② 在依据普通法律(如《反垄断法》)能够实现竞争自由的时候,自然无须借助于宪法的规定;但是如果没有竞争法或者竞争法无法对反竞争行为构成有效制约,那么宪法中的基本权利条款就可以成为规范反竞争行为的基本保障。例如,德国《基本法》第 12 条第 1 款关于保护职业自由的条款,在其《宪法》实施过程中就常常被解释为具有保护竞争自由的内容。在欧盟,有关人员和资源自由流动的规则,也可以看作竞争政策的一部分。美国的"州际商业条款",实际上也已经成为打破地方垄断的重要的竞争政策渊源。

2. 竞争法实施的常态化、精细化

受制于执法资源和执法能力,当前我国的竞争法实施离常态化和精细化还有一段距离。这是我国反垄断执法常常遭受"选择性执法"指责的重要原因之一。推进竞争法实施的常态化意味着能够有计划地对

---

① 以亚洲国家为例,在《宪法》中涉及市场经济相关规定的约 31 个国家,涉及自由竞争及公平竞争的约 16 个国家。其中,在社会基础、政治基础和国家基础条款中作相关规定的约 19 个国家,在经济、贸易、金融等条款中作相关规定的约 16 个国家。

② 参见[德]乌茨·施利斯基:《经济公法》,喻文光译,法律出版社 2006 年版,第 167 页。

违法行为开展系统的、长期的、普遍的执法；精细化意味着完备的配套制度、严格的调查程序以及充分的裁判说理。要实现上述目标，不仅需要进一步提升执法和司法的能力，还需要进一步完善相关规则和制度，包括建立统一的行政执法机构，建立司法与行政执法的协调机制，细化法律实施的程序性规定等。

3. 公平竞争审查制度的有效实施

我国已经正式建立公平竞争审查制度，对政府实施的排除、限制竞争行为进行“事先”约束。一方面，对现行有效的政策措施进行公平竞争审查，经评估后或清理废止，或寻找替代性方案，或修改后继续实施；另一方面，对于尚在动议之中的政策措施，必须事先审查才能进入制定和印发程序。公平竞争审查制度的实施已经产生显著效果，目前的关键是通过完善审查标准、加强监督考核、引入第三方评估等方式，进一步深化制度落实和开展制度创新。

此外，竞争政策基础性地位的实现有赖于良好的商业法治环境的保障、有效的利益博弈体制的运行、竞争的新闻监督机制的实施、独立的竞争主管机关的组建以及广泛的竞争文化的传播。

二、竞争政策的功能

（一）促进经济“可持续”和“包容性”发展的功能

经济学研究表明，市场竞争与经济发展之间存在“倒 U 形”的关系。[①] 这意味着，市场竞争存在某个临界点，在达到该临界点之前，市场竞争与经济增长呈正相关；达到临界点之后，市场竞争与经济增长呈反

① See Bucci Alberto, *An Inverted – U Relationship between Product Market Competition and Growth in an Extended Romerian Model*, Working Paper of CUTS, 2004, p. 26.

相关。竞争政策的功能,正是在于实现竞争机制的有效运转,推动市场竞争维持在临界点或朝临界点发展。没有竞争的经济必然是缺乏效率的,不受约束的竞争则对经济具有破坏性。竞争政策通过维护自由和公平竞争,创造良好的竞争秩序,从而促进资源的有效配置,提升经济的运行质量。

理论上的假设已经被实践证实。有人对 12 个 OECD 国家的 22 个产业进行了考察,发现在长达 10 年的时间里(1995 ~ 2005 年),竞争政策与经济发展正相关。① 澳大利亚的实践也证明了这一点。澳大利亚认为,正是由于竞争的缺乏,导致其在 OECD 国家的富裕程度排名从 1960 年的第 3 位跌至 1992 年的第 15 位。为此,澳大利亚通过签订政府间协议的方式,达成并实施了包括修订竞争法、建立竞争中立制度、开展垄断行业改革和竞争审查等内容的"国家竞争政策"。OECD 研究报告显示,国家竞争政策的实施至少推动澳大利亚 GDP 增长 2.5% 或者 200 亿澳元,使澳大利亚的生产力增长率取得 40 年来最好的成绩,给每个家庭带来了 7000 澳元的收入。② 澳大利亚生产力委员会的报告指出:从人力资本角度来看,国家竞争政策的实施将在 25 年里促进 GDP 增长约 9%;从竞争和监管的角度来看,国家竞争政策的实施将在 10 年里促进 GDP 增长约 1.75%。在美国,"司法部和联邦贸易委员会已经实施了 30 多年的竞争倡导措施,旨在说服和影响其他联邦机构和 50 个

---

① See Paolo Buccirossi et al., *Competition Policy and Productivity Growth: An Empirical Assessment*, WZB Working Paper No. SP Ⅱ 2009 12 (Oct. 12, 2009), http://ssrn.com/abstract=1487489.

② See Jim Murphy, *Competition Policy: Australia's Experience* (Jul. 9, 2007), https://www.docin.com/p-33751341.html.

州政府推行符合竞争政策的规制措施"[1],而这不仅促进了竞争性市场和竞争文化的发展,也成为促进市场经济发展的重要因素。

在日本和德国,竞争政策均经历了因战争而被强行植入,继而随着经济的发展和市场机制的完善,从过去的经济统治法转向以维护竞争秩序为目的的竞争法的发展历程。[2] 学界曾经一度认为,德国、日本、韩国等国家之所以能够在战后取得快速的经济发展,产业政策功不可没且起到关键作用。但是经过多年的反思和总结,越来越多的人开始发现政府的产业政策并未产生持续的威力,曾经受惠于产业政策的企业由于存在卡特尔和其他限制竞争的约束,并没有成功过。[3] 相反,在日本,"竞争政策的实施促进了经济高速增长"日益成为主流观点。[4] 日本的竞争政策呈现出不断强化和规范化的发展轨迹。尽管日本的反垄断法是在美国的强行植入下产生的,但是其早已融入日本的体制和文化,并发挥重要的作用。因此,决定德日经济成功的关键,并非如世人之前所强调的仅仅依靠产业政策所创造的奇迹,而是充满活力的竞争和以维护竞争为宗旨的竞争政策,使它们成为产业界创新与变革的摇篮。

同样,我国经济体制发展的历程,也正是竞争政策演变的过程。从1980年的《竞争十条》到2007年的《反垄断法》,将近30年的时间里我

---

① See Lawrence J. White, *The Role of Competition Policy in the Promotion of Economic Growth*, NYU Working Paper No. EC - 08 - 19 (Oct. 13, 2008), http://ssrn.com/abstract=1281911.

② 参见[日]根岸哲、[日]舟田正之:《日本禁止垄断法概论》,王为农、陈杰译,中国法制出版社2007年版,第3页。

③ 参见[美]迈克尔·波特:《国家竞争优势》,李明轩、邱如美译,华夏出版社2002年版,第364、398页。

④ 参见[日]伊从宽:《日本竞争政策和竞争法》,载《经济法论丛》2005年第1期。

国发布并实施了大量促进竞争的规范性法律文件。① 这些规定促进了各行各业的竞争,提升了资源配置效率,最终给市场经济带来了活力。尽管在很长一段时间内,我国并没有“竞争政策”这一概念,法律和政策也并非在竞争政策框架下出台,但是事实上的对外开放、国企改革、放松管制等措施,已经是竞争政策的具体体现。这种“事实上的”竞争政策,使资源配置从原先的依靠行政命令逐渐转变为根据公平竞争规律,使得企业基于营利目的踊跃开展各种创新。竞争机制这种无形的作用,不仅使全体消费者受益,也使我国经济发展取得举世瞩目的成就。因此,竞争政策对于我国经济发展的贡献不可估量。

而且,竞争政策促进经济发展不是暂时的和片面的,而是可持续和包容性的。产业政策和贸易政策是必要的,但其本身不足以实现可持续和包容性发展。如果市场缺乏活力和创新,尤其是存在垄断和卡特尔的情况下,价高质低的产品和经济不公正将占上风。这会对弱势的消费者产生负面影响,不利于市场秩序的稳定和发展的可持续。通过纠正市场失灵,竞争政策可使企业更有效率,增加创新,扩大消费者选择,提高产品质量。因此,竞争政策除有助于促进经济增长外,还在促进公平、减少贫困、间接促进可持续和包容性发展方面发挥作用。②

(二)统领、协调经济政策的功能

公共政策基本上可以分为经济政策和社会政策两大类。竞争政策

---

① 例如,1987 年的《广告管理条例》和《价格管理条例》;1990 年的《国务院关于打破地区间市场封锁进一步搞活商品流通的通知》;1993 年的《反不正当竞争法》和《国务院消费者权益保护法》;1997 年的《价格法》;1999 年的《招标投标法》;2000 年的《电信条例》;2001 年的《国务院关于禁止在市场经济活动中实行地区封锁的规定》和《国务院关于整顿和规范市场经济秩序的决定》;2003 年的《外国投资者并购境内企业暂行规定》和《制止价格垄断行为暂行规定》等。

② See A. Chandler, *Scale and Scope*: *The Dynamics of Industrial Capitalism*, Cambridge, Harvard University Press, 1990.

是经济政策的一种，除竞争政策，常见的经济政策还包括产业政策、贸易政策、财税政策等。社会政策则包括社会保障政策、环境政策、科教文卫政策等，是经济政策之外维护社会公共利益的公共政策。当然，上述分类并非绝对，有时经济政策里含有社会政策的内容，反之亦然。

竞争政策以促进市场竞争机制的有效运行为基本目的，其实施不可避免地会与其他经济政策和社会政策产生冲突。比如，激烈的市场竞争可能带来不公平的结果，因此人们往往会为了纠正市场机会的不公平而要求制定重新分配资源的政策，这些政策可能与竞争政策直接冲突。再如，外资政策以引进和利用外国直接或间接投资为目标，能够活跃本国的市场竞争，但是外资政策中往往包含了以增强本国或本地区市场竞争为目的、限制外商投资的目标，而竞争政策则意味着政府承诺本国投资者和外国投资者展开公平竞争。同样地，贸易政策也是一体两面：一方面，贸易自由化有助于促进市场竞争，“缺少竞争政策的贸易自由化无法取得完全的成功，反之亦然”；[①]另一方面，贸易措施可能成为贸易保护主义的工具，从而妨碍竞争政策的适用。

上述政策冲突，在一个实行市场经济的国家出现是正常的。理论上看，公共政策皆应反映民意，皆应出于实现社会公共利益的考虑，民意和公共利益解释的多元化，肯定会导致政策目标之间产生抵牾。关键的是，当出现政策冲突时，有必要构建政策协调的机制，防止政策内耗。笔者认为，竞争政策应当被定位为基础性的经济政策，统领或协调公共政策。不过，竞争政策作为基础性的经济政策，在与经济政策和社会政策产生冲突时，其发挥的统领或协调功能有所不同：(1)在经济政策的制定和实施过程中，应当突出竞争政策的主导作用；(2)在社会政

---

① See WTO Working Group on the Interaction between Trade and Competition Policy, Report on the meeting of 27 – 28 July 1998 (WT/WGTCP/M/5,1998).

策的制定与实施过程中,应当充分考虑竞争政策的作用。

首先,《宪法》已经明确我国实行社会主义市场经济体制,市场经济的本质特征就是市场竞争。竞争政策作为"维护和推动市场竞争,敦促其他经济政策改善竞争环境的经济政策",[①]就应当定位为基础性的经济政策。

其次,竞争政策是经济政策的一种,因此竞争政策的基础性地位应当贯穿于所有经济政策之中,且发挥主导作用。任何可能阻碍竞争和破坏竞争机制的经济政策,都应该接受竞争政策的审查。

再次,相比之下,社会政策危害竞争的可能性要更小,因此,国家和地方为实现经济发展目标之外的其他社会目标而制定的政策措施,只需充分考虑竞争政策的功能即可。

最后,竞争政策统领或协调公共政策的功能并非否定或弱化其他公共政策,而是在承认其他公共政策在克服市场失灵和维护公共利益方面与竞争政策可以形成互补的情况下,充分实现竞争政策促进市场竞争的功能。比如,其他经济政策在克服负外部性、公共产品提供不足、信息不对称、分配不公和经济发展不平衡等问题上具有竞争政策不可比拟的优势。只有实现政策互补,才能够从根本上维护社会公共利益。

(三)经济波动的"防火墙"功能

在经济运行良好的时候,竞争政策相对容易得到认可。但是在经济出现波动的情况下,特别是面临金融危机乃至经济危机的情况下,竞

---

① See United Nations, *Empirical Evidence of the Benefits from Applying Competition Law and Policy Principles to Economic Development in Order to Attain Greater Efficiency in International Trade and Development* (Dec. 9,2018), http://www.unctad.org/en/docs/c2emd10r1.en.pdf.

争政策的实施常常面临很大阻力。有学者提出，产业政策在金融危机时期应当优先适用，根据《反垄断法》做出的裁决还应进行产业政策审查。[①] 在历史上的经济衰退时期，放松竞争执法也是普遍选择。[②] 不过，至少在2008年的全球性金融危机中，大多数发达经济体均守住了竞争政策的底线。[③] 这值得引起深思。

在经济波动时期，为了应对经济下行压力，无论是政府还是企业均会更有动力实施限制竞争的行为。对于企业而言，在经济波动时期，更易达成卡特尔、滥用市场支配地位和实施经营者集中，这可能违反竞争政策，但常常被看作是应对风险的需要，因此被豁免适用竞争政策。同样，政府为了稳定经济，倾向于在经济波动时期通过直接干预或实施更加积极主动的财税政策或货币政策的方式影响经济运行，这些政策的实施很可能并未考虑竞争因素，从而存在限制竞争的可能性。无论是企业还是政府的上述行为，尽管可能在短期内减少经济的持续恶化，但是其可能在长期内造成垄断性的市场结构，从而对经济的可持续发展造成系统性损害。

此外，对历史的总结表明，在经济波动时期竞争政策的"不作为"产生了严重的不良影响。越来越多的研究表明，所谓的罗斯福新政，表面上看是应对经济危机的有效措施，实则延长了大萧条的持续时间。[④] 更为重要的，正是由于危机时期的政府干预行为，形成了垄断性的市场结

---

① 参见肖彦山：《国际金融危机与中国反垄断法实施——以竞争政策与产业政策和贸易政策的关系为视角》，载《石家庄经济学院学报》2009年第4期。

② See Daniel Crane, *Antitrust Enforcement During National Crises: An Unhappy History*, Antitrust Chronicle, Vol. 12:4, p. 10 (2008).

③ 参见应品广：《金融危机下竞争政策变化的比较考察和机理剖析》，载《经济法论丛》2010年第1期。

④ See Ying Pinguang, *Competition Policy under Economic Recessions: Historical Changes and Implications*, Modern Economy, Vol. 4(3A), p. 230 - 242 (2013).

构,导致今后只能通过额外的执法和司法资源予以矫正,而这原本可以避免。还有学者指出,导致1997年亚洲金融危机爆发的原因之一是过于倚重产业政策而竞争政策长期缺位。[①] 因此,竞争政策不仅在经济困难时期具有防止风险扩大的功能,还是经济运行正常时期防范经济风险的有效工具。

因此,竞争政策具有经济波动的防火墙功能。它一方面在经济发生周期性波动时防止企业和政府的危机应对行为过分扭曲市场机制;另一方面通过其实施预防经济波动本身的产生。当前,我国学界已经开始认识到竞争政策对抵御经济下行的积极作用。比如,《人民日报》专门撰文,提出“经济下行压力越大,越要强调竞争政策”。[②] 竞争政策是经济波动时期防止企业和政府行为危及竞争机制的防火墙,是确保市场机制正常运行的防护伞,能够预防其他公共政策对市场结构和市场机制造成侵蚀。

第四节 中国竞争政策的体系

不同的国家和地区,对于竞争政策体系的理解是不同的。毫无疑问,竞争法律制度被普遍认为属于竞争政策的组成部分,但是其他相关政策措施是否可以被竞争政策所涵盖,并非存在一致的意见。笔者认为,对于竞争政策体系的理解,还是需要从本国的实际需求出发,其内容也可能随着时代和社会的发展而不断演进。从中国目前的现实需求

---

① 参见冯晓琦、万军:《从产业政策到竞争政策:东亚地区政府干预方式的转型及对中国的启示》,载《南开经济研究》2005年第5期。

② 参见朱剑红:《越是下行压力加大,越要强调竞争政策》,载《人民日报》2015年12月30日,第10版。

来看,至少可以从两个角度出发构建中国竞争政策的体系。

一、从内容看:五大部分

从竞争政策的内容来看,中国竞争政策的体系主要包括五大部分:竞争法律制度、垄断行业竞争性规制、政府限制竞争行为规制、国有企业垄断行为规制以及竞争倡导和竞争文化建设。[①]

(一)竞争法律制度

狭义的竞争政策专指竞争法律制度。一般认为,它以反垄断法为核心,同时涵盖了对不公平交易行为的规制(有些国家专门在反不正当竞争法中予以规定)和消费者保护的内容(通常体现在消费者保护法之中)。以反垄断法为核心的自由竞争制度主要规范限制竞争协议,滥用市场支配地位以及排除、限制竞争的经营者集中。反不正当竞争法则侧重于追求“公平竞争”,对违反商业道德和商业惯例的有损公平竞争的行为予以约束。此外,消费者保护的法律制度逐渐被纳入竞争法制的框架之内,也是现代竞争政策发展的趋势和标志。

(二)垄断行业竞争性规制

垄断行业主要包括自然垄断行业和政策性垄断行业两大类。前者通常指具有网络特性的行业,如电力、电信、铁路、民航、邮政等;后者则指因某种经济的、社会的或者政治的原因,政府或法律规定只有获得特许才能进入的行业,如烟草、盐业、军工等。相比于通过自由竞争和优胜劣汰导致的垄断,由于自然垄断等其他原因引发政府行政权力规制

---

① 参见徐士英:《竞争政策研究——国际比较与中国选择》,法律出版社 2013 年版,第 12~18 页。

而导致的非市场性垄断对市场竞争机制造成的破坏可能更加严重。通过市场自由竞争所形成的垄断有其合理性,只要不存在滥用市场支配力的行为,一般为各国竞争法律所容忍。而非市场性垄断的存在则可能对市场经济制度造成损害,因而已成为各国体制改革的重点对象,也是竞争政策实施的难点所在。

经济学研究认为,垄断行业本身所具备的自然垄断特性(成本劣加性、网络性等)是其存在的合理因素,但由于其垄断行为也可能损伤产业的整体效率和消费者的福利,因此必须加以政府监管和竞争规制。由此产生了如何划分政府监管和竞争政策的边界的问题。笔者认为,应区分垄断行业的垄断性业务和竞争性业务,在竞争性业务领域引入竞争政策,在垄断性业务领域加强政府监管,并协调好竞争主管机关与行业主管机关之间的权力配置关系。

但是,我国垄断行业的情况还要相对复杂。由于大量存在国家对产业结构的决策和调整因素,导致国有资本过度集中,不仅挤压了民营经济生存发展的空间,其运行的低效率还使社会福利减损。另外,对垄断行业的政府监管体制还使得垄断行业存在严重的行政垄断,在行政垄断因素的推动下,垄断行业存在着明显的"溢出效应",即垄断的弊端不同程度地蔓延到与自然垄断业务相邻近的行业之中。大规模国有资本及其保值增值的压力反过来进一步加剧了垄断的溢出效应。因此,垄断行业问题聚集了国有资本影响、行政权力滥用、自然垄断特征等各种元素的相互杂糅,互为因果,导致了改革的难度和成本极高。

根据各国经验,在垄断行业引入竞争已是改革的必然方向,但在我国还必须同时解决国有经济和行政垄断这两大问题。相应的对策思路是:在竞争政策的统领下,推动垄断行业改革与市场结构调整、国有资产布局调整相结合,使垄断行业改革、削弱行政垄断和推动国有企业改革这三个方面互动前行。

（三）政府限制竞争行为规制

政府限制竞争行为是指政府在行使职权的过程中，其行为损害了本应良好运行的竞争机制。从主观上讲，政府并不一定具有排除、限制竞争的目的，但在结果上却产生了对竞争机制的损害。这里所称的政府限制竞争行为的主体，除我国《反垄断法》上所指的“行政机关以及法律、法规授权的具有管理公共事务职能的组织”之外，还应包括立法机构和司法机关。

政府限制竞争行为的实质是将行政权力传导到自由市场中，使市场主体凭借政府的政治势力来达到其经济上的垄断。经济性垄断的危害主要体现在两个方面：福利净损失和福利由消费者向生产者转移。[①]相比之下，政府限制竞争行为危害更大，除了上述危害外，还会阻碍全国统一市场的形成，损害市场主体的自主经营权和消费者利益，甚至滋生腐败等不良后果。

我国《反垄断法》对政府限制竞争行为的规制并不全面，力度也不够强。从内容来看，《反垄断法》主要列举了地域性政府限制竞争行为，对于行业性政府限制竞争行为几乎没有涉及。因此，有必要在明确竞争政策的基础性地位的基础上，加强对行业性政府限制竞争行为的规制。从救济措施来看，《反垄断法》对政府限制竞争行为的规制仅限于由上级机关责令改正和对直接负责的主管人员和其他直接责任人员依法给予处分，反垄断执法机构仅享有对有关上级机关提出依法处理建议的权力。简单的事后建议权和责令改正无法发挥足够的作用。今后应当从事前和事后两个方面对政府限制竞争行为进行综合治理。具体包括：重视事前规制并逐步确立和完善竞争审查制度，加强事后规制和

① 参见姜付秀、余晖：《我国行政性垄断的危害——市场势力效应和收入分配效应的实证研究》，载《中国工业经济》2007 年第 10 期。

适时推进司法审查并明确法律责任。

(四)国有企业垄断行为规制

国有企业的竞争问题在很多国家都是备受争议的问题。一方面,国有企业作为“企业”的形式之一,为了生存和发展,必然以营利为目标;另一方面,国有企业的设立又常常被赋予促进社会公共利益的目标,与企业的营利目标相冲突。如何看待国有企业参与竞争的问题,成为竞争政策的实施必须要面对的问题。

笔者认为,国有企业发挥其公益性职能应当主要是在垄断行业中的垄断性业务中加以实现;在竞争性领域,国有企业与私营企业应该一视同仁。特别是,由于与政府的紧密联系和一定的公益属性,国有企业相比于私人企业而言,往往具有政府补贴、税收优惠、信贷融资、人脉联系和政策支持等方面的竞争优势。如若不通过一定的措施消解这种不合理的竞争优势,使竞争的开展在公平合理的基础上得以进行,那么市场竞争的机制将会被破坏,市场经济的发展也将受到阻碍。因此,西方国家早就提出“竞争中立”概念,作为竞争政策的重要组成部分,要求公平对待国有企业和私营企业,将国有企业的不合理竞争优势消解到最低。

在中国,国家对国有企业在人、财、物方面均还存在相当控制,这使得要对国有企业的不合理竞争优势进行消解存在相当大的难度。而且,根据我国《宪法》第 6 条和第 7 条的规定,我国“社会主义经济制度的基础是生产资料的社会主义公有制”,“国家在社会主义初级阶段,坚持公有制为主体”,“国有经济,即社会主义全民所有制经济,是国民经济中的主导力量。国家保障国有经济的巩固和发展”。因此,如何解释《宪法》关于公有制和国有经济的条款,就成了“竞争中立”能否在我国得以实施的最大前提。更进一步,如何解释《反垄断法》第 8 条第 1

款——“国有经济占控制地位的关系国民经济命脉和国家安全的行业以及依法实行专营专卖的行业，国家对其经营者的合法经营活动予以保护，并对经营者的经营行为及其商品和服务的价格依法实施监管和调控，维护消费者利益，促进技术进步”，以及如何解读《企业国有资产法》第7条——“国家采取措施，推动国有资本向关系国民经济命脉和国家安全的重要行业和关键领域集中，优化国有经济布局和结构，推进国有企业的改革和发展，提高国有经济的整体素质，增强国有经济的控制力、影响力”，也是竞争政策是否能够适用于国有企业以及如何适用于国有企业的关键性问题。

（五）竞争倡导和竞争文化建设

考察以美国、欧盟为代表的发达经济体近年来竞争政策理论发展的情况，可以发现，即便是市场经济较为成熟的经济体，他们的竞争主管机构也在致力于不断提升竞争政策在国家经济政策体系中的地位。这种提升的努力，很大程度上体现在一系列“竞争倡导”措施的开展以及竞争文化的普及之上。竞争倡导是国际竞争网络（International Competition Network，ICN）在2002年前后提出的概念，其中最重要的内容就是以竞争政策的理念来指引其他经济政策和法律制度的制定、修改与实施，泛指竞争执法之外所有促进竞争的制度安排和措施，包括竞争审查、竞争评估、竞争合规、竞争宣传、行业调查等。竞争倡导的目的，是在全社会（包括政府、企业界、消费者群体等）形成普遍的竞争文化，形成全社会对竞争政策的普遍认可，继而在各个层面能够形成对违反竞争政策的政策措施予以反对的局面。

二、从过程来看：三个层面

从竞争政策作用的过程来看，竞争政策可以划分为三大类：事前竞争政策、事中事后竞争政策和全方位的竞争政策。在此基础上,根据竞争政策作用的主体不同,还可划分为针对企业的竞争政策、针对行业的竞争政策和针对政府的竞争政策。下面从事前,事中、事后和全方位三个维度以及企业、行业、政府三个角度出发,对竞争政策的体系展开分析(见表1-2)。

表1-2 竞争政策的体系

维度	针对企业	针对行业	针对政府
事前	放宽市场准入	竞争法豁免范围的缩小化、行业法的“竞争法化”、垄断行业的竞争化改革	竞争审查(针对尚未出台的政策)
事中、事后	放松规制、强化竞争法律的实施(执法+司法)	行业调查、行业分析、行业建议	竞争评估(针对已经出台的政策)、问责机制
全方位	竞争倡导+竞争文化		

(一)事前竞争政策

1.针对企业的事前竞争政策

针对企业的事前竞争政策主要是指“放宽市场准入”的各种措施。市场准入是政府对市场主体进入某一特定市场所制定的规则,主要包括市场准入资格的实体条件和程序条件。在市场规制体系中,市场准入处于市场规制链条的前端环节。它不仅是后续各阶段规制机制设定的基础,而且还是各相关行业规制机制设定过程中较为倚重的基础性制度。因此,这一基础性制度的改革,将引发整个市场规制制度在目标、机制、手段各层面的改革。

放松市场准入环节的行政规制措施,简化市场经营实体的设立手续的改革思路,与现代竞争政策理念的内核是一致的。我国传统的市场主体准入制度围绕企业注册登记信息的审批机制进行设计，通过政府对企业成立核心要素的真实性进行审查的方式，构建起我国市场主体的基本信用体系。具体来说，企业获得注册登记即意味着注册资本、经营场所、股东（出资人）等核心信息的真实性得到了政府认可，企业信用得到了国家信用的备案。然而，在成熟的市场经济体制下，政府运用公权力对市场机制进行干预的情形，只应发生在市场机制呈现明显缺陷的领域。因此，公民通过设立企业从事商业行为应当交由市场机制自行调节，而无须政府事先给予“适格性”审查。事实上，我国传统的企业登记注册制度下，市场监督部门的注册审查早已无法起到企业信用担保的作用，大量从事注册服务的企业通过垫资注册资金、提供办公场所租赁证明等方式，可以轻松地绕过注册环节的政府监管。可见，市场主体准入改革是必然之趋。

目前，我国在市场准入环节开展的改革主要体现在两个方面。一是商事制度改革，包括落实注册资本登记制度改革方案，深入推进工商登记前置审批事项改为后置审批相关改革，推行全程电子化登记管理和电子营业执照，加快实现“三证合一、一照一码”，清理规范中介服务等内容；二是建立市场准入负面清单制度，以清单方式明确列出国内市场上禁止和限制投资经营的行业、领域、业务等，各类市场主体除了这些明确禁止和限制之外的所有行业、领域、业务等都可依法平等进入。

以放松市场准入为核心的市场规制体制改革，将有利于推动我国市场规制制度在理念、目标、手段等方面进一步向竞争政策靠拢。但是，市场主体准入改革之后，原先以国家信用为基础的企业信用机制在法理和制度层面将彻底瓦解，如何在脱离公权力（审批机制）之后，建立起以科学评价标准和大数据应用为依据的新的企业信用体系，是下一步亟待解决的问题。

2. 针对行业的事前竞争政策

针对行业的事前竞争政策主要是指推动竞争法豁免范围的缩小化、推动行业政策的“竞争政策化”以及推动垄断行业的竞争性改革等内容。

从世界各国立法例来看,行业豁免对象主要包括两大类:自然垄断行业和政策性垄断行业。[①] 在自然垄断行业领域,规制范式已经越来越从由一家国有企业实行一体化垄断经营转向在上游的网络行业实施垄断和在下游市场实现竞争,并在行业内严格区分自然垄断业务与竞争性业务,对前者实施严格管制(特别是价格管制),对后者则实施竞争规制。在政策性垄断行业领域,则除了对少数特殊行业(如国防工业和农业)予以豁免外,放开绝大多数行业的市场竞争。比如,日本、韩国等相继取消了烟草专卖制度。在金融业,各国针对银行、保险等领域的反垄断法豁免也越发收紧。因此,推动竞争法豁免的缩小化已经是全世界的趋势。

行业政策的“竞争政策化”则是指在行业政策之中引入竞争政策的理念,从而化解由于“特别法优于一般法”或竞争政策难以介入行业政策导致的“政策性垄断”。比如,在美国、日本等国,在电信、电力、天然气等关系国计民生的行业领域,行业监管均需重点考虑对竞争的影响,并将促进行业内部的竞争作为监管的基本任务之一。这是行业政策“竞争政策化”的典型体现。行业政策的“竞争政策化”,也是推动垄断行业竞争性改革的重要举措。

3. 针对政府的事前竞争政策

针对政府的事前竞争政策主要是指竞争审查制度,即包括审查对

① 参见应品广:《反垄断法的豁免——中国的视角和选择》,载《中南大学学报(社会科学版)》2010 年第 5 期。

象、审查方式、审查标准以及例外规定等一系列规范在内的以审查政策制定机关相关政策文件是否具有排除限制竞争效果的完整审查制度。我国已经建立“公平竞争审查制度”,对政府政策予以事先审查。

(二)事中、事后竞争政策

1. 针对企业的事中、事后竞争政策

针对企业的事中、事后竞争政策主要是指在放松经济性规制、强化社会性规制的基础上加强竞争法律的实施。

就我国当前而言,规制部门基本上分为三类:第一类是市场监督管理部门(前身主要为工商行政管理部门),承担包括市场准入(退出)、市场行为(竞争、广告、商标等)、产品安全(食品、药品等)、商品交易市场以及消费者保护在内的规制职能;第二类是行业性的规制部门,对行业的发展和经营活动负责综合性的全面监管,如中国证券监督管理委员会(以下简称证监会)、中国银行保险监督管理委员会(以下简称银保监会)、国家能源局、工信部等;第三类是综合性专业规制部门,如生态环境的监管由专门设立的生态环境部进行特别监管。我国目前的规制体制是在历史的不同阶段逐渐形成的。随着社会经济的发展,其职责重叠、权限交叉、效率不高及体制僵化的弊端开始显现,因此,当前我国不少地区已经开始实施市场监管体制的改革,由原工商行政管理部门、原质量监督检验检疫部门、原食品药品监督管理部门和国家发展和改革委员会(以下简称国家发展改革委)价格监督部门合并成立新的市场监管部门,监管职能既包括原工商行政管理部门、国家发展改革委价格监督部门承担的经济性监管,又有原质量监督检验检疫、原食品药品监督管理等部门承担的社会性监管。

在放松经济性监管和加强社会性监管的新形势下,仍有必要强化竞争法律的实施。这包括两方面内容:一是推进反垄断法实施的常态化和精细化,通过修改《反垄断法》,将竞争政策、公平竞争审查制度等提法纳入《反垄断法》;通过制定实施细则,制定具体行业的豁免标准、设立安全港制度等;通过建立统一的行政执法机构,提高执法效率;建立司法与行政执法的协调机制,弥补立法缺憾。二是强化反垄断法实施的司法审查,包括提供更为便利的反垄断诉讼机制以及强化对于行政执法决定的司法审查等。

2. 针对行业的事中、事后竞争政策

针对行业的事中、事后竞争政策包括竞争政策审议机制、行业调查制度、司法审查制度等内容。比如,可以授予竞争主管机关对特定行业开展调查的权力,并在此基础上对立法机关或行业主管部门提出政策建议。此外,在竞争政策与其他经济或社会政策产生冲突时,有必要建立冲突裁决机制。可以考虑在全国人大建立专门的宪法监督委员会,专门受理、裁决法律冲突,对法律、法规、规章是否合法和互相冲突做出解释。① 同时,明确行业规制机构无论采取什么方式对竞争主体进行处罚,均应当受到司法审查。

3. 针对政府的事中、事后竞争政策

针对政府的事中、事后竞争政策主要是指对于政府政策的竞争评估制度和相应的问责机制。这里所指的竞争评估制度是竞争主管机构或其他相关机构通过竞争分析,评价现行的公共政策可能或已经产生的竞争影响,针对不合理的政策安排提出既不妨碍政策目标实现,但又能将对竞争损害降低到最小的替代性方案的制度。② 实际上,竞争评估与竞争审查是在政府反竞争规定制定前后两端发挥作用的同

---

① 参见蔡定剑:《法律冲突及其解决的途径》,载《中国法学》1999 年第 3 期。

② See OECD, *Competition Assessment Guidance* (Dec. 9, 2018), http://www.oecd.org/competition/assessment-toolkit.htm.

类制度，发达国家在近10年内普遍建立了竞争评估制度，在减少政府对竞争的不合理限制、促进经济发展方面取得了巨大的成功。我国的公平竞争审查制度同时覆盖了事前的审查和事后的评估，但是具体如何实施尚待实施细则的出台，同时还欠缺相应的问责机制的配套。

（三）全方位的竞争政策

全方位的竞争政策是指通过竞争倡导，在全社会（包括企业、行业和政府各个层面）推广和普及竞争文化。竞争倡导是竞争主管机构为在经济运行中营造竞争环境，提升竞争水准而采取的执法之外的各种措施，是从根本上解决垄断问题的创新性路径。作为竞争执法以外的措施，竞争倡导旨在全面建设竞争法治环境：一是通过与政府其他管理部门的沟通实现竞争政策与其他经济和社会政策的相互连接，二是通过教育宣传提高公众对“竞争有益”的观念的理解与支持。[①]

竞争倡导的最终目的是建设竞争文化，使社会公众能够较为清晰地理解竞争政策的内容，为竞争主管机构坚定地执行竞争政策提供舆论支持，也给企图进行垄断和限制竞争的企业和政府施加舆论压力。

---

① ICN Advocacy Working Group, *Advocacy and Competition Policy*, International Competition Network (2002), https://www.internationalcompetitionnetwork.org/wp-content/uploads/2018/09/AWG_AdvocacyReport2002.pdf.

CHAPTER 02 >>

第二章

竞争政策的目标选择:发展的阶段性分析

第一节　竞争政策的目标解读

反垄断法是竞争政策的最核心部分。因此,下文首先梳理和分析反垄断法的目标争论,然后再在广义竞争政策的视角下审视竞争政策的目标。

一、有关反垄断法目标的争论

(一)反垄断法目标争议的焦点

笔者曾对反垄断法的目标争议作出过归纳总结,认为学术界关于反垄断法的目标存在一元论的效率主义、多元论的公共利益主义和终极目标论的消费者主义三种观点。[①] 一元论的效率主义以“芝加哥学派”为代表,主张反垄断法的唯一目标是经济效率。多元论的公共利益主义则认为反垄断法提倡多元价

① 应品广:《法治视角下的竞争政策》,法律出版社 2013 年版,第 96 页。

值,包括效率、公平、自由、民主、秩序、消费者福利等,而这些价值都可以归入"公共利益"的范畴;终极目标论的消费者主义虽然通常也将"公共利益"视为终极目标,但是基本上以"消费者福利"作为其具化对象。

目前看来,上述总结并不周延。比如,反垄断法所追求的"有效竞争"的目标[①]似乎难以纳入以上三种观点之中。"有效竞争"(workable competition)的概念源于"马歇尔困境",即马歇尔所认为的规模经济与竞争活力之间的矛盾——规模经济能够实现显著的效率,但是可能引发的垄断和限制竞争又会显著地阻碍效率。有效竞争概念正是针对这一矛盾所展开的,认为有效竞争"就是指将规模经济和竞争活力两者有效地协调起来的一种竞争状态"[②]。尽管从实际应用的角度看,"有效竞争"概念已经大大脱离了经济学上的原有定义;[③]但是,基本上可以认为,与完全竞争模式下市场被视为静止状态相反,有效竞争模式下,竞争被视为是一种长期的动态机制。根据美国、德国以及世界上其他国家反垄断立法的经验,建立有效竞争的目标模式主要是从规范竞争性市场结构出发的,即在这种结构条件下,市场上竞争者的数目不是很大,也不是太小,而是形成一个"优化的市场结构"。有效竞争的理论主要是从市场结构出发的,与人们难以掌握的市场行为以及市场运行程比较起来,市场结构的标准不仅简单和易于操作,而且在实践中也很有说服力。[④]

又如,有学者主张,"我国反垄断法的立法价值目标应界定为追求

① 参见王晓晔:《有效竞争——我国竞争政策和反垄断法的目标模式》,载《法学家》1998年第2期。

② 王俊豪:《论有效竞争》,载《中南财经大学学报》1995年第5期。

③ 参见李振军:《有效竞争问题的新思考》,载《改革与战略》2007年第9期。

④ 参见王晓晔:《有效竞争——我国竞争政策和反垄断法的目标模式》,载《法学家》1998年第2期。

社会整体效益和实质公平”。[①] 尽管这似乎可以纳入公共利益目标的范畴,但是其中更多强调的并非消费者福利或公共利益本身,而是对于“公平”价值的追求。有学者在我国《反垄断法》立法草案的讨论过程之中,指出我国的反垄断立法应该将“保障经济自由、促进社会公平”作为基本价值追求,立法草案将经济效率作为首要价值的做法实属将美国反垄断法的目标嫁接于我国的反垄断制度之上,不仅与我国经济社会发展的主要目标相悖,而且在执法与司法实践中难以操作。[②]

此外,欧洲的弗莱堡学派所倡导的竞争政策则是建立在“竞争秩序”基础之上,[③]典型的实践是以德国《反限制竞争法》为代表的社会市场经济的整体秩序构建。[④] 这种将“竞争秩序”视为竞争政策之基本追求的理念,可以说是竞争政策目标选择的另一种“图景”。

(二)对反垄断法目标争议的评价

以上有关反垄断法目标的争议看似纷繁芜杂,但是仔细观察可以发现,关于反垄断法目标的各种观点不是在同一个层面上进行讨论:与效率对应的是公平,这是价值层面的考量;与消费者福利对应的是生产者福利,是保护对象层面的考量;与社会公共利益对应的是个体利益和部门(集体)利益,是保护范围层面的考量;与有效竞争对应的是完全竞争等竞争模式,是竞争模式层面的考量。因此,对不同主张之间的争

---

① 参见赵万一、魏静:《论我国反垄断法的价值目标界定及制度架构》,载《社会科学研究》2006 年第 1 期。

② 参见郑鹏程:《欧美反垄断法价值观探讨——兼评〈中华人民共和国反垄断法(草案)〉第 1 条》,载《法商研究》2007 年第 1 期。

③ 参见[德]瓦尔特·欧根:《经济政策的原则》,李道斌译,上海人民出版社 2001 年版,第 277 ~ 305 页。

④ 参见[德]何梦笔主编:《秩序自由主义》,董靖等译,中国社会科学出版社 2002 年版,第 7 页。

论，很可能并不相互对应，从而导致讨论的偏差。

首先，从经济学的角度看，反垄断法目标的争论，就是总福利（剩余）标准与消费者福利（剩余）标准之间的选择问题。前者对应效率论的主张，认为生产者剩余与消费者剩余同等重要，因此反垄断法的目标应该是保护经济效率（经济福利），即生产者剩余和消费者剩余之和。由于不考虑分配因素，特别是不考虑财富从消费者转移至生产者，效率论被认为是"亲生产者"的。后者对应的则是消费者福利论，即认为要优先保护消费者剩余，关注财富的不合理分配，防止生产者通过反竞争行为"掠夺"消费者剩余，因此是"亲消费者"的。相比之下，所谓社会公共利益，并非经济学的标准。一则公共利益不可量化；二则其解释具有极大的不确定性，极易引发冲突。因此，将这三者并列加以讨论，很可能得出错误的结论。

其次，反垄断法目标争议的症结点，在于"一元论"和"多元论"之间的抉择。从某种意义上看，终极目标论也是一元论，即认为存在目标的"终极"标准。确定唯一目标具有积极意义："竞争政策要以明白无误的形式出现，要想摆脱政治争议，就必须追寻一个明确的目标。"①但是，它同时面临"不符合历史"②和"远离民主"③的批评。确实，从历史上看，反垄断法的目标从来都不是"单一"的，而是受到包括经济、政治、社会等多种因素的影响。反垄断法作为公共政策的重要组成部分，将其固化为促进唯一之目标的实现，或者保护特定群体的利益，必然面临"独

---

① ［德］曼弗里德·诺依曼：《竞争政策——历史、理论及实践》，谷爱俊译，北京大学出版社 2003 年版，第 5 页。

② 有学者考察了美国反垄断法的立法史以及司法实践，认为阻止"福利转移"（保护消费者福利）而非经济效率才是美国反垄断法的目标。William H. Page, *Ideological Conflict and the Origins of Antitrust Policy*, 66 Tul. L. Rev. 1, p. 4(1991).

③ ［美］赫伯特·霍温坎普：《联邦反托拉斯政策——竞争法律及其实践》，许光耀、江山、王晨译，法律出版社 2009 年版，第 73 页。

裁”的指责。相比之下,多元论是现实主义的。世界上所有的反垄断立法及其执法或司法实践,都体现了反垄断法目标的多元化。因此,坚持反垄断法目标的多元化不可能是“错误”的。但是,由于它反映了不同利益群体的诉求,因此很可能陷入无休无止的“政治博弈”,从而导致法律的实施偏离“应然”轨道。真正有价值的讨论应该是:如何在目标追求多元化的现实背景下,通过目标的阶段性设计、层次性划分以及相关制度设计,使多元目标的博弈不至于偏离正常轨道,最终能够促进社会公共利益之实现。

最后,如果将目标选择扩展到竞争政策层面,对于目标的争论就更加不“聚焦”。竞争政策的目标不等于且大于反垄断法的目标。作为法律,反垄断法更加追求稳定性和确定性,因此建立在经济分析基础上的效率论更加符合反垄断法的现实需求。作为政策,竞争政策不仅面临政策本身的目标定位,还涉及不同政策之间的冲突和协调,其不确定性和包容性更加明显。因此,它可能时而倡导效率,时而又追求公平;时而提倡有效竞争,时而又容忍垄断;时而追求竞争秩序,时而又鼓励“创造性毁灭”。在这个意义上,对于秩序、自由、民主等目标的追求,更多的是竞争政策层面的追求,而非反垄断法意义上的追求。也正因为竞争政策可能涉及的目标实在太多,才引发了有的学者提出的所谓“目标无用论”。

二、对于竞争政策目标的反思

(一)竞争政策的目标不等于反垄断法的目标

第一,“政策”的概念比“法”的概念要广,因此其目标范围也更加广泛。除法律之外,政策还包括国家或政党制定的各种能够对不特定多数人产生影响的原则和规则。比如,中国共产党关于制定国民经济和社会发展的规划的建议以及国家的历次五年规划,[①]就是典型的政策,其对国民经济和社会发展的影响力可能比一般的立法更加深远。相比于法律追求的稳定性,政策显然更加具有适应性和变化性,因此,其目标选择也更具有变化性和发展性。

第二,竞争政策的目标更加强调与经济体制的关联性,特别是与经济体制改革目标的兼容性。中国竞争政策的制定和实施,必然要受“以公有制为主体、多种所有制经济共同发展”的“社会主义市场经济”的影响。中国《反垄断法》第1条明确将“促进社会主义市场经济健康发展”作为立法目标之一。这意味着,中国竞争政策不仅关乎效率与公平的抉择,更涉及如何界定“社会公共利益”和“社会主义市场经济”。这显然具有“体制”内涵。

第三,竞争政策的目标在很大程度上要服务于经济发展的目标,而这在反垄断法的目标定位中很少出现。但是,对于所有发展中国家而言,甚至在很多时候对于发达国家而言,竞争政策的实施都无法脱离经济发展的目标。最典型的例子莫过于经济危机时期的竞争政策,或多或少都会因为经济不景气而放松执法。

第四,竞争政策的目标影响着反垄断法的目标和实施。竞争政策有助于克服反垄断法实施中的不确定性并确定反垄断法实施的控制标准。[②] 反垄断法的不确定性,很大程度上在于竞争政策目标的不确定性,特别是竞争政策对于合法垄断或非法垄断的界限不清,导致法律实施的标准不明、手段受限。因此,明确的竞争政策目标,有助于协调反垄断法的多元目标冲突,并指导竞争法律的实施。

---

① 例如,《中共中央关于制定国民经济和社会发展第十三个五年规划的建议》和《中华人民共和国国民经济和社会发展第十三个五年规划纲要》。

② 参见徐士英:《竞争政策:反垄断法实施的政策前提》,载《中国价格监管与反垄断》2014年第11期。

(二)竞争政策的目标不等于竞争政策的价值

在谈及竞争政策或反垄断法的目标时,很多学者常常将其与“价值”“宗旨”等概念混同。[①] 并且,在谈及目标、价值或宗旨时,通常将竞争、效率、公平、自由、民主、秩序、消费者福利、社会公共利益等概念并列加以讨论。

问题是,上述概念很可能无法在同一层面加以讨论。所谓目标,是指“追求的对象”或者“想要达到的境地或标准”。竞争政策的目标,是指通过制定和实施竞争政策希望达到什么效果,包括旨在保护什么对象、倡导什么价值、实现什么竞争或市场模式、追求什么体制机制等。显然,上述提及的相关概念,分属于不同的对象、价值、模式或体制等范式。虽然有学者认为,竞争政策可以从市场模式目标、利益保护目标和价值目标三个角度展开,[②]但是笔者认为,不仅如此,对于竞争政策目标的讨论还包括更多的层面:

第一,从主体或保护对象来看,竞争政策是倾向于保护消费者利益、生产者利益还是全体社会成员的利益(社会福利或社会公共利益)?

第二,从价值上看,竞争政策是倾向于保护效率、公平、民主还是自由?

第三,从市场经济的模式来看,竞争政策是倾向于倡导以美国、英国为代表的自由市场经济模式,以德国、瑞典为代表的社会市场经济模式还是以日本、韩国为代表的政府主导型市场经济模式?

第四,从竞争的模式来看,竞争政策是倾向于推动完全竞争、有效竞争还是可竞争市场?有效竞争(workable competition)理论最早由美

---

① 参见叶卫平:《反垄断法价值问题研究》,北京大学出版社2012年版;徐孟洲:《论我国反垄断法的价值与核心价值》,载《法学家》2008年第1期。

② 参见耿邦:《论中国竞争政策体系的构建》,载《人民论坛》2012年第35期。

国经济学家克拉克(J. M. Clark)提出,用以反对完全竞争的虚幻。① 前文已经对此加以描述。可竞争市场理论(the Theory of Contestable Markets)则由美国著名新福利经济学家威廉·鲍莫尔所提出,是指不存在超额利润和任何形式的生产低效率和管理上的低效率(X - Inefficiency)的市场。② 一般来说,可竞争市场应满足以下假设条件:一是自由进入和退出;二是潜在进入者能够采取"打了就跑"的策略;三是与在位厂商一样,潜在进入者不存在技术上的劣势,也不必承担额外的进入成本。

第五,从体制机制上看,竞争政策对应或推动的是什么样的社会体制和经济体制?

显然,在讨论竞争政策的目标时,需要从不同的角度来回答以上问题,并将相应目标在各自的范畴内加以讨论,否则很可能导致讨论本身及其结论的错位。

(三)竞争政策的目标不等于竞争政策实施的目标

竞争政策目标的实现需要依靠竞争政策的实施。但是,竞争政策的目标是"静态"的,体现在政策文件之中,而竞争政策实施的目标是"动态"的,体现在法律和政策的实施之中。比如,竞争政策的目标可能体现在竞争法律和官方的规划之中,而竞争政策实施的目标可能体现在竞争执法机构和相关政策机构在若干年度或具体年度的工作计划及

---

① 参见李振军:《论有效竞争问题》,载《当代经济(下半月)》2007 年第 3 期;李振军:《有效竞争问题的新思考》,载《改革与战略》2007 年第 9 期;连海霞:《有效竞争与电信业改革研究》,载《山东财经学院学报》2011 年第 1 期;姜琪:《网络型产业的有效竞争研究——以中国陆路交通运输业为例》,载《经济与管理评论》2012 年第 2 期。

② 参见夏大慰:《产业组织与公共政策:可竞争市场理论》,载《外国经济与管理》1999 年第 11 期;闫星宇:《可竞争市场理论综述》,载《产业经济研究》2009 年第 1 期;汤吉军:《可竞争市场理论及其对我国自然垄断行业改革的启示》,载《产业经济评论》2010 年第 2 期。

其实施之中。竞争政策的目标更加宏观,竞争政策实施的目标则更加具体。因此,竞争政策实施的目标不一定与竞争政策的目标保持一致。在此意义上,才需要借助于监督机制的设计,如司法审查机制、问责制等,防止竞争政策的实施过度偏离竞争政策本身的目标。在考察政策实施机构的实施绩效时,也有必要将其是否贯彻竞争政策的目标作为重要指标纳入其中。

第二节 竞争政策目标选择的必要性

一、对"目标无用论"的反驳

(一)竞争政策的"目标无用论"

鉴于竞争政策的目标实在太多元,有学者认为,有关竞争政策目标的争论是无用的,而且存在误导的可能性。美国著名的反垄断法专家埃莉诺·福克斯(Eleanor Fox)教授是此观点的典型代表。她写了一篇名为《反对目标》(*Against Goals*)的文章,[①]指出很多学者已经深陷目标争论的泥潭,并将其作为"工具",宣扬自己的理念。尽管这篇文章主要针对美国的反垄断法,但是其提出的观点却值得大家重视。[②]

福克斯教授认为,有关反垄断法目标的争论不仅从反垄断法的历史和政治经济学角度看是混乱的,更重要的是,它模糊了真正的问题所在:怎么样去实现"有活力的市场"(robust markets)。福克斯教授把反

① See Eleanor M. Fox, *Against Goals*, 81 Fordham Law Review 2157 (2013).

② 在笔者与福克斯教授的交流中,其也认为:即便将目标问题扩展到比反垄断法范围更广的竞争政策问题上,目标争论本身亦偏离了方向。

垄断法的目标简化为“有活力的市场”，即反垄断法的目标就是禁止破坏“有活力的市场”的行为。她认为，怎么去创造“有活力的市场”（而不是目标本身）才是问题的核心。

更进一步，福克斯教授认为，分歧主要体现在两个方面：第一，在竞争政策问题上，不同的学者秉持不同的假定。有的人支持自由市场假定，认为市场本身运行良好，政府干预（包括竞争政策）通常是低效的，会扭曲市场结构。相反，有些人支持市场失灵假定，认为市场本身存在诸如垄断、公共产品供给不足、信息不对称等失灵，需要政府干预加以矫正，竞争政策有助于克服垄断和不正当竞争行为。

第二，对竞争政策本身的功能存在不同看法。有的学者更加注重塑造竞争的“过程”、相对开放的市场准入和市场的可竞争性，因此，更加倾向于维持没有市场力量的市场结构，偏向于保护中小企业和消费者的利益；有的学者更加看重竞争的“结果”，只要行为本身促进了效率，就不应该对其予以谴责，因此，被认为更加偏向于大企业的利益。

总之，是立场、观点和假定的不同，而非目标的不同，导致了有关竞争政策目标的争论。因此，没有绝对正确的“目标”，只有不同的实现目标的“手段”。由于脱离对怎么实现目标这一症结的讨论，在美国，目标争论已经用于推进“政府不可能做好事”的理念。[①] 这绝对是一种误导。鉴于此，不应争论目标本身，而应该讨论如何去实现“有活力的市场”的目标。

（二）对“目标无用论”的反驳

其一，“目标无用论”有它的意义。它指出了应当更加关注实现目

① See Eleanor Fox, *The Efficiency Paradox*, in R. Pitofsky ed., How the Chicago School Overshot the Mark: the Effect of Conservative Economic Analysis on U. S. Antitrust, Oxford, 2008, p. 77.

标的手段,而非目标本身。但是,它建立在对于目标本身已经达成共识的前提之下。在对目标没有达成共识的情况下,讨论实现目标的手段就不具有基础。此时,目标本身仍具有强大的指引功能。

其二,立场、观点和假定之间的争议不能取代目标本身的争议。对于前者的讨论确实很重要,但不代表对于目标的讨论就不重要。确实,理念本身很难改变,但是也并非不可改变。多元目标在很大程度上就是为不同的理念提供了博弈的场所,阶段性、层次性的目标选择,则为不同的理念开展"公平""有序"的博弈创造条件。

其三,"目标无用论"主要是在讨论反垄断法的目标问题。但是,竞争政策的目标涵盖更广。即便争论反垄断法的目标可能是无用的,但是讨论竞争政策的目标却十分有必要。这对于发展中国家而言,尤为如此。比如,对于中国而言,竞争政策的目标定位还具有提升竞争政策地位、协调不同政策冲突、指导法律变迁等功能。在一个急剧变化的社会,坚定目标,能够最大限度地减少被其他政策冲击的可能性。因此,对于发展中国家而言,更加需要明确的竞争政策目标。忽略目标本身的讨论,很可能导致出台相互矛盾的政策。

其四,针对"目标无用论"所提出的不同理念(包括立场、观点、假定等)而非目标本身引发争议的观点,笔者将在下文中尝试将不同理念(如对于市场模式、价值、保护对象、体制机制等的不同看法)囊括在不同的竞争政策目标范式里,从而对其加以一并讨论。

二、竞争政策目标选择的意义

(一)协调竞争政策与其他政策的冲突

不同的政策具有不同的目标。在政策目标不同又都需要执行的时候,就必然会发生冲突。但是很多时候,恰恰是不同政策的目标定位不明,导致这种冲突并没有显现,但这不代表冲突本身并不存在。实际上,冲突的出现及其化解,恰恰是在不同的公共政策之间达成“最优解”的方式。然而,不同政策的目标定位不明,弱化了协调不同政策目标的可能性,也就失去了在不同公共政策之间形成有效“合力”的可能性。

因此,明确竞争政策的目标以及其他公共政策的目标,是实现不同政策之间有效协调的基础。只有在不同的政策目标都明晰的情况下,才能够进一步讨论如何相互取舍,以及建立协调机制,制定分析流程,探索如何在不破坏基本原则的前提下,以最合乎比例原则的方式实现各自的政策目标。

明晰的竞争政策的目标也是提升竞争政策地位的有效方式。如果没有明确的目标定位,将极大地削弱竞争政策的地位和功能,在与其他经济政策相互冲突时处于“相对弱势地位”。

(二)协调反垄断法的多元目标

反垄断法目标的多元化在全世界都是普遍现象。我国《反垄断法》同样如此。根据《反垄断法》第 1 条,至少公平竞争、经济运行效率、消费者利益、社会公共利益和社会主义市场经济健康发展等都是立法目标。这些目标既可能相容,也可能冲突。相容时没有问题,但是冲突时如何处理,法律没有明确。再考虑到“不确定性”本身就是反垄断法的典型特征之一,[①]基于法律目标的政策性引导和解释更显重要。因此,竞争政策目标的明确定位,对于反垄断法的实施具有指导意义。此外,在我国,反垄断法的实施还面临不同执法机构之间的协调、竞争执法机构与行业主管机构和司法机关之间的协调等问题。这更加需要竞争政

---

① 参见潘丹丹:《反垄断法不确定性的意义追寻——从分析实证主义解读走向社会功利主义解读》,载《学习与探索》2014 年第 10 期。

策的统一指导,防止因冲突而降低执法和司法的效率。

(三)指导法律规则的变迁

一方面,竞争政策的目标能够指导竞争法律规则的变迁。《反垄断法》在积累了执法经验的基础上,有必要制定相关配套规则,提升竞争执法的透明度,细化程序规则,增强法律实施的确定性。竞争法律制度体系的建立、修订和完善,必须要有统一的目标导向,清晰的价值导向,《反不正当竞争法》和《反垄断法》的修订,都有必要在统一的竞争政策目标指导下进行。

另一方面,竞争政策的目标选择能够间接地指导行业法律规则的变迁。行业法律和政策中可能影响竞争的部分,也可纳入竞争政策的范畴,因此也是竞争政策目标的考虑范围。如果能够在行业法律和政策中实现竞争政策的目标,实现行业法的"竞争法化",[①]即在行业法中减少排除、限制竞争的内容,实现各个行业的有序竞争,那么竞争政策的目标将不仅限于影响竞争法律本身,还将扩展到所有与竞争有关的公共政策。

(四)指导竞争政策的实施

竞争政策的目标选择必然还会影响竞争政策的具体实施,特别是有助于确定法律和政策实施的边界,尤其是竞争政策在垄断行业、国有企业中实施的边界。

垄断行业通常是竞争法适用的"法外之地",即垄断行业通常享受"法定垄断",从而排除竞争法的适用。但是,随着市场的扩大和技术的

---

① 参见李胜利、胡承伟:《论产业法"竞争法化"之缘由及发展路径》,载《安徽大学学报(哲学社会科学版)》2013 年第 6 期。

发展,越来越多的垄断行业在从事垄断性业务的同时,也在经营竞争性业务,且通过交叉补贴和上下游一体化等形式,依托其在垄断性业务领域的垄断地位,将自身垄断力量传导至竞争性业务,并实施限制竞争行为或不正当竞争行为。在此背景下,如若竞争法对垄断行业中存在的限制竞争行为和不正当竞争行为视而不见,将极大地削弱竞争法的效力,并导致市场机制受到严重侵蚀。

竞争政策的目标需要涵盖上述内容,将竞争政策的适用范围扩展至垄断行业中的竞争性业务,并在此目标指引下严格实施竞争政策,厘清“合法垄断”和“非法垄断”的边界,指导竞争法在垄断行业的适用,合理配置竞争主管机构与行业主管机构之间的权力。在垄断行业,竞争政策的适用有必要从“一般除外、例外适用”转向“一般适用、例外豁免”。[①] 在放松管制的背景下,可以预见,垄断行业中政府直接管制的范围将逐步缩小,而竞争政策的适用范围将逐步扩大。

第三节 竞争政策的目标选择具有阶段性和层次性

一、竞争政策的目标选择具有阶段性

竞争政策(特别是反垄断法)目标阶段性演进的其中一个重要趋势是“政治性目标”逐步消退,“经济性目标”逐步增强。这种演变受到经济学理论(特别是产业组织理论)、市场经济的发育程度、国内外经济环境以及经济的周期性变化等多重因素的交叉影响。

---

① 参见应品广:《反垄断法的豁免——中国的视角和选择》,载《中南大学学报(社会科学版)》2010 年第 5 期。

(一)竞争政策的早期目标“政治性”大于“经济性”

无论是美国、欧洲、亚洲还是诸多发展中经济体,其最初的竞争立法,无一不是政治考虑多于经济考量。

诸多研究已经表明,某种程度上看,美国1890年的《谢尔曼法》是以大企业和大资本家为代表的利益团体和以小企业和劳工为代表的利益团体之间斗争的妥协产物,是代表小企业主、农场主、工人、农民利益的民粹主义(杰弗逊主义)与主要以信托(trust)方式建立起来的托拉斯和垄断大企业之间的政治博弈的产物。①

欧洲最早的竞争法——德国1923年颁布的《防止滥用经济权力条例》——是一部典型的“紧急状态法”。它根据德国《宪法》中的紧急状态权由总理单独颁布实施,没有经过国会辩论和批准。而德国之所以出台该法,很大程度上是为了遏制失控的通货膨胀,同时防止陷入经济困境的群体再次涌现革命浪潮。② 德国现代意义上的竞争法是1957年联邦德国的《反限制竞争法》,但是该法是在作为战胜国的美国的压力下制定的。德国现代意义上的竞争法在很大程度上也是“政治博弈”的结果。

欧盟层面的竞争法则在很大程度上是作为构建欧盟这样一个“超国家”共同体的重要举措之一而达成的。同时,它也在很大程度上受到美国的影响。欧盟最初的雏形是“煤钢共同体”,旨在通过起草《煤钢共同体条约》,建立“集中管制的煤钢经济组织”,打破德国在欧洲煤钢领

---

① 参见[美]查尔斯·R.吉斯特:《美国垄断史——帝国的缔造者和他们的敌人(从杰伊·古尔德到比尔·盖茨)》,傅浩等译,经济科学出版社2004年版,第10~16页;[美]吉尔伯特·C.菲特、[美]吉姆·E.里斯:《美国经济史》,司徒淳、方秉铸译,辽宁人民出版社1981年版,第563页;应品广:《法治视角下的竞争政策》,法律出版社2013年版,第50~54页。

② 参见[美]戴维·J.格伯尔:《二十世纪欧洲的法律与竞争》,冯克利、魏志梅译,中国社会科学出版社2004年版,第153页。

域的垄断地位。但是,美国认为,整个计划就是一个大的卡特尔。[①] 最终,在美国的帮助下,形成了1950年《巴黎条约》有关竞争问题的第65条(禁止垄断协议)和第66条(禁止滥用经济权力)。这两大条文成为欧盟竞争法的源头。

在欧共体竞争规则出台之后,随着欧洲一体化的浪潮,欧洲各国开始纷纷出台本国的竞争法。而且,这些立法几乎都与欧共体层面的竞争法“看齐”。有的国家如瑞典,甚至“逐字逐句照搬了《罗马条约》第85条和第86条的语言”[②]。试图加入欧盟的政治意愿,是导致这种“滚雪球效应”的主要动力。

日本反垄断法的出台更是受到明显的政治影响。日本1947年的《禁止私人垄断及确保公平交易法》,完全是美国植入的结果。而美国在日本植入反垄断法的目的,并非仅仅为了消除日本产业界的垄断,更深层原因在于“永久剔除欺骗及错误领导日本人民使其妄欲征服世界者之威权及势力”(1945年《波茨坦宣言》),防止财阀的再度复活及独占力量的形成,确保产业的民主化。[③]

对于那些从计划经济转向市场经济的“转型国家”而言,早期的竞争立法更是一种“政治方向”转变的结果。在计划经济时代,无论是生产、销售还是分配,均由国家统一安排,无须竞争,自然无须竞争法。但是,市场经济要求规范的市场竞争。竞争法不仅突然成为规范“不公平竞争”或“限制竞争”的一项法宝,而且成为昭示自己是“市场经济国家”的一大表现。对于其他一些新兴经济体而言,竞争法的出台还受到

---

① 参见彭心倩:《欧共体竞争法产生的法律历史社会学分析》,载《湖南社会科学》2010年第1期。

② [美]戴维·J.格伯尔:《二十世纪欧洲的法律与竞争》,冯克利、魏志梅译,中国社会科学出版社2004年版,第499页。

③ [日]今村成和:《私的独占禁止法の研究》,有斐阁1993年版,第13页。

国际组织的影响,如对于印度尼西亚而言,制定竞争法曾经是获得国际货币基金组织贷款援助的条件之一。[①]

这些都表明,早期的竞争政策很大程度上是受到政治因素的影响或出于政治因素的考虑而出台的。尽管或多或少也有经济因素的考虑,但是相比于政治因素,早期竞争政策对经济因素的考虑是次要的,是附属于政治因素的。

(二)经济学理论演变对竞争政策目标的阶段性影响

经济学理论,特别是产业组织理论的哈佛学派、"芝加哥学派"再到"后芝加哥学派",对竞争政策的目标选择产生了重要的影响。这种影响在美国发端,并逐步蔓延至世界上其他国家和地区。

在20世纪七八十年代"芝加哥学派"兴起之前,美国的反托拉斯法还没有"试图最大化什么"意义上的"范式",反垄断法的实施基本依靠一些基本原则,如假定大企业具有滥用市场力量的动机,因此反垄断法应该降低市场准入、反对滥用权利和高度集中。[②] 尽管学界普遍承认的所谓"哈佛学派"是从20世纪30年代中期开始盛行的,但是在此之前的反垄断法实践,基本上也可纳入哈佛学派的范式。哈佛学派的基本主张为:市场结构决定市场行为,市场行为决定市场绩效,因此,要想获得良好的市场绩效,必须通过反垄断法调整市场结构。据此,哈佛学派建立了"市场结构(structure)—市场行为(conduct)—市场绩效(performance)"的"单向度"分析框架,简称为SCP框架。在该框架下,反垄断法的目标在很大程度上表现为打击大企业、保护小企业。在哈佛学派的"结构主义"思路下,反垄断法的目标更多地倾向于保护中小

---

① 参见李墨丝:《印度尼西亚竞争法述评》,载《东南亚纵横》2010年第10期。

② See Eleanor M. Fox, *Against Goals*, 81 Fordham Law Review 2157 (2013).

经营者和消费者的利益,而非大生产者的利益。

20 世纪 70 年代"芝加哥学派"的兴起使上述情况发生了改变。与哈佛学派假定大企业通常具有滥用经济权力的动机和能力不同,"芝加哥学派"假定商业行为通常有效率且能够增加社会福利,即建立在"自由市场"的假定之上。[①] "芝加哥学派"认为,反垄断法的唯一目标是经济效率,在不存在人为干预的情况下,市场进入的壁垒并不像想象中的那么高,垄断会在市场竞争中"自我纠正",无须政府过度介入。"芝加哥学派"也否认市场结构、市场行为与市场绩效之间的单向度静态关系,认为它们之间是动态的互相影响的关系。因此"芝加哥学派"主张,应该从结构规制转向行为规制,注重判断行为是否提高了效率,而不是强调集中度的提高必然导致限制竞争的结果。这种竞争政策的目标选择在很大程度上导致了对市场力量集中采取了一种更为宽松的态度,对纵向限制竞争行为也几乎不再关注,市场支配力量也被认为是反映了生产经营的效率。由此,竞争政策的适用范围大幅缩小。

进入 20 世纪 90 年代之后,"后芝加哥学派"的观点开始逐步盛行。[②] "后芝加哥学派"对"芝加哥学派"的市场完美和长期均衡理论提出了质疑,认为由于经营者之间存在相互博弈并存在大量的沉没成本,在长期内,市场壁垒难以消除,因此依靠市场力量本身不足以矫正垄断的不良影响;市场中存在的信息不完全和不对称,也会使占有优势信息一方借此获取超额利益,因此需要反垄断法进行适当干预。[③] 相比于"芝加哥学派","后芝加哥学派"主张采取更为强硬的反垄断执行措施。

---

① See Eleanor Fox, *The Modernization of Antitrust – A New Equilibrium*, 66 Cornell L. Rev. 1140 (1981).

② 参见任剑新:《美国反垄断思想的新发展——芝加哥学派与后芝加哥学派的比较》,载《环球法律评论》2004 年第 2 期。

③ 参见臧旭恒:《从哈佛学派、芝加哥学派到后芝加哥学派——反托拉斯与竞争政策的产业经济学理论基础的发展与展望》,载《东岳论丛》2007 年第 1 期。

在目标选择上，“芝加哥学派”倾向于保护“生产者利益”，在经济学上体现为重视“总剩余”，即芝加哥学派所说的经济效率；而“后芝加哥学派”更加倾向于保护“消费者利益”，在经济学上则体现为保护“消费者剩余”。

在欧洲，竞争政策的目标选择在很大程度上还受到“弗莱堡学派”及其主张的“秩序自由主义”的影响。[①] 在亚洲，竞争政策的目标选择则普遍体现出对“公平”的重视。尽管如此，这些国家和地区的竞争政策或多或少都受到美国主导的经济学理论的影响，“美国的芝加哥学派已经‘偷渡’到现代反垄断法之中”。[②] 尽管各国主要是从本国的实际需求出发确定竞争政策目标，但是国际主流经济学的观点仍然会对制定竞争政策的人产生潜移默化的影响。

（三）市场经济发育程度对竞争政策目标的阶段性影响

发达经济体与发展中经济体在竞争政策的目标选择上存在显著差异，这是毋庸置疑的。发达经济体通常较早确立了市场经济体制，市场本身的发育更加成熟，很多时候可以借助于自由市场的自我矫正排除垄断，因此更倾向于将经济效率作为竞争政策的首要目标；而发展中经济体通常依赖于高度的政府管制，市场经济本身不发达，对自由市场的不信任，通常使其在目标选择上更加重视公平或社会公共利益。

实际上，在很多国家和地区，很多当前公认的限制竞争行为在历史上曾经被视为合法行为。比如，在欧洲，卡特尔在很长一段时间里被视

---

① 秩序自由主义主张社会市场经济理论，认为应该建立“自由 + 秩序”的社会市场经济体制，而这种体制的核心即是竞争秩序。参见晏小宝：《社会市场经济与德国统一》，上海三联书店 1993 年版，第 16 页。

② See Louis B. Schwartz, *The New Merger Guidelines: Guide to Governmental Discretion and Private Counseling or Propaganda for Revision of the Antitrust Laws*, 71 Cal. L. Rev. 575, 576 – 577 (1983).

为合法的商业行为。在英国，第二次世界大战以前的卡特尔行为从未因为政府的干预而被禁止过，在20世纪30年代经济危机时期甚至还得到了鼓励和促进。在法国，尽管1810年的《刑法》就有禁止价格卡特尔的规定，但是在1864年取消这一规定之前，法庭就曾批准过卡特尔，理由是卡特尔有利于阻止毁灭性竞争。[①] 在德国1957年的《反限制竞争法》中，曾规定了9种可以豁免的卡特尔，到了1998年修订《反限制竞争法》时，删除了有关“回扣卡特尔”“进出口卡特尔”等豁免规定，2005年修订又进一步删除了包括不景气卡特尔在内的有关卡特尔豁免的明确列举规定。可见，竞争法本身会随着市场经济的发展而演变。

很多发展中国家目前正处于市场经济转型时期，市场经济刚刚起步，发展也很不均衡。因此，竞争政策更多地作为推动市场体制转型和发展经济的手段。对于很多国家而言，培育市场本身比构建规范的市场制度更为紧迫。这个时候，竞争政策更多的是作为改革开放的工具，而不是一种理念；其目标也更多体现为“为经济发展服务”，而非保护特定群体的利益。

以上表明，对于处于不同发展阶段，特别是市场经济发育程度不同的国家而言，要求构建统一的竞争政策目标是不现实的。尽管可以说，排除和削弱来自各个方面对竞争秩序的侵蚀和破坏，可以构成竞争政策的“最高目标”，但是要借助现代法治的威力，使竞争政策可以对各类经济政策和法律法规的制定与实施产生“无处不在”的影响，对于很多国家而言仍然任重道远。

（四）国际竞争环境对竞争政策目标的阶段性影响

在20世纪70年代以前，除了或多或少受到美国的经济学理念和司

---

① 参见[德]曼弗里德·诺依曼：《竞争政策——历史、理论及实践》，谷爱俊译，北京大学出版社2003年版，第52、54页。

法判例的间接影响外,各国竞争政策基本上处于“封闭式”发展的状态。虽然存在国际贸易和投资,但无论是规模还是对世界经济的影响都不可与当前同日而语。此时,竞争主要在国内市场展开,国际竞争环境的变化对于国内竞争政策的影响不大。

但是,随着以 WTO 为主要媒介的多边贸易体制的发展和经济全球化的蔓延,到了 20 世纪 70 年代中期,各国的贸易壁垒已经大幅降低,国际竞争日趋激烈,严格的国内层面的竞争法在很大程度上开始妨碍本国企业参与跨国竞争。在这种情况下,无论是理论界还是实务界,普遍开始更加主张降低反垄断法对于本国企业参与跨国竞争的制约。一个很明显的例证:哈佛学派是产生于美国的“困难时期”——大萧条的爆发、罗斯福新政的实施以及国家主义的兴起——都指向了更加严格的政府管制;而“芝加哥学派”兴起之时刚好是国际竞争加剧的时期,也是美国政府为了改善竞争环境开展规制改革的时期。① 也正是在国际竞争的影响下,各国开始对很多跨国并购案件予以放行。

国际竞争的加剧催生了国际竞争政策协调的需求。WTO 也开始尝试在多边贸易体制内架构国际竞争规则,尽管最终失败了,但是其为今后进一步探索国际竞争政策留下了宝贵的遗产。在当前已经达成或正在谈的区域和自由贸易协定(以下简称自贸协定)中,大多都存在有关竞争政策的内容。这些国际规则也会对各国竞争政策的目标选择产生间接影响。

(五)经济波动对竞争政策目标的阶段性影响

市场经济国家几乎每隔 10 年就会爆发一次或大或小的经济危机。

① See Clifford Winston, *Economic Deregulation: Days of Reckoning for Micro Economists*, 31 J. ECON. LIT. 1263 (1993).

历史上的经济危机常常与战争相伴而生,而如今的经济危机更多地体现为经济的周期性波动。其本质特征可以概括为两个方面:一是在经济上表现为较长一段时间的持续衰退,二是在心理上表现为普遍的危机感和焦虑感。这都会对现代政府形成压力,促使其采取各种手段重振经济。因此,反垄断在历史上的危机时期几乎都是"奢侈品"。①

20世纪二三十年代的经济大萧条,促成了美国历史上的罗斯福新政,其典型特征之一即是放松竞争执法,甚至鼓励卡特尔,以此为手段重振经济,如1933年通过制定《国家产业复兴法》的方式鼓励卡特尔。②欧洲的情况也类似:意大利1932年出台了《关于强制卡特尔的建立及其活动的法律》,德国1933年出台了《关于建立强制卡特尔的法律》。在亚洲,日本无论是第一次世界大战后的经济不景气时期还是20世纪二三十年代的经济大萧条时期,均出台立法强化卡特尔的实施。③

可见,经济的周期性波动,特别是经济危机的到来,会弱化竞争政策的作用及其实施。在面临危机时,各国在实施竞争政策的过程中会相对放松,以便为经济复苏创造条件。因此,经济波动也会对竞争政策的目标产生阶段性的影响。

(六)小结

一个国家(地区)的竞争政策目标的选择取决于该国家(地区)的经济发展处于何种阶段。各国会根据自己的国情选择合适自己各个阶段

---

① See Daniel Crane, *Antitrust Enforcement During National Crises: An Unhappy History*, Antitrust Chronicle, Vol. 12(4), p. 10 (2008).

② See Carl Shapiro, *Competition Policy in Distressed Industries*, Remarks as Prepared for Delivery to ABA Antitrust Symposium: Competition as Public Policy (May 13, 2009), http://www.justice.gov/atr/public/speeches/245857.pdf.

③ 参见[日]伊从宽:《日本竞争政策和竞争法》,载漆多俊主编:《经济法论丛》2005年第1期,中国方正出版社2005年版,第52~53页。

的竞争政策目标。但是，各国竞争政策目标的变化存在一个基本趋势，那就是竞争政策所追求的目标总体上会从早期的政治目标转为后期的经济目标。竞争政策目标的不断“经济化”体现了竞争政策从“幼稚”到“成熟”的发展历程。在幼稚期，由于竞争的理念并不深入人心，竞争政策的实施面临着除经济因素以外的其他因素的干扰；而到了成熟期，竞争政策成为一个国家的基本经济政策之后，竞争政策受到外力影响的可能性就小很多，其受到政治干扰的可能性当然也更小。

二、竞争政策的目标选择具有层次性

（一）竞争政策多元目标的层次性

首先，竞争政策存在多元目标。仅以竞争法为例，世界上除了极少数国家在其立法中规定了“唯一”目标，①或者对目标不做任何表述，②绝大部分国家和地区的竞争法都规定了多重目标。一般而言，这些目标包括促进自由或公平竞争、经济效率、竞争秩序、经济发展、消费者利益等。如果扩展至竞争政策，目标则更加多元化。

其次，既然目标是多元的，那么在实施过程中，就面临目标冲突及选择的问题。为了解决目标冲突，最有效的方式是对目标进行层次性划分。笔者认为，竞争政策的目标基本上可划分为三个层次：经济性目标、社会性目标和政治性目标。

经济性目标又可划分为两个方面：一是纯经济目标，以促进经济效率或保护竞争过程本身为其主要表现；二是包含了公平的经济目标，以

---

① 比如，意大利《竞争与公平交易法》确立的目标是“实施《宪法》第四十一条关于保护和保障自由企业权利的规定”；瑞典《竞争法》确立的目标是“打破并消除阻碍货物、服务及其他产品的生产和贸易领域中的有效竞争的壁垒”。

② 美国和德国未在立法中确立目标，但这并不意味着它们在实施法律的时候没有目标。

促进消费者福利为其主要表现。纯经济目标主要指向经济发展，以效率为评价标准；而包含了公平的经济目标一定程度上已经是一种"混合目标"，旨在确保消费者的选择权和相关福利。它更多的是指向包容性发展（inclusiveness），在以效率作为基本评价标准的同时，增加了对公平（特别是分配正义）因素的考量。

社会性目标则更加广泛，公平正义、保护中小企业、保护就业、维护民族产业、促进国际竞争力等，均可视为竞争政策的社会性目标。其不仅指向"经济发展"（包括包容性发展），更指向除经济之外的其他社会考虑。更简单地说，除经济性目标和政治性目标之外的考虑，均可列为社会性目标。

政治性目标主要是指依靠竞争政策维护经济自由和经济民主，从而间接实现政治自由和政治民主。

从世界范围内竞争政策的历史发展来看，竞争政策的目标选择基本上都是首先考虑经济性目标，其次是社会性目标，最后才考虑政治性目标。

（二）竞争政策的经济目标

"芝加哥学派"主张竞争政策应当追求纯经济目标，但是几乎没有任何国家在实践中采纳这种做法。[①] "经济效率"一词的含义宏大，许多国家在把经济效率确定为竞争政策目标的同时，却难以对经济效率给出精准的界定。一个经济体的整体效率由很多个体的效率组合而成，站在不同的立场上对效率会有不同的理解。期待扩大竞争的企业会主张保护消费者的选择权就是最大的效率；因为这有利于其进入市场、分

---

① See Timothy J. Muris, *Looking Forward: The Federal Trade Commission and the Future Development of U.S. Competition Policy* (Dec. 10, 2002), https://ssrn.com/abstract=545803.

享利润；生产效率不高的企业会主张优先保障本国企业利润的贸易保护政策就是最大的效率，因为这为其直接面临国际竞争提供了缓冲；潜在进入者会主张保证市场的自由进入是最大的效率；而大企业则会主张其生产效率的提高就是最大的效率。这些对经济效率的不同理解都有一定的道理，其背后也都有各自的经济学流派作为支撑。任何关于经济效率的主观的、理想化的判断都可能会陷入对竞争政策目标理解的误区。

相比之下，包含了公平的经济目标（混合目标）更受青睐，也就不足为奇了。例如，在韩国，竞争法的目的包括促进商业活动、保护消费者以及促进国家经济平衡发展；在日本，竞争法的目的不仅在于促进自由竞争，还包括确保竞争过程中的公平性；在欧洲，竞争法的目的是保护欧盟成员国的公平竞争以及推动欧洲统一市场的形成和发展。这些目标虽然含有公平的内容，但是仍主要是在效率的基础上强调对消费者这样的弱势群体而言的“公平”。将效率目标向“消费者福利”倾斜，实际上体现出对理想和现实的一种调和：一方面，它仍然是在经济性目标之下，且防止了多元目标可能产生的各种冲突；另一方面，由于任何人都是消费者，对消费者福利的强调，满足了所有人的诉求。

特别是对于发展中国家而言，追求包含了公平的经济目标更具有现实意义。在很多时候，发展中国家并不十分需要竞争政策，因为市场本身还未发育成熟，遑论对垄断行为予以规制。对其而言，经济增长通常是第一位的，因此效率目标是第一位的。同时，发展中国家的竞争政策不能仅仅局限于对市场垄断行为的规范，还需更多地体现为对政府垄断行为的约束，并常常与体制改革相联系。发展中国家通常选择多元化的政策目标、广泛而灵活的竞争例外范围、宽松的企业并购限制。[①]

---

① 参见盛浩：《发展中国家的竞争政策——背景、现状与问题》，载《中国流通经济》2007年第6期。

几乎所有发展中国家的竞争法都包含了公共利益目标。[①] 这就意味着，可以为“公共利益”所包含的消费者福利、公平正义、中小企业保护、经济自由、经济民主和经济决策权力的下放等也是竞争政策意欲实现的效果。显然，公共利益中包含了很多非经济追求。

（三）竞争政策的社会目标

在市场竞争的运行过程中，还会有很多其他因素的融入，它们也会影响到竞争政策的目的，如环境保护、劳工权益、民族产业、国际贸易秩序等。这些问题与实现经济效率或者提升消费者福利之间没有直接关系，但从社会经济发展的长远来看，又是市场竞争的管理者不得不考虑的问题，因而会间接地影响竞争政策的制定和实施。

任何一个国家或者地区的社会发展都存在时间上不平衡问题，这就难以避免国家在不同的发展阶段关注的重点有所不同。比如，在特定时期，国家通常通过产业政策重点扶持某些产业的发展。实际上，反垄断法在有些国家充当着产业政策的角色。这方面最为典型的就是美国，美国 1984 年的《经济问题杂志》曾经写道：“反托拉斯法是我们唯一的产业政策。”[②]从这个意义上看，如果竞争政策在经济政策体系中不具有基础性地位，那么它就很可能被作为实现其他经济和社会政策目标的工具。因此，作为经济政策的竞争政策，应当在其目标追求中尽可能多地减少社会目标的影响。

（四）竞争政策的政治目标

尽管现代意义上的竞争法已经很少提及政治目标，但是在早期的

---

① Michal Gal, *The Ecology of Antitrust Preconditions for Competition Law Enforcement in Developing Countries* (Jun. 1, 2004), http://citeseerx. ist. psu. edu/viewdoc/download? doi = 10. 1. 1. 824. 3312&rep = rep1&type = pdf.

② 杨沐：《产业政策研究》，上海三联书店 1989 年版，第 3 页。

竞争法中,自由和民主无疑是十分重要的目标之一。现代意义上的竞争政策很少提及政治目标有多方面原因。经济学理论的发展及其传播对此作出了很大贡献,它在很大程度上消解了政治因素对于竞争政策的“干扰”,使竞争分析越来越依赖于经济分析。同时,市场经济在全世界范围内的普及和发展,以及与此相伴的竞争政策的发展及其实施,已经在很大程度上消除了垄断结构及其行为危及政治秩序的土壤。此外,由于垄断结构和行为对政治秩序的破坏具有间接性,所以竞争政策的政治目标也容易受到决策者的忽略。

尽管如此,对于垄断结构和行为的打击和对经济效率的追求,仍然是间接实现自由和民主的政治价值的有效途径。[①] 也正因如此,美国联邦贸易委员会前主席罗伯特·皮托夫斯基(Robert Pitofsky)才认为在反垄断法的实施中不考虑政治价值的做法是十分“糟糕”的。[②] 显然,任何国家的社会都是由多方面组成的有机体,其中经济与政治占据重要地位。虽然反垄断法在外在上仅仅关注社会经济领域,但是其影响却波及政治,甚至在很大程度上决定一国的具体政治局面。因此,反垄断法无法回避政治因素。但是,鉴于竞争政策作为经济政策的属性,在其目标体系中,政治追求应当在经济追求和社会追求之下。在经济目标得以实现的情况下,自然会形成自由和民主的经济环境,继而有助于形成自由和民主的政治环境。因此,对政治目标的追求永远是间接的,而不应该作为直接的、首要的目标。

---

① 参见李国海:《经济民主:反垄断法的宪政价值》,载《经济法论丛》2011 年第 1 期。

② See Robert Pitofsky, *The Political Content of Antitrust*, 127 U. PA. L. REV. 1051, 1051 (1979).

第四节　中国竞争政策的目标选择

综合考虑竞争政策的世界发展趋势、影响竞争政策的因素以及我国的具体国情，我国可以分阶段、分层次地确立竞争政策的目标体系。

一、中国竞争政策的阶段性目标

竞争政策的目标是一个复合体。从各国竞争政策发展的历史可以看出，即使是发达经济体，在不同时期对竞争政策也有不同的理解和偏好。对于新兴经济体而言，尤其应当防止那种“把竞争政策的目标削减为单一性认识的倾向”，“必须认识到竞争政策多元目标的必然性”。[①]笔者认为，可以从两个方面出发，对中国竞争政策的目标予以阶段性定位：一是阶段性地提升竞争政策的地位；二是阶段性地对多元目标予以取舍。

（一）竞争政策地位的阶段性目标

笔者认为，可以分三个阶段逐步提升竞争政策的地位。

第一阶段：确立竞争政策的基础性地位。我国通过立法第一次提出“竞争政策”的概念是在《反垄断法》（2007 年）之中。虽然《反垄断法》规定，国务院反垄断委员会的首要职责是“研究拟定有关竞争政策”，但是，在很长一段时间里，竞争政策的理念并未在我国得到普及。2015 年《中共中央、国务院关于推进价格机制改革的若干意见》提出

---

① See Maurice E. Stucke, *Better Competition Advocacy*, St. John's Law Review, Vol. 82, Issue 3, Summer, p. 999(2008).

"要逐步确立竞争政策的基础性地位",为竞争政策的地位提升预留了发展空间。2016 年,国务院印发实施《关于在市场体系建设中建立公平竞争审查制度的意见》,正式建立了我国的公平竞争审查制度。这不仅是防止滥用行政权力排除、限制竞争的一项创新性的顶层设计,也是"我国在确立竞争政策基础性地位中迈出的关键一步"。[①] 至此,我国的竞争政策体系基本成形,形成了针对市场垄断行为、不正当竞争行为以及政府排除、限制竞争行为的全方位规制体系,可视为我国竞争政策的基础性地位基本确立。

第二阶段:强化竞争政策的基础地位。在确立竞争政策基础性地位的基础上,下一步是进一步强化竞争政策的基础地位。2020 年中共中央、国务院《关于新时代加快完善社会主义市场经济体制的意见》提出"强化竞争政策基础地位""落实公平竞争审查制度""加强和改进反垄断和反不正当竞争执法",对强化竞争政策基础地位提出了明确要求。强化竞争政策基础地位本质上是用竞争政策来统领和协调其他各项经济政策及法律法规,通过贯彻落实公平竞争审查制度、构建竞争政策与产业政策的协调机制、推动竞争政策理念融入其他经济政策等方式,逐步提升竞争政策在经济政策体系中的地位和作用。

当然,竞争政策基础性地位的实现不可能一蹴而就,必须依赖中央层面的顶层设计和相应的制度配套。

一是有必要制定国家竞争政策实施规划。竞争政策作为国家基础性的经济政策,应当集中体现在国家层面的竞争政策实施规划之中,并成为制定和实施其他经济和社会政策的基础。仅以中共中央和国务院文件中片言只语的形式,缺乏总体纲领性竞争政策规划,难以实现确立

---

① 王俊岭:《中国"竞争政策"确立基础性地位》,载《人民日报》(海外版)2016 年 7 月 8 日,第 2 版。

竞争政策基础性地位的目标。国家竞争政策实施规划的指导思想至少包括两方面内容：一方面，其他经济和社会政策的制定和实施不得与竞争政策相抵触，否则可以借助于竞争审查机制对此类反竞争性质的公共政策出台进行阻却；另一方面，一旦其他经济和社会政策在实施过程中出现与竞争政策相抵牾的情况，通过政策之间的协调机制尽量将冲突降到最低。

二是确立竞争法律和政策优先适用原则。竞争政策的基础性地位集中体现在竞争政策相比于其他经济政策的优先适用。因此，必须明确：竞争法的地位优先于行业法，行业法中的竞争条款不得与竞争法冲突。体现在法律适用方面，即行业性法律的适用以不违反竞争法（特别是反垄断法）基本宗旨为前提。对于确需在行业法中作出特别规定的，建议在今后完善《反垄断法》时设置如下条款："对本法规定的垄断行为，有关法律另有规定的，在不违背本法基本宗旨的范围内，优先适用其他法律的规定。"[①]同时，在修订相关的行业法，规定"本法的任何规定及其修订都不得解释为是对适用《反垄断法》的修正、损害或者取代"。同时建议在行业法内详细规定具体豁免的范围。在出现执法权冲突时，竞争执法机构应该保留一般执法权和兜底的执法权。

三是在提升竞争政策的基础性地位方面开展若干有针对性的制度探索。比如，可以探索建立行业立法和行业执法的征询制度，排除行业立法和执法之中违反竞争政策的内容。此外，还包括完善公平竞争审查制度、以竞争政策为导向推进垄断行业和国有企业的竞争化改革、有步骤地推进竞争文化的普及和弘扬，在全国范围内，在政府、企业和公众各个层面上达成共识，营造开放有序、公平竞争的市场环境等。

---

① 王先林：《对〈中华人民共和国反垄断法（草案）〉的若干意见》，载《上海交通大学学报（哲学社会科学版）》2007年第1期。

第三阶段:作为基础性经济政策的竞争政策的常态化运行。竞争政策作为基础性经济政策,在国家各项法律和公共政策的制定和实施过程中,都发挥常态化的积极作用。具体表现为:

一是在竞争政策的指导下实施竞争法律和各项行业法。第一,以竞争政策的目标体系(包括阶段性定位和层次性划分)为指导,协调竞争法和行业法的多元目标。第二,在竞争政策的指导下实施竞争法和其他公共政策,统一执法理念和政策选择,形成对市场行为的规制合力,防止因冲突而降低执法效率。第三,在竞争政策的指导下确定竞争政策作用于垄断行业中的边界,厘清"合法垄断"和"非法垄断"的界限。第四,在竞争政策影响下完善竞争法律体系和行业法律体系,明确法律实施的标准。

二是以竞争政策为路径全面规制政府限制竞争行为。第一,加强反垄断法对于政府限制竞争行为的"事后规制"功能,强化法律责任。第二,以公平竞争审查制度为抓手,加强对政府限制竞争行为的"事前规制"。

三是以竞争政策为依据支撑并融合消费者保护政策。第一,实现消费者保护政策纳入竞争政策的范畴。第二,形成完整的竞争与消费者保护政策。在常态化运行阶段,应当建立竞争法律与消费者保护之间的衔接渠道(强化消费者在竞争法上的诉权、消费者利益作为判断竞争行为的标准等)。[①] 第三,推动形成消费者与经营者共赢的消费者保护模式。

四是以竞争政策为导向实现垄断行业和国有企业的竞争化改革取得成效。第一,在常态化运行阶段,国家竞争政策的实施应当常规性介

---

① 张茅:《贯彻实施新〈消法〉营造安全放心消费环境》,载《人民日报》2014年2月28日,第11版。

入垄断行业和国有企业的改革，每年挑选若干行业或领域开展竞争调查和评估，为垄断行业的竞争化改革提供政策建议。第二，实施符合中国国情的“国有企业”竞争中立体系，明确竞争中立的适用范围，建立竞争中立的投诉机制，确定竞争中立的实施机构，并完善竞争中立的配套机制。

五是开展常规化的竞争倡导和竞争文化宣传，实现“从宏观到微观”层层推进，影响政府决策、改良企业行为、提升民众意识，实现全社会竞争环境的优化。

（二）竞争政策多元目标的阶段性取舍

竞争政策的具体“目标”（包括竞争机制、经济效率、消费者利益、经济发展、社会公共利益等），在不同的发展阶段也应该具有不同的取舍。

首先，从价值角度看，单纯的效率目标应当逐步向兼顾公平的效率目标过渡。特别是对于发展中国家而言，在引入竞争政策的初期大多出于功利主义的考虑，即期待竞争政策能够提升经济效率和促进经济增长。但是，作为基础性的经济政策，竞争政策不可能在短期内推动经济增长，而是通过维护市场竞争机制，在长期内推动经济的可持续和包容性发展。为此，竞争政策就不能仅关注效率本身，为了获得更广泛的认同，还必须关注公平的价值，即建立完善的竞争性市场体系，从而既使消费者能够享受竞争带来的低价商品和服务，又能够促进长期的经济发展进程。

其次，从保护对象看，应当从保护竞争者（或保护公共利益）的目标逐步过渡到保护消费者的目标。在一定时期内，企业的发展必须得到重视，相应地，企业要从社会整体福利的分配中占据较多的部分。此时，竞争政策可能会基于“公共利益”的理由，豁免企业实施的部分限制竞争行为。但是，从长远看，竞争政策应当保护消费者的整体利益，因此针对经营者的豁免范围应当趋于缩小化。

在今后竞争政策的实施过程中,可考虑将“公共利益基础上的消费者整体利益导向”作为我国竞争政策努力的方向,以实现竞争政策的福利导向从“企业”转向“消费者”。这意味着效率提高不能仅仅有益于经营者而不利于消费者,至少应当有益社会整体利益;而后,逐步过渡到以消费者的整体利益(而非个体利益)作为行为合法性判断基本标准的目标模式。

最后,从体制机制上看,竞争政策的目标要从“促进社会主义市场经济健康发展”逐步过渡到“完善社会主义市场经济体制”。目前,我国仍然坚持以发展经济为第一要务(以经济建设为中心)。竞争政策的实施显然离不开这一基本发展思路。在“十四五”期间,竞争政策必然还是以服务“经济建设”为中心。但是,竞争政策有必要在此阶段逐步提升自身地位,并将服务经济发展的功能与完善社会主义市场经济体制相结合。

作为一项公共政策,竞争政策通过促进竞争提升社会福利。完善的社会主义市场经济体制与此是一致的。有效的市场竞争是市场经济的基本保障。因此,竞争政策的制定和实施关系到市场经济体制能否完善和持续发展。竞争政策也只能与经济体制改革相关联,因此,将竞争政策的理念渗透到各项经济改革之中,才能给实现各项价值和目标。

二、中国竞争政策的层次性目标

中国竞争政策的目标还可进行层次性划分。

首先,与各国竞争政策的发展一致,中国竞争政策在目标选择上也应以经济目标为主,然后再考虑社会目标和政治目标,即在出现目标冲突时,首先可考虑不同的目标是属于经济目标、社会目标还是政治目标的范畴,经济目标应当优先于社会目标,社会目标应当优先于政治目标。

其次，属于同一层次的目标，应当在不同阶段有所取舍，并通过类型化的划分确立基本的目标层次。

从价值上看，体现经济性价值的效率目标要优先于体现社会性价值的公平目标和体现政治性价值的自由和民主目标。这是因为，竞争政策首先是经济政策，如果政府想实现非经济目标，那么不应该运用竞争政策，而应该动用那些对竞争造成尽可能小的扭曲的政策工具。[①] 但是，由于仅仅考虑短期的效率价值不具有可持续性，且需要回应多元社会的多元利益诉求，所以，经济性目标之中所考虑的效率目标应当是兼顾公平的效率，这主要体现在适当考虑维护中小企业的竞争机会（如对“滥用相对优势地位”的规制）和保护整体消费者利益这两个方面。兼顾公平的效率目标更有利于实现经济的可持续和包容性发展，并惠及更广泛的主体，即包括经营者和消费者在内的社会整体的利益。

从保护对象上看，竞争政策的目标应当向消费者倾斜。以“消费者福利”为终极目标已经得到了各个国家和地区立法、执法和司法实践的承认。尽管过于强调消费者福利可能损害生产者的积极性，因此不一定符合公共利益；但是，相比较而言，以消费者利益为终极追求目标相比于其他目标都更加合理。消费者福利目标能够矫正效率目标的局限，以更加公平的形式实现社会公共利益。

从竞争模式上看，竞争政策的目标应当追求有效竞争模式，而非可竞争模式或完全竞争模式。有效竞争目标可概括为：通过竞争政策的

① 参见［意］马西莫·莫塔：《竞争政策——理论与实践》，沈国华译，上海财经大学出版社2006年版，第20页。

实施，在大多数行业形成有效竞争。[①] 通过垄断行业的竞争性改革、减少政府对经济领域的干预以及国有企业改革等措施，在大多数行业引入市场竞争，是实现竞争政策目标的必经之路。

有效竞争目标不仅符合竞争政策的内在含义，能够体现竞争政策的世界发展趋势，也与我国当前的经济形势和体制改革的方向相一致。有效竞争所追求的规模经济与竞争机制之间的平衡，兼顾了我国实现经济的发展甚至赶超的要求以及在大多数行业引入竞争的要求。有效竞争目标还能够最大限度推动建立“完善的社会主义市场经济体制”。在大多数行业引入有效竞争，能够在经济结构上协调公有制经济和非公有制经济的比例。此外，有效竞争目标直接以“竞争”作为竞争政策的目标归宿，不会引起多元标准的冲突，最能体现竞争政策作为基础性经济政策的本质属性，符合竞争政策尽量远离非经济目标和政治影响的国际发展趋势。

从体制机制上看，“完善社会主义市场经济体制”是竞争政策目标中的体制追求层面。完善的社会主义市场经济体制是经济效率、消费者福利、公平正义等目标的体制支撑。在这方面，只有将竞争政策与我国经济体制改革（包括垄断行业改革和国有企业改革）相结合，才能够有效化解垄断行业资源配置效率的低下、分配秩序的失衡以及由此引发的广大人民群众的不满情绪。

三、中国竞争政策的目标与实施的关系

明确竞争政策的阶段性和层次性目标，最大的价值在于指导竞争

---

① 这里所谓的“大多数行业”，是指除了出于国家安全等的社会利益因素而不能引入竞争的特殊行业之外的所有可以引入竞争的行业。所谓的“有效竞争”，则是指从一国整体经济运行效率的角度出发考察竞争与垄断之间的适度协调。

政策的实施。当竞争政策实施过程中不同目标发生冲突时,能够依据目标的阶段性和层次性选择,基本判定政策的实施方向。各国的立法和政策通常会罗列所有目标,而由执法和司法部门去确定优先实施的目标,即立法和政策通常既要效率,也要公平,并且通常没有给出如何取舍的办法。此时,法律和政策的实施机关就需要依靠"应然层面"竞争政策的目标选择,来指导具体案件的处理。

但是,要注意到,即便确立了明确的阶段性和层次性目标,在政策实施过程中,既定目标也可能会发生异化。在民主社会,受多元利益主体的诉求影响,竞争政策的具体实施目标很可能会偏离既定的目标。即便是美国这样的竞争政策发达国家,其目标选择也呈现阶段性变化。因此,还需要建立相应的监督机制和问责机制,防止执法和司法过程中过度偏离政策目标。

各国的经验表明,执法机关和法院经常会忽略竞争政策的目标选择,或认为立法或政策目标与法律或政策的禁止性规定的解释不相关。因此,在实践中,对竞争政策"目标"的解释,常常会交给技术专家。如果不存在相对确定的竞争政策的阶段性和层次性选择,那么对于目标的解释将变得十分随意,继而会影响竞争政策的稳定性和严肃性。

法律和政策应该基于事实而变化。鉴于不同国家的事实情况是动态的和独特的,所以,对竞争政策目标的选择,也应该是动态的和独特的。竞争政策的目标选择可以有效地指导竞争政策的实施,同时,通过鲜活的个案的分析和解释,竞争政策的实施又能不断充实目标的内容,给目标真正的血肉。

CHAPTER 03 >>

第三章

竞争政策的内部制度:实施的侧重性分析

第一节　竞争政策的实施重点:与政府相关的限制竞争行为

一、竞争政策实施的阻力:技术性难题抑或体制性障碍

《反垄断法》实施以来,我国竞争主管机构和司法机关所取得的成就和不足均有目共睹。在执法和司法资源有限、经验相对缺乏的情况下,竞争主管机构和司法机关不仅出台了一系列部门规章和司法解释,而且查处了一批大案、要案,使中国在短短几年时间里,成为除美国和欧盟之外最重要的反垄断司法辖区。[①] 但是,反垄断法实施中的大量"不作为"抑或"不敢作为",表明规则细化和技术性改进本身难以破

---

① 参见王尔德:《中国与欧盟、美国已并称为三大反垄断司法辖区》,载《21世纪经济报道》2015年2月10日,第5版。

解体制性难题。①

当前,我国竞争主管机构和司法机关努力克服的主要是影响《反垄断法》实施的技术性障碍,如通过细化规则明确执法程序(包括垄断协议、滥用市场支配地位、经营者集中和行政性垄断的查处程序)、确定相关标准(如经营者集中的申报、认定和反竞争影响评估标准)、完善相关制度(如承诺制度、豁免制度)等。这些努力,会随着规则的完善和经验的积累得到积极回馈。但是,影响《反垄断法》有效实施的体制性障碍,如对经济性垄断与行政性垄断"人为区分"的"身份观念"和制度安排,主要依靠民商法和行政法思维处理反垄断案件的惯性思维,以政府和公有制经济为主导的经济发展模式等,却会反过来影响《反垄断法》的目标定位、实施规则的具体制定以及执法机构之间的权限配置等,使法律的实施受到法律本身之外的因素的干扰。这才是《反垄断法》有效实施真正的障碍所在。

对于我国当前而言,特别是需要借助于"竞争政策"的理念,综合依靠竞争法律、公平竞争审查制度、竞争中立制度、竞争倡导制度等竞争政策的手段,全方位、渐进式作用于影响竞争政策落实的体制性障碍,特别是通过针对政府和国有企业的一系列竞争宣传、竞争咨询乃至竞争审查,引导市场经济体制的渐进式变革。

二、竞争政策实施的重点:与政府相关的限制竞争行为

与竞争政策实施的体制性障碍相对应,竞争政策实施的重点应当是"与政府相关的限制竞争行为"(government - related anti - competitive acts),包括政府本身的限制竞争行为以及与政府有联系的主体实施的

① 参见张志伟、应品广:《中国反垄断法实施的现状评析与路径探寻》,载《求实》2013 年第 1 期。

限制竞争行为。

传统意义上的竞争政策重点关注私人（主要是企业）的限制竞争行为。如果勾画一条以“企业”和“政府”分别作为两端的“线条”，那么基本上可以认为，越靠近企业的一端，在传统上越容易被视为属于竞争政策的适用范围；越靠近政府的一端，则越难被归入竞争政策的适用范围。对于影响竞争的政府行为，通常认为可以通过竞争政策之外的途径予以解决：一是通过宪法性规则予以解决，如美国《宪法》中的州际商业条款、《欧盟运行条约》中有关确保市场一体化的规则，都是通过约束政府从而促进市场竞争的重要制度方式；二是通过政治博弈的方式借助立法（包括政策）或司法来解决政府行为或与政府相关的行为是否需要受到约束；[①]三是在国际层面，如果影响国际贸易，则相关政府行为可能被 WTO 规则、区域贸易协定或自贸协定所禁止。

同时，由于政府对于竞争的影响可能比私人限制竞争行为的危害更为严重，与政府相关的限制竞争行为也在不同程度上受到竞争政策的约束。比如，在上述以“企业”和“政府”分别作为两端的“线条”之中，国有企业以及被授予特殊权利或排他权利的企业（可能是国有企业，也可能不是国有企业）更接近于企业一端。显然，这些企业因为所有制或政府授权而与政府具有联系。但由于它们均属于“企业”范畴，因此更易被接受为属于竞争政策适用范围。相较而言，政府采购就更具有公共性，因此可能处于线条的中间偏右位置，行政性垄断则更加靠右。因此，下文将重点对竞争政策是否以及如何适用于国有企业、政府采购、行政性垄断予以分析。

---

① 比如，在美国，法院曾判决认为，美国邮局是美国政府单独设立的一个行政部门，属于政府本身，因此不适用美国反托拉斯法。See Postal Serv. v. Flamingo Indus. (USA) Ltd., 540 U.S. 736 (2004).

本章的基本观点是:第一,竞争政策应当适用于国有企业、政府采购以及行政性垄断。第二,竞争政策应当尽量缩小“豁免”范围,即,除非基于“公共利益”考虑,与政府相关的限制竞争行为不得予以豁免,并严格限制公共利益的范围,限制私人(企业)以国家政策或国家强制为由提出抗辩的空间。第三,在法律责任上,竞争政策应当尽量做到不仅作用于“组织”,而且作用于“个人”,从而强化竞争政策的威慑力。比如,竞争政策应当让促进共谋和串通招投标的政府官员承担竞争政策意义上的法律责任。第四,竞争政策不应限于竞争法本身,还有必要与宪法、行政法以及确保全国统一大市场和商品、要素自由流动的各项经济政策相联系,共同作用形成合力,确保市场竞争的有效性。

第二节　竞争政策视角下国有企业限制竞争行为的规制

一、国有企业限制竞争行为的规制障碍

(一)法律障碍

我国《宪法》《反垄断法》《企业国有资产法》等法律中均有针对国有企业、国有经济的提法,相关的政策文件中,更是对国有企业的兼并重组、特定行业的垄断行为作出了具体规定。这些规定的具体内容及其解释,在很大程度上构成了规制国有企业限制竞争行为的法律障碍。

我国《宪法》对“社会主义公有制”、“国有经济”和“公共财产”做出了专门规定,这是关系竞争政策实施的重要因素。我国《宪法》第 6 条第 1 款规定了我国社会主义经济制度的基础是生产资料的社会主义公有制;第 2 款规定了国家在社会主义初级阶段,坚持公有制为主体、多种所有制经济共同发展的基本经济制度;第 7 条规定了国有经济是国

民经济中的主导力量;第12条规定了社会主义的公共财产神圣不可侵犯。从表面上理解,上述规定很容易导致竞争政策在规制国有企业时面临两难:一方面,反对垄断(包括国有企业的垄断)是竞争政策的题中之义;另一方面,《宪法》又特别强调对公有制、国有经济、公共财产的保障,规制国有企业本身,很可能构成对宪法规则的挑战。因此,如何解释上述宪法规则,就成为竞争政策能够有效作用于国有企业的关键前提。除非在竞争政策的视角下重新解读"社会主义",甚至通过修改《宪法》平等对待公有制经济与民营经济、公共财产与私人财产,否则,即便在"事实上"竞争政策已经对国有企业的限制竞争行为予以约束,也可能在"法律上"面临"违宪"的责难。

《反垄断法》第8条也很容易被理解为对国有经济或国有企业"网开一面"。第8条提到国家对"国有经济占控制地位的关系国民经济命脉和国家安全的行业以及依法实行专营专卖的行业"①的"合法经营活动"进行保护,也就是说但凡上述行业中的企业违反了《反垄断法》就应受到该法的制裁,因此,关系国家安全和国民经济命脉行业和关键领域中的企业(包含国有企业和非国有企业)和其他行业和领域的企业一样同等适用《反垄断法》,并不存在排除《反垄断法》适用的情况。②

---

① 根据国资委的部署,该条款中"国有经济应保持绝对控制力的关系国家安全和国民经济命脉的重要行业和关键领域"包括军工、电网电力、石油石化、电信、煤炭、民航、航运七大行业,参见《国资委负责人就〈关于推进国有资本调整和国有企业重组的指导意见〉答记者问》,载国资委宣传工作局2006年12月19日,http://www.sasac.gov.cn/n2588035/n2588320/n2588335/c4257871/content.html;而该条款中提及的依法实行专营专卖的行业主要有烟草业、食盐业、甘草和麻黄草、化肥、农药、农膜,这些行业或产品往往与人民群众身体健康和切身利益直接相关。

② OECD, *State Owned Enterprises and the Principle of Competitive Neutrality*, OECD (2009), http://www.oecd.org/daf/ca/corporategovernanceofstate-ownedenterprises/50251005.pdf.

但是，在《反垄断法》中对上述行业做出“特殊规定”本身，足以让人产生“误解”。比如，有学者就认为，“从条文表述的意思分析，该条第1款的前半句话可以理解为‘国家对关系国民经济命脉、国家安全以及依法实行专营专卖行业的垄断国企的合法经营活动予以保护’，这实际上就是对国企垄断地位合法性的认可”。[①] 国外也有学者认为，第8条确保了给予国有企业以及战略部门的企业某种保护，且其用词很可能有意地含糊不清，为的是确保其应用和实施的灵活性。[②] 特别是，对于何为“合法经营活动”的理解，增加了《反垄断法》适用的不确定性，在实际上“间接”地导致了对于特定行业的“特别保护”。

再如，《反垄断法》(2007年)实施后不久颁布的《企业国有资产法》第7条规定：“国家采取措施，推动国有资本向关系国民经济命脉和国家安全的重要行业和关键领域集中，优化国有经济布局和结构，推进国有企业的改革和发展，提高国有经济的整体素质，增强国有经济的控制力、影响力。”尽管《企业国有资产法》第17条中强调“国家出资企业从事经营活动，应当遵守法律、行政法规”，再次明确国有企业并不基于其与国家的关系而豁免适用包含《反垄断法》在内的任何法律、行政法规；但是，国家采取措施推动国有资本集中和增强国有经济的控制力、影响力的表述，难免与竞争政策产生冲突。

此外，在诸多行业法或行业政策中，也可能存在诸多与竞争政策相抵牾的规则。比如，在石油行业，出于“规范市场秩序，减少无序竞争，提高资源配置效率，确保国家能源安全”的考虑，国务院办公厅发布了《关于清理整顿小炼油厂和规范原油成品油流通秩序的意见》(国办发

---

① 参见徐晓松：《论垄断国有企业监管法律制度框架的重构》，载《政治与法律》2012年第1期。

② See H. Stephen Harris et al., *Antimonopoly Law and Practice in China*, Chapter 5, Ⅱ. State – Owned Enterprises, 2011, p. 196 – 197.

〔1999〕38 号),要求"国内各炼油厂生产的成品油(汽油、煤油、柴油,下同)要全部交由石油集团、石化集团的批发企业经营,其他企业、单位不得批发经营,各炼油厂一律不得自销",从而确定了中石油、中石化在成品油批发市场的垄断地位。

上述针对特定行业的立法,可称为"行业法"。在有关市场竞争的问题上,《反垄断法》和行业法同时适用,因此必然出现协调问题。根据我国《立法法》第 92 条的规定,应适用"特别法优于一般法、新法优于旧法的原则"。对于特定行业内的竞争问题来说,显然《反垄断法》是普通法,行业法是特别法。根据特别法优于一般法的原则,当针对行业内的垄断行为有行业立法时,应当优先适用行业法。但是,需要注意的是,"特别法优于一般法、新法优于旧法"的原则,只适用于同位法,否则就应按照"上位法优于下位法"的法律效力原则优先处理。

所以,行政法规、地方性法规、部门规章、地方政府规章以及其他规范性法律文件均是《反垄断法》的下位法,并不优先于《反垄断法》的适用。上述提及的民航和石油领域的行业规定,也均不得违反《反垄断法》的规定。更为重要的,许多排除限制竞争的规定,均是在《反垄断法》(2007 年)出台之前制定并实施的,因此有必要在公平竞争审查制度之下予以竞争审查,对违反竞争政策的规定予以废除或修改,从而符合"法治"原则。

(二)制度障碍

中国目前虽然已经确立了市场经济体制,但是国有企业改革、垄断行业改革和政府管理体制改革等都还在探索和进行中。其中,国有企业的行政级别、"旋转门"制度以及部门立法机制等,均在无形中构成了对国有企业限制竞争行为予以规制的障碍。

二、国有企业限制竞争行为的竞争法规制

(一)国有企业是否应当适用竞争法

对于国有企业是否应当适用竞争法(特别是《反垄断法》),在理论上是存在争议的。比如,国内有学者认为,垄断国企作为国家干预市场的工具,其产生的关键原因是国家的行为而非市场的竞争,由于与一般垄断企业产生原因的不同,因此就具有了自身的特殊性,造成了《反垄断法》的监管框架与垄断国企的监管体系不完全相容,《反垄断法》故而难以承担对垄断国企的监管重任。所以应将垄断性国企纳入《反垄断法》的适用除外范围,另外建立一套垄断国企的监管框架。① 但是,绝大多数学者还是认为,垄断国企理应受到《反垄断法》的调整和规制,不仅如此,为了促进《反垄断法》更好地实施,还要将对垄断性行业严格实施《反垄断法》作为提升《反垄断法》实施效果的突破口和检验《反垄断法》实施效果和力度的风向标。② 此外,还有学者指出,应当对我国现存的垄断性国有企业一分为二地看待,对其中的公益性国企可以给予适当的豁免或者制定单独条款予以规制;对于竞争性国企,则应当与民营企业一视同仁,平等地参与市场竞争。③

在国际层面,有学者做了调查,发现绝大多数国家的竞争法的规制

① 参见徐晓松:《论垄断国有企业监管法律制度框架的重构》,载《政治与法律》2012 年第 1 期。

② 参见王先林:《我国反垄断法实施的基本机制及其效果——兼论以垄断行业作为我国反垄断法实施的突破口》,载《法学评论》2012 年第 5 期。

③ 参见孙晋、张田:《关于〈反垄断法〉对垄断国企适用问题的思考——对王先林、徐晓松两篇文章的回应》,载《法治研究》2014 年第 8 期。

对象都包括国有企业(见表3-1)。[①] 巴西和秘鲁的竞争法更是明确指出竞争法适用于所有个人、公共或私人实体。[②] 但是,也有国家如阿拉伯联合酋长国的竞争法就明确地排除对国有企业的适用。[③] 同时,大多数国家均表示,规制对象是否包括国有企业的决定性因素在于国有企业是否从事贸易或商业,即国有企业的商业性(而非公益性)是竞争法适用于国有企业的基本前提。

表3-1 不同国家或地区的竞争法适用于国有企业的情况

国家或地区	竞争法适用于参与商业或贸易的国有企业或与国家利益有关的实体	竞争法适用于被授予特别或专有权利的实体(包括国有和非国有)	竞争法完全或部分地排除对提供普遍经济利益服务或类似服务的适用	行业法或其他法律优先于竞争法针对国有企业或行政机关的适用	竞争法在实施中被用于反对国有企业或与国家利益有关的实体
澳大利亚	是	是			是
巴巴多斯	是	是		是	是
巴西		是			是
中国	是	是*	是*	是	是
欧盟	是	是*	是		是*
法国	是	是	是		是
希腊	是	是*			是

① See Eleanor M. Fox & Deborah Healey, *When the State Harms Competition - The Role for Competition Law*, Antitrust Law Journal, Vol. 79, Issue 3, p. 784(2014).

② See Article 2 of Law Decree No. 1034 of June 25, 2008 (Peru); Article 31 of Law No. 12,529 of November 30, 2011 (Brazil).

③ See Eleanor M. Fox & Deborah Healey, *When the State Harms Competition - The Role for Competition Law*, Antitrust Law Journal, Vol. 79, Issue 3, p. 776(2014).

续表

国家或地区	竞争法适用于参与商业或贸易的国有企业或与国家利益有关的实体	竞争法适用于被授予特别或专有权利的实体（包括国有和非国有）	竞争法完全或部分地排除对提供普遍经济利益服务或类似服务的适用	行业法或其他法律优先于竞争法针对国有企业或行政机关的适用	竞争法在实施中被用于反对国有企业或与国家利益有关的实体
圭亚那				是	
中国香港特别行政区	是*	是*	是*	是	**
匈牙利	是	是*		是	是
印度		是*	是		是
意大利	是	是*	是		是
牙买加				是	
日本	是	是			是
哈萨克斯坦	是	是	是*	是	是
肯尼亚	是	是*			是
韩国			是*	是	是
立陶宛	是	是		是	是
马来西亚	是		是	是	**
毛里求斯	是	是*	是*		是
墨西哥	是	是		是	是
巴基斯坦	是				是
秘鲁	是	是			是
波兰	是		是	是	是
俄罗斯	是	是		是	是

续表

国家或地区	竞争法适用于参与商业或贸易的国有企业或与国家利益有关的实体	竞争法适用于被授予特别或专有权利的实体(包括国有和非国有)	竞争法完全或部分地排除对提供普遍经济利益服务或类似服务的适用	行业法或其他法律优先于竞争法针对国有企业或行政机关的适用	竞争法在实施中被用于反对国有企业或与国家利益有关的实体
塞尔维亚	是	是*			是
塞舌尔群岛	是	是*	是*		是
新加坡	是*	是*	是	是	是
西班牙	是	是	是	是	是
瑞典	是	是	是	是	是
瑞士	是			是	是
特立尼达和多巴哥	是	是		是	是
突尼斯	是				是
土耳其		是		是	是
美国	是*	是			是

注:* 表示没有完全覆盖。例如,竞争法只在没有妨碍国有企业完成指定任务的情况下适用,以及(或者)竞争法明确表示排除对于国有企业提供特定服务的适用,如邮政服务、公共汽车、供水和废物管理等。

* * 表示竞争法制定不久,还没有执法记录。

有些国家和地区在竞争法适用国有企业方面做得比较彻底。比如,印度的竞争法适用于所有的企业,这不仅体现在条文上,也体现在现实案例中。但是,大多数国家的竞争法在适用国有企业时,或多或少存在一些例外或豁免的空间。即便如美国,由联邦建立的具有公共服务职能的实体因不被视为竞争法意义上的“人”(person)而被排除在

《谢尔曼法》规制范围之外。比如,美国邮政服务公司(USPS)曾被控诉试图压制它的竞争对手,垄断邮件袋的市场。但是,美国最高法院认为,美国邮政服务公司具有广泛的公共责任,其中包括国家安全责任;由于它缺乏设定价格的权力以及并不追求利润,不属于《谢尔曼法》下的"人",因此不能适用《谢尔曼法》。[①] 在后来的一个反垄断案件中,尽管"田纳西河流域管理局"作为一家联邦公司最终被认定为《谢尔曼法》上的"人",然而,法院认为其被控诉的行为是根据联邦法律实施的,因此也不适用《谢尔曼法》。[②]

在欧盟,竞争法适用于从事经济活动的所有实体,即"经营者"(undertaking)。但是,国家的必要特权(如国防以及航空管制)是被排除在竞争法规制范围外的。虽然在欧盟层面,国有企业普遍被认为是"经营者",但是,国有实体非出于转售目的的购买物品的行为(如国家购买医疗设备并分配给医院的行为)不被认为是从事经济活动,因此不属于滥用市场支配地位的"经营者"之列。[③] 此外,《欧盟运行条约》(TFEU)第106条也构成一定程度上的豁免规则。如果竞争法的适用会妨碍"受托从事具有普遍经济利益服务意义活动的企业"履行其职能,则竞争法不适用。

我国香港特别行政区和新加坡则存在很多被称为法定委员会或法定机构的政府实体,这些法定委员会或法定机构并不从事商业活动,因此应该享受竞争法的豁免。如此一来,大约66个新加坡的政府实体以及575个我国香港特别行政区的政府实体不受竞争法的约束。然而,

---

① See Postal Serv. v. Flamingo Indus. (USA) Ltd., 540 U.S. 736 (2004).

② See McCarthy v. Middle Tennessee Electric Membership Corp., 466 F.3d 399 (6th Cir. 2006).

③ See Case T-319/99, FENIN v. Comm'n, 2003 E.C.R. Ⅱ-237, at para. 37. 该案认为,非基于经济目的的购买行为或者在性质上纯粹是社会性的购买行为不属于竞争法的管辖范围。

在这两个司法辖区内，对于特定的政府实体可以进行“选择性规制”。比如，在新加坡，许多法定委员会下辖商业分支机构，这是受到竞争法规制的。我国香港特别行政区则通过制定“豁免清单”的方式列举可以豁免竞争法的机构。这些机构不从事任何形式的商业活动，因此即便在其他司法辖区内也可以取得豁免。

还有许多国家用行业法或监管法代替大部分或者全部的竞争法。① 这是因为，一方面，监管机构通常被赋予维护“公共利益”的职责，而维护竞争本身常常被囊括在公共利益之内；另一方面，行业法或监管法常常被视为“特别法”，在与维护竞争的“一般法”竞合时，特别法常常优先适用。

很显然，竞争法的规制对象包括国有企业已经是普遍共识。从理论上看，将国有企业纳入竞争法的规制范围也具有合理性。一方面，竞争法不规制国有企业产生的社会成本将会十分巨大，这不仅会使竞争法的实施存在漏洞，而且将会在不同所有制企业之间形成规制的“鸿沟”，在给国有企业带来不公平的竞争优势的同时，也给私人竞争者带来系统性的市场壁垒。已经有大量文献表明，国有企业相比于私营企业更有动力和能力通过实施限制竞争行为提升自身的竞争力。② 另一方面，竞争法规制国有企业的经济成本并不高。这里所指的经济成本，主要是指国家通过国有企业执行国家政策的灵活性受到限制而付出的成本。对于特定的战略行业（如国防）而言，针对国有企业的有限豁免

---

① 这些国家包括：匈牙利、中国、瑞士、土耳其、韩国、立陶宛、马来西亚以及新加坡。比如，瑞士的竞争法规定，在特定市场领域，特殊的规则优先于竞争法的适用，如建立官方市场、价格体系或授予排他权利履行公共职责的规则，都优先于竞争法的适用。*See Federal Act on Cartels and Other Restraints of Competition*, art. 3, as amended (Switzerland), (Oct. 6, 1995), www. admin. ch/ch/e/rs/2/251. en. pdf.

② See David E. M. Sappington & J. Gregory Sidak, *Competition Law for State - Owned Enterprises*, 71 ANTITRUST L. J. 479 (2003).

是必要的。但是,夸大竞争法豁免国有企业的必要性,如扩张解释所谓“战略性产业”或“新兴产业”的范围,将会存在很大风险。各国的经验表明,竞争法适用于国有企业并不会损害主权。欧盟法在电力、电信以及邮政等领域的竞争法适用已经提供了丰富的案例。[①]

因此,问题不是国有企业是否应当成为竞争法的规制对象,而是国有企业是否应当存在豁免或者在多大程度上享受豁免。对此,基本原则是:竞争法的规制对象应当包括在某种程度上属于市场参与者的国有企业,除非适用竞争法会妨碍其法定职责的履行。当然,竞争法在法律层面规定国有企业适用竞争法以及在事实层面做到国有企业适用竞争法,是存在区别的。上述区别,也在很大程度上印证了前文提及的对于国有企业限制竞争行为予以规制的诸多障碍。这些障碍的破除,除立法的完善和细化之外,更需要观念层面的革新、政治层面的决心以及制度的改进。

(二)国有企业如何适用竞争法

在不妨碍国有企业行使法定职能的情况下,竞争法应适用于国有企业。那么,在什么情况下,国有企业可以主张自己是在行使法定职能呢?

许多国家的竞争法都包括“国家行为抗辩”,即当市场主体履行国家任务或命令的行为本身与现有的法律或政策相冲突时,给予市场主体抗辩的权利。换言之,国家可能会通过要求或鼓励市场主体实施限制竞争行为的方式来实施公共政策。如果遭受限制竞争行为损害的主

---

① See, e.g., Case T－272/03, Deutsche Telekom AG v. Comm'n, 2008 E.C.R. Ⅱ－477; Joined Cases C－147/97 & 148/97, Deutsche Post AG v. GZS & Deutsche Post AG v. Citicorp, 2000 E.C.R. Ⅰ－825; Case C－320/91, Régie des Postes v. Corbeau, 1993 E.C.R. Ⅰ－2533.

体认为他们的行为有违竞争法,那么他们就可以提出抗辩:是国家要求这么做的,即当立法或政策赋予市场主体特定的"垄断权"从而与竞争法相悖时,市场主体可以提出抗辩,要求豁免竞争法的适用。

这里首先要解决的问题是国家是否有必要赋予市场主体(包括国有企业)去履行特定的"公共职能"或国家政策的权利。这在理论上是一个有争议的问题。但是,现实中几乎任何国家都存在出于公共利益的考虑赋予市场主体特定排他权或特权的情况。因此,本书重点关注的是,在多大程度上赋予这些市场主体抗辩权利。

不同国家对于市场主体的抗辩范围的规定存在很大不同。在西班牙,抗辩权只限于国家命令实施该行为的情况;在马来西亚、意大利、立陶宛和毛里求斯,抗辩权的适用范围更广,包括国家命令实施该行为或者要求并监督该行为的情况;在塞尔维亚和土耳其,抗辩权还适用于国家所鼓励的行为。①

在有些国家,抗辩权的存在还可能作为降低法律责任的依据。在立陶宛,政府部门促成的垄断协议属于减轻法律责任的情节,在这种情况下,立陶宛竞争委员会可以行使权力减少罚款,尽管具体减少的数额依赖于个案分析。在一个实际案例中,对于公共当局鼓励的限制竞争协议,竞争委员会降低了20%的罚款。②

在美国,早在1943年的布朗案中,美国法院就已经指出,私人主体提出的国家行为抗辩只有在满足下列两大条件时才可能成功:第一,国家(州)已经明确且肯定地表明了排除竞争的政策;第二,国家(州)对政策实

---

① See Eleanor M. Fox & Deborah Healey, *When the State Harms Competition – The Role for Competition Law*, Antitrust Law Journal, Vol. 79, Issue 3, p. 796(2014).

② See Eleanor M. Fox & Deborah Healey, *When the State Harms Competition – The Role for Competition Law*, Antitrust Law Journal, Vol. 79, Issue 3, p. 796(2014).

施可能导致的私人限制竞争行为予以了监管。[1] 在后续的类似案件中,美国法院进一步强化了上述标准。比如,加利福尼亚州曾下令葡萄酒和烈性酒的批发商在其产品上标示转售价格,并要求零售商们按照标示价格出售。一家违规打折的零售商对此提起了禁令诉讼,认为上述规定无效,因为维持转售价格是非法的。最高法院最终颁布了禁令,认为无须执行上述维持转售价格的命令。法院认为,转售价格维持的命令并没有授予批发商反垄断豁免权,因为批发商有权自行设定价格,而且国家既没有设定价格也没有监管价格。[2] 因此,仅仅证明国家或州政府命令市场主体实施限制竞争行为本身,并不足以构成竞争法的豁免,还需要证明上述行为受到政府的严密监管。但是,1984 年《地方政府反托拉斯法》[3]免除了地方官员在履行公务过程中的行为的损害赔偿责任。

同样地,在欧盟,除非私人主体能够证明自己实施限制竞争行为时完全没有"自主权",即没有不实施限制竞争行为的空间,才可能取得豁免。如果是成员国法律所要求的行为,通常不被视为私人行为。但是,成员国促成的或鼓励的限制竞争行为不能享受豁免。这里的关键概念是"自主权",即国内法中是否存在私人实体行使自主权的空间。[4] 因此,在意大利火柴案中,针对意大利政府固定火柴价格以及要求意大利生产商分配配额的做法,欧洲法院认为,生产商有足够的自主权,所以不能豁免欧盟竞争法。[5]

---

① See Parker v. Brown, 317 U. S. 341 (1943).

② See California Retail Liquor Dealers Ass'n v. Midcal Aluminum Inc., 445 U. S. 97 (1980).

③ 15 U. S. C. § 34 – 36 (2006).

④ See Case T – 513/93, Consiglio Nazionale degli Spedizionieri Doganali v. Comm'n (CNSD), 2000 E. C. R. Ⅱ – 01807.

⑤ See Case C – 198/01, Consorzio Industrie Fiammiferi v. Autorità Garante della Concorrenza e del Mercato (Italian matches), 2003 E. C. R. Ⅰ – 8055.

综上所述,根据抗辩范围的不同,基本上可以将国家行为抗辩划分为两大类:广义抗辩与狭义抗辩。所谓广义抗辩,是指只要市场主体能够证明存在赋予其履行特定职能的国家政策,就可以豁免竞争法的适用。狭义抗辩则是指,除非国家明确规定,并且实施了密切的监督,否则市场主体必须对其实施的限制竞争行为负责。

广义抗辩倾向于大国家、小市场;狭义抗辩则倾向于大市场、小国家。适用广义抗辩存在较大的纵容成本,即很可能会变相激励市场主体(包括国有企业)为其私人利益实施限制竞争行为,而这很可能并非国家实现公益目标所需。同时,适用狭义抗辩也可能在一定程度上约束国家的自主性。但是,相比较而言,狭义抗辩更具有合理性。从鼓励竞争的角度看,也更宜采纳狭义抗辩。广义抗辩可能会间接地鼓励政府将原本可由自己承担的公共职能交由市场主体来承担,同时也给予了市场主体借此寻求私利的“寻租”空间,这些都不利于市场机制的健康发展。相反,狭义抗辩能够有效地约束市场主体的行为,在维护社会公共利益的前提下将限制竞争的效果降到最低。

三、国有企业限制竞争行为的竞争中立规制

竞争中立是专门针对国有企业以确保不同所有制企业之间公平竞争的制度,是规制国有企业限制竞争行为的核心政策之一。

(一)竞争中立的发展及其制度构成

1.竞争中立的缘起和演变

“竞争中立”是指国家在市场竞争问题上保持中立,不对特定的企业(特别是国有企业)存在优待或偏袒。根据竞争中立的理念而构建的“竞争中立政策”,则是确保经营者不因所有制或与政府之间的联系而产生竞争优势的一系列制度工具。构建竞争中立政策的根本目的,在

于消除不同企业（特别是国有企业与私营企业）之间不平等的资源分配机制，确保市场参与者在“公平的竞争环境”中展开竞争。

竞争中立起先是作为一种“国内”改革措施出现的，由澳大利亚在20世纪90年代最早提出并付诸实施，目的是在一个主权国家内部化解国有企业因为所有制或国家的特殊对待而在税收、信贷、监管等各方面享有的不公平的竞争优势。

进入21世纪以后，随着全球化竞争的加剧，国有企业与私营企业之间竞争的“公平性”问题开始进入国际视野，许多国际组织（如OECD和联合国贸易和发展会议）开始研究如何推广竞争中立的理念，倡导全球范围内不同形式的企业之间的公平竞争。在此基础上，竞争中立日益演变为西方发达国家诘难发展中经济体（特别是中国）利用国有资本参与国际竞争从而享受不公平竞争优势的基本理论立足点，试图通过在国际层面架构一套具有约束力的竞争中立规则，对抗被他们称为“国家资本主义”的政府支持的竞争模式。

虽然竞争中立理念是发达国家为完善公平竞争环境而提出的，但是对于绝大部分发展中国家和转型经济国家而言，该理念在克服国家干预经济的惯性和推进经济体制改革方面无疑具有积极意义。

2. 竞争中立的制度构成

无论从澳大利亚的国内实践还是从美国和欧盟的主张来看，竞争中立规则主要涉及五大要求：

第一，运营中立。政府既是国有企业的所有者，也是国有企业参与市场竞争的规则提供者和监管者。为了防止政府在行使“裁判员”职能的时候偏袒自己出资的国有企业，运营中立要求尽可能地剥离国有企业的政府职能，要求政府投资设立的国有企业以公司的组织形式运营。这表面上看是针对国有企业，实际上是要求政府在设立或维持国有企业时保持企业所有权和经营权的分离，防止政府直接作为市场主体参与市场竞争。

第二,税收中立。由于国有企业相比于私营企业更容易获得税收豁免或减免,税收中立要求尽可能地取消国有企业所享受的税收优惠,实现国有企业与私营企业向国家纳税的实际税率相一致。

第三,补贴中立。由于市场化程度较低、企业治理模式非效率以及承担强加的企业社会责任等因素,国有企业的经营绩效往往比私营企业更低。为了弥补国有企业亏损,国家常常会提供额外补贴,帮助企业渡过难关。同时,为了扶持关乎国计民生或需要重大投入的新兴行业,政府也会为企业提供补贴,而这些补贴的对象大多为国有企业。补贴中立要求消除一般性的经营补贴,在确实需要补贴的领域,对所有企业一视同仁。

第四,信贷中立。国有企业与私营企业相比往往具有更广的融资渠道,它既可以向政府融资也可以向市场融资,而私营企业一般只有市场融资这一条渠道。而在向市场融资的场合,由于国有企业有政府信誉作为担保,相比私营企业更易获得贷款,而且借贷机构为了长期保持与国企的合作关系,也往往给予国有企业较低的贷款利率。信贷中立要求政府采取措施消除国有企业这种不公平的竞争优势,如在政府提供融资的情况下保持市场融资利率水平,在市场融资的情况下为私营企业提供更多融资渠道。

第五,监管中立。由于国有企业的所有制优势,往往国企管理层与政府官员之间存在身份互换的“旋转门”机制,容易实现企业高管通过进入政府获取政策与资源。又由于行政部门拥有制定规则和政策的权利,在政府监管政策及其实施过程中往往会免除国有企业某些方面的义务或对其网开一面,而私营企业则没有这些待遇。监管中立要求营造国有企业与私营企业相同或相当的监管环境。

为了实现以上要求,竞争中立通常还需要构建一系列实施和保障

机制。从世界范围内已有的实践来看,竞争中立的实现机制主要包括以下方面:

第一,建立专门的实施机构。比如,澳大利亚建有专门的政府竞争中立投诉办公室,负责接受竞争中立的投诉、开展相关调查并向有关部门提出建议;欧盟建有专门的竞争委员会竞争总司,负责实施欧盟竞争法和国家援助控制规则;在跨太平洋伙伴协议(Trans - Pacific Partnership Agreement,TPP)中,也建立了专门的国有企业和指定垄断委员会,负责国有企业章节的实施。

第二,确立竞争中立的基本原则和规则。基本原则包括要求国有企业和指定垄断"基于商业考虑"行为和贯彻"非歧视原则",要求政府贯彻"国民待遇原则""最惠国待遇原则""正当程序原则"等;基本规则包括投诉规则、申报和审查规则、透明度规则、争端解决规则等。

第三,构建专门的实施机制。比如,澳大利亚主要通过"投诉机制"实现竞争中立。由于在接受投诉并开展调查后,澳大利亚政府竞争中立投诉办公室本身并无决定权和执行权,只享有"建议权",因此,澳大利亚的竞争中立制度在一定程度上是"没有牙齿"的制度。相比之下,欧盟的竞争中立制度是"有牙齿"的制度:欧盟委员会不仅能够接受举报,还具有自主调查权、决定权和执行权。而且,欧盟构建了包括事先申报、事中调查、事后救济、司法审查在内的一整套的国家援助控制制度,能够对政府实施的排除限制竞争行为予以全方位的监督。

(二)竞争中立的中国探索

中国虽然尚未普及竞争中立理念,更未正式提出竞争中立制度框架,但是中国针对国有企业的一系列改革和监管措施本身可以看作竞争中立政策的一部分。可以说,中国经济体制改革的发展史,也是竞争中立政策在中国实施的过程。同时,中国也在积极地参与自贸协定谈判,试图“形成面向全球的高标准自由贸易区网络”。因此,中国在国内、国际两个层面都进行着“实质上”的竞争中立探索。

1. 国有企业改革与竞争中立

竞争中立的核心是确保市场主体之间的公平竞争。虽然我国并没有明确提出竞争中立政策,但我国30多年来的国有企业改革本身就是朝着公司化和市场化方向演进的,这符合竞争中立的要求。因此,国企改革是竞争中立的前提。特别是,放宽市场准入、发展混合所有制经济、分类监管国有企业等,已经成为本轮国有企业改革的核心内容。这些都是竞争中立实施的基础。

我国国有企业改革的历程表明,竞争中立与中国体制改革的目标具有一致性。但由于传统体制的影响深重,中国在实现上述目标的过程中,必须克服的障碍也是客观存在的,其难度也是不容轻视的。要在中国实现竞争中立,还需要依赖进一步的国企改革,特别是建立在国企分类监管上的改革。

当前的国企改革存在很大一个误区,就是一味强调国企改革的市场化,忽视国企本应承担的公益责任。比如,当前混合所有制改革的一个基本思路,就是国有大型企业整体上市,试图变为混合所有制股份公司,完全按照资本市场的规则运作。但是,这种思路至少有两大缺陷:第一,混合所有制应该只适用于竞争性国企,不能适用于非竞争性国企;第二,全面引入混合所有制会导致国企的普遍“唯利化”和“与民争利”,同时在本该存在的公益领域缺位。因此,混合所有制改革应当建立在国企“分类管理”的基础之上。非竞争性国企(业务)以实现公共利益为目标,可以实行“官本位”和准公务员管理;竞争性国企(业务)则以实现效益最大化为目标,引入竞争中立,遵循市场原则。对于同时存在非竞争性和竞争性业务的国企而言,则需要构建两者之间的“防火墙”机制,要求其对公共项目和商业行为承担独立责任,分别进行预算并区分不同账户管理。

2. 自贸协定、自由贸易试验区与竞争中立

在中国目前已经签署的自贸协定中,竞争规则单独成章的只有中国－冰岛、中国－瑞士和中国－韩国三个自贸协定。但是,上述规定虽然含有与竞争中立的理念一致的确保“公平竞争”的目标,但是仅适用于竞争法的实施,并非严格意义上的竞争中立。

由东盟十国发起,包括中、日、韩等国家在内的《区域全面经济伙伴关系协定》(Regional Comprehensive Economic Partnership,RCEP),在很大程度上被认为是对 TPP 和跨大西洋贸易与投资伙伴关系(Transatlanfic Trade and Invcstment Partnership,TTIP)的“补充”乃至“替代”。但是,在东盟十国中,目前只有6个国家(印度尼西亚、马来西亚、新加坡、泰国、越南和菲律宾)拥有竞争法,这些因素使通过 RCEP 达成竞争政策的一致意见十分困难,更别说达成竞争中立规则了。

但是在国内自由贸易试验区(以下简称自贸区)层面,中国已经开展了一些主动探索,尽管这些探索仍然是不成体系的。以上海为例,目前上海自贸区已经出台了若干有关反垄断审查和执法的规定。《中国(上海)自由贸易试验区条例》中的若干条款也体现了竞争中立内涵。比如,第47条第2句规定:“区内各类市场主体在监管、税收和政府采购等方面享有公平待遇。”这体现出监管中立、税收中立和政府采购中立的内涵。比如,第12条“……暂停、取消或者放宽投资者资质要求、外资股比限制、经营范围限制等准入特别管理措施”,第13条第2款第1句“自贸试验区实行外商投资准入前国民待遇加负面清单管理模式”,第14条第1款“自贸试验区推进企业注册登记制度便利化,依法实行注册资本认缴登记制”等规定,均体现了放宽市场准入、促进自由和公平竞争的内涵。但是,上述规定在竞争中立的制度构建方面仍然是不完整的。

(三)竞争中立的制度构建

1.中国在竞争中立问题上的立场

2017年年初国务院发布的《“十三五”市场监管规划》明确提出了在我国“实行竞争中立制度”的要求。但是,中国是否已经完全接受竞争中立概念?目前来看似乎还没有。或者说,只在个别行业或部分领域接受了。中国对竞争中立的研究和讨论,更多地集中在国际经贸领域,绝大多数人还没有竞争中立的意识,更别说依靠竞争中立规范国有企业的行为。

目前,中国正积极推进中日韩自贸区等谈判,并于2021年9月正式申请加入《全面与进步跨太平洋伙伴关系协定》(Comprehensive and Progressive Agreement for Trans – Pacific Partnerhip ,CPTPP)。支持开放的贸易体系,包括多边和双边的贸易安排,这是中共十八届三中全会文件里明确的政策。因此,在这方面,竞争中立又是中国不得不面对的领域。

笔者认为,总体来看,竞争中立对中国的机遇大于挑战。竞争中立并不排斥国有企业,而是要求公平竞争。防止国企垄断和过度占用社会资源也是中国未来改革的方向。《国务院关于促进市场公平竞争维护市场正常秩序的若干意见》、《国务院关于在市场体系建设中建立公平竞争审查制度的意见》等顶层设计的出台,也与竞争中立的目标相一致。因此,有必要探索“中国版”竞争中立政策。

在探索“中国版”竞争中立之前,首先应当明确中国竞争中立的定位。笔者认为,中国版竞争中立与其他版本竞争中立的共性在于:(1)认可竞争中立所倡导的公平竞争的理念;(2)正视国有企业相比于私营企业可能具有的竞争优势;(3)制度设计上的类似(包括适用范围、适用标准、实施机制等)。据此,中国可以以社会公共利益为基本出发点，以“公平竞争”理念为指导，[1]以经济体制改革（特别是国有企业改革）为突破口，构建符合中国特色、满足中国自身需求、与国际接轨的竞争中立政策体系。

中国版竞争中立与其他版本竞争中立的区别在于：（1）坚持以社会公共利益为基本出发点；（2）坚持竞争中立的制度设计要与我国的体制改革目标、发展阶段和法治背景相适应；（3）坚持竞争中立的发展和制度设计与国有企业改革同步；（4）坚持追求“实质公平”而非“形式公平”的竞争中立。

2. 中国的竞争中立制度体系

中国可以借助国内自贸区的“试验”探索国有企业的竞争中立。比如，可以有选择性地将总部在自贸区的国有企业进行试点，或者有选择性地选择一部分国有企业按 CPTPP 目前披露的规则进行压力测试。长期来看，中国需要建立符合自身需求的竞争中立体系。近期来看，应明确以下方面的制度内容：

第一，确定竞争中立的适用范围。实行竞争中立并不意味着所有的国有企业都应参与竞争。事实上，有些公益性服务以独家或垄断方式供应可能更有利于公众。竞争中立仅适用于从事“重要商业活动”的国有企业，不适用从事公益性活动的国有企业。

第二，建立竞争中立的投诉机制。投诉机制是确保竞争中立有效实施的关键制度。举证责任应由投诉者承担。由专门的投诉机构对被投诉企业是否具有“竞争优势”进行分析，并有权建议相关机构或自行采取一定的“矫正措施”。

第三，确定竞争中立的实施机构。根据《反垄断法》第 12 条的规

① 这意味着要改变“国有企业做大做强”的口号，取而代之为“让国有企业公平地参与市场竞争”。

定,国务院设立反垄断委员会,其首要职责是“研究拟定有关竞争政策”。竞争中立是竞争政策的组成之一,若能将竞争中立实施的职责赋予反垄断委员会,不仅能发挥其协调竞争执法机关和各政府管制机关之间的关系,还能有力地推进公平竞争。

第四,完善竞争中立的配套机制。竞争中立的有效实施还需相关配套制度的支持,包括公平竞争审查制度的实施、构建适合于发展中国家的竞争中立评价工具等。

第三节 竞争政策视角下政府采购行为的规制

在许多国家,政府采购所花费的金额占 GDP 的 1/3 或以上。[①] 而且,政府采购的项目往往涉及关乎人民群众福祉的核心经济领域,如住房、学校、道路交通以及其他基础设施。显然,如果不受约束,那么采购人和供应商为了“私利”,都可能在政府采购过程中“做手脚”,如政府官员与企业互相串通,为特定的供应商提供“量身定做”的招标文件乃至直接选定其为中标者等,不仅可能导致腐败,也会扭曲公平的竞争环境。

对于政府采购中出现的腐败行为,各个国家通常交由刑法来约束。同时,很多国家还颁布了专门的政府采购法,来规范政府采购中的行为。问题是,政府采购行为(包括招投标行为)也可能违反竞争法。那么,政府机构本身以及政府官员是否有可能受竞争法约束,并依据竞争法追究法律责任?本节将在梳理政府采购中的限制竞争行为的基础

---

① See Eleanor M. Fox & Deborah Healey, *When the State Harms Competition – The Role for Competition Law*, Antitrust Law Journal, Vol. 79, Issue 3, p. 783(2014).

上，分析针对政府采购行为的传统规制方式的不足，继而提出引入竞争政策规制方式的必要性及具体举措。

一、政府采购中的限制竞争行为

按照行为主体划分，政府采购中的限制竞争行为主要表现为以下几类：

第一，政府采购的采购人实施的限制竞争行为。在我国，采购人是指使用财政性资金进行采购的各级国家机关、事业单位和团体组织。《政府采购法》第71条和第72条对于采购人实施的限制竞争行为进行了列举性规定，主要包括：(1)应当采用公开招标方式而擅自采用其他方式采购；(2)擅自提高采购标准；(3)以不合理的条件对供应商实行差别待遇或者歧视待遇；(4)在采购过程中接受贿赂或者获取其他不正当利益；(5)开标前泄露标底。

第二，政府采购的供应商实施的限制竞争行为。我国《政府采购法》第77条对此作了列举性规定，主要包括：(1)提供虚假材料谋取中标、成交的；(2)采取不正当手段诋毁、排挤其他供应商的；(3)与其他供应商或者采购代理机构恶意串通；(4)向采购人、采购代理机构行贿或者提供其他不正当利益的。

第三，采购人与供应商的合谋行为，即采购人与供应商或者采购代理机构之间恶意串通限制竞争的行为。

显然，政府采购不是以促进市场竞争为唯一目的，还承担诸多政策性功能，包括保护环境、扶持不发达地区和少数民族地区、促进中小企业发展和鼓励新兴产业发展等。[①] 但是，通过利用2001～2010年省级

---

① 参见《政府采购法》第9条，以及张旭东：《〈政府采购法实施条例〉十大看点》，载《中国政府采购》2015年第3期。

面板数据进行实证检验,有学者的研究结果表明,中国的政府采购没有促进技术创新,甚至阻碍了技术创新;市场竞争显著影响政府采购的技术创新效应,竞争不足阻碍了我国政府采购发挥应有的作用。①

二、政府采购中限制竞争行为的传统规制方式及其不足

很多国家和地区是通过竞争法之外的其他法律来规范政府采购行为的。有学者针对竞争法是否适用于政府采购进行了问卷调查,结果显示,有15个国家或地区表示本国(地区)的竞争法适用于国家(地区)或其官员在政府采购中实施的限制竞争行为,但是有20个国家或地区对此给予了否定回答②(见表3-2)。

表3-2 竞争法是否适用于国家机构行为和政府采购行为

国家或地区	竞争法是否适用于包括行政性垄断在内的国家(地区)机构的行为	竞争法是否适用于政府采购[包括国家(地区)机构及/或政府官员]
澳大利亚	是	是
巴巴多斯	—	—
巴西	—	—
中国	是	是
欧盟	是	是
法国	是	—
希腊	—	—
圭亚那	—	是

① 参见胡凯、蔡红英、吴清:《中国的政府采购促进了技术创新吗?》,载《财经研究》2013年第9期。

② See Eleanor M. Fox & Deborah Healey, *When the State Harms Competition - The Role for Competition Law*, Antitrust Law Journal, Vol. 79, Issue 3, p. 783-784(2014).

续表

国家或地区	竞争法是否适用于包括行政性垄断在内的国家（地区）机构的行为	竞争法是否适用于政府采购[包括国家（地区）机构及/或政府官员]
匈牙利	—	是
印度	是	—
意大利	—	—
牙买加	—	是
日本	是	是
哈萨克斯坦	是	是
肯尼亚	是	—
韩国	是	—
立陶宛	是	—
马来西亚	是	—
毛里求斯	—	—
墨西哥	是	是
巴基斯坦	是	是*
秘鲁	—	—
波兰	—	是*
俄罗斯	是	是
塞尔维亚	是	—
塞舌尔	是	是
新加坡	—	—
西班牙	是	是
瑞典	是	—
瑞士	是	—

续表

国家或地区	竞争法是否适用于包括行政性垄断在内的国家(地区)机构的行为	竞争法是否适用于政府采购[包括国家(地区)机构及/或政府官员]
特立尼达和多巴哥	—	—
突尼斯	是	是*
土耳其	—	—
美国	—	—

注:* 表示数据存在模糊性或者不完整。

对于政府采购中的限制竞争行为,我国《政府采购法》《招标投标法》《刑法》均有相关条文。但是,其规制方式与竞争法的规制方式均存在不同。

首先,立法目的不同。无论是《政府采购法》《招标投标法》还是与之相关的《刑法》的相关条文,其主要目的均非促进竞争,而是"提高政府采购资金的使用效益""促进廉政建设""提高经济效益,保证项目质量"。① 由于立法目的中缺乏对维护市场竞争机制的关注,这些立法对于政府采购可能导致的排除、限制竞争的后果关注不够。

其次,法律责任不同。政府采购中损害公平竞争的行为可能触犯的刑法上的罪名主要包括:串通投标罪,合同诈骗罪,泄露国家秘密罪,侵犯商业秘密罪,损害商业信誉、商品声誉罪,受贿罪,单位受贿罪,行贿罪,对单位行贿罪,玩忽职守罪,滥用职权罪,国家机关工作人员签订、履行合同失职罪等,还有可能触犯其他的罪名,如徇私舞弊不移交刑事案件罪、贪污罪等。在行政责任方面,针对采购人和采购代理机构,主要有责令限期改正、警告、罚款、没收违法所得等法律责任,对于

① 参见《政府采购法》第1条和《招标投标法》第1条。

直接负责的主管人员和其他直接责任人员，则主要有行政处分和罚款两种法律责任。针对供应商，则主要包括罚款、列入不良行为记录名单、在一至三年内禁止参加政府采购活动、没收违法所得、吊销营业执照等法律责任。在民事责任方面，主要是损害赔偿责任，即采购人或供应商因实施限制竞争行为造成对方损失的，应当承担赔偿责任（《政府采购法》第79条）。

在刑事责任方面，我国2007年《反垄断法》第52条和第54条规定了两个刑事责任条款，但都不是针对垄断行为，而是针对垄断行为调查中的“妨害公务罪”、“渎职罪”和“侵犯商业秘密罪”。2022年《反垄断法》第67条虽然规定“违反本法规定，构成犯罪的，依法追究刑事责任”，但是并未明确具体的刑事责任。相反，《刑法》中规定了有关垄断的两项罪名：“强制交易罪”和“串通投标罪”。在垄断行为的“刑事化”已经成为世界趋势的情况下，我国《反垄断法》对于垄断行为的法律责任方面的规定显得过于保守。目前，包括美国、加拿大、日本、韩国、爱尔兰、奥地利、以色列和挪威等十几个国家和地区已经规定了对于个人和企业的双重刑事责任；另有英国、法国、希腊和瑞士等国家规定了仅针对个人的刑事责任。[①] 比如，在英国，个人因实施限制竞争行为最多可被判处5年有期徒刑；在美国，则最多可被判处10年有期徒刑；在日本，个人最多可以被判处5年有期徒刑，同时还可能并处课征金；在澳大利亚，个人最多可被判处10年监禁，以及/或者被处高达22万澳元的罚金，并可能被剥夺成立公司的资格。

没有刑事责任在很大程度上降低了《反垄断法》的威慑力。法律的威慑力是很复杂的，由于违法者通常很少被抓住，即使他们被抓住，受

---

① 参见王健：《威慑理念下的反垄断法刑事制裁制度——兼评〈中华人民共和国反垄断法（修改稿）〉的相关规定》，载《法商研究》2006年第1期。

到的惩罚如果仅仅是罚款,这种惩罚也常常少于他们所获得的非法收入。① 因此,如果没有专门针对“个人”的刑事责任(如监禁),那么单纯的罚款很难形成足够的威慑。

但是在行政责任方面,《反垄断法》的严厉程度要高于《政府采购法》等法律。针对供应商,在《政府采购法》中,处以采购金额5‰以上10‰以下的罚款,对单位直接负责的主管人员和其他直接责任人员则处单位罚款数额5%以上10%以下的罚款;在《招标投标法》中,则对投标人处项目合同金额5‰以上10‰以下的罚款,对于招标代理机构,则处5万元以上25万元以下的罚款,对单位直接负责的主管人员和其他直接责任人员处单位罚款数额5%以上10%以下的罚款;有违法所得的,并处没收违法所得。针对采购人或招标人的法律责任明显更低,即除了责令改正、行政处分外,处以1万元以上10万元以下的罚款。相比之下,根据《反垄断法》,除责令停止违法行为、没收违法所得之外,还可以并处经营者上一年度销售额1%以上10%以下的罚款。此外,对于滥用行政权力实施的排除、限制竞争的政府采购行为,《反垄断法》还赋予了“反垄断执法机构向有关上级机关提出依法处理的建议”的权力,敦促上级机关责令改正。

在民事责任方面,虽然《政府采购法》与《反垄断法》均存在损害赔偿的法律责任,但是依据《政府采购法》,只有“影响”或“可能影响中标、成交结果”,才产生损害赔偿责任。这与竞争法上的“可能造成排除、限制竞争的结果”的标准不同。此外,如果将来引入惩罚性赔偿制度(如“三倍损害赔偿”),那么《反垄断法》上的民事责任就要大大超过

① See Amanda P. Reeves & Maurice E. Stucke, *Behavioral Antitrust*, 86 INDIANA L. J. 1527, 1567 (2011); John M. Connor & Robert H. Lande, *Cartels as Rational Business Strategy: Crime Pays*, 34 CARDOZO L. REV. 427, 468 (2012).

规范政府采购的专门性法律。

再次，政府采购中的特定制度设计反而可能具有限制竞争的反效果，如现实中的药品集中采购制度出现了反而使药价猛涨的事例。[①] 对此，一般的解释是政府采购要经历代理商、医药代表、配送机构等多重中间环节，而超市药品是物流直销，因此价格相差离谱。[②] 然而，在充分竞争的情况下，即便中间环节再多，60 多倍的价格差价也不太可能出现。关键问题还是在于政府采购无竞争。由于药品采取集中采购，只有集中采购机构这么一条购销渠道；同时由于“医药一家”，患者只能在医院购买处方药，因此自然就出现了垄断价格。釜底抽薪之策是“医药分家”，即医院负责开处方，患者可以到互相竞争的药店购买药品。即便保留集中采购机制，也应当尽量引入竞争机制，防止采购垄断。比如，可以同时设立多家集中采购机构，互相竞争并将是否降低药价作为考核指标之一。

最后，我国当前的政府采购立法与体现“充分竞争原则”的 WTO《政府采购协定》(Agreement on Government Procurement, GPA)、联合国贸易法委员会的《货物、工程和服务采购示范法》(以下简称《采购示范法》)相比仍有差距。

GPA 是 WTO 的诸边协定之一，中国目前尚未成为 GPA 成员。从 2007 年开始，中国就一直致力于加入 GPA，但是迄今为止仍未成功。除了一些不合理的限制因素外(如要求将中国国有企业纳入政府采购主体之中)，中国的政府采购规则尚未达到 GPA 的要求，也是原因之一。GPA 追求“充分竞争原则”，即在政府采购过程中致力于实现“最大可

① 参见景延：《招标药价为何比市场贵 63 倍》，载《厦门日报》2005 年 11 月 15 日，第 20 版。

② 王东京：《政府采购不得限制竞争》，载新浪财经，http://finance. sina. com. cn/roll/20091123/10537001758. shtml。

能的竞争”,排除任何形式的政府干预或私人干预,从而降低国际贸易壁垒,实现政府采购自由化。可以说,GPA 并非仅仅关注政府采购制度本身,而是关注如何提升政府采购的开放性和竞争性。同样,联合国贸易法委员会制定的《采购示范法》虽然只是不具有法律拘束力的示范性规则,但是也致力于促进政府采购的竞争性,强调给予所有供应商公平竞争的环境,从而达到开放政府采购市场和促进国际贸易的目标。此外,在美国的政府采购制度中,“完全公开竞争原则”也是基本原则之一。①

相比之下,中国的政府采购制度更多地体现了节约财政资金和遏制腐败的诉求,并未将促进竞争作为重要的追求目标之一。虽然中国的相关立法框架基本上已经达到了国际水准,但是在竞争的重视程度上仍显不足。中国的政府采购法更聚焦如何构建政府采购制度本身,而非为政府采购提供充分公平的竞争环境。

与 GPA 等国际规则相比,中国的政府采购制度在促进竞争问题上还存在如下不足。

一是政府采购方式的过于多元化和灵活性与实现“最大可能竞争”仍有差距。比如,GPA 仅规定了公开招标、选择招标和有限招标三种形式,我国《政府采购法》则规定了公开招标,邀请招标,竞争性谈判,单一来源采购、询价和政府部门认定的其他采购方式五种形式,同时对于公开招标制度的规定相对简单,使采用其他“替代”方式规避公开招标相对容易。此外,对于邀请招标(GPA 称为“选择招标”),GPA 采纳的是“最大可能方式”,即应邀请最大数量的供应商;而我国《招标投标法》采

① 参见财政部条法司:《美国联邦政府采购制度中的完全公开竞争原则和简化采购原则》,载财政部网,http://www.mof.gov.cn/pub/tfs/zhengwuxinxi/faguixinxifanying/201301/t20130129_730703.html。

纳的是“最低限度方式”,即只需向3个以上供应商发出邀请。

二是我国的政府采购制度缺乏独立的争议解决机构。在出现政府采购争议时,GPA要求成员方设立专门机构:或者是法院,或者是与采购人无关的独立争端解决机构。但是,根据我国《政府采购法》的规定,政府采购的监督管理部门和投诉受理部门均为各级财政部门,而财政部门显然是采购人之一。因此,并不符合独立性的要求。例如,在“广州格力空调废标案”[①]中,广州市人民政府采购中心(采购代理机构)原系广州市财政局设立,后来才分离出来,因此广州市财政局很难与其厘清关系。

三是对于供应商的救济权利保护不足。这主要体现在:(1)政府采购的救济范围过窄。根据《政府采购法》第52条的规定,可以接受质疑的争议范围仅为采购文件、采购过程和中标、成交结果,对采购人中止履行合同的行为就被排除在质疑范围之外。而且根据《政府采购法实施条例》第55条的规定,投诉事项不得超出已质疑事项的范围。(2)供应商无权申请强制临时措施。《政府采购法》仅赋予投诉处理机构在质疑和投诉阶段暂停采购活动的权力,供应商无权申请。而且,暂停时间仅为30日(非工作日),而投诉处理期间为30个工作日,导致很可能投诉期未过而暂停采购活动已结束,采购人通过“时间差”可能已经与其他供应商签订合同,导致在事实上剥夺投诉人获得政府采购合同的可能性。[②] (3)供应商的民事救济权形同虚设。尽管有“政府采购合同适

① 参见《格力废标案撤诉 民告官曾引起立法部门关注》,载新浪财经,http://finance.sina.com.cn/chanjing/cyxw/20100520/15057973579.shtml;《格力状告广州财政局:“废标案”背后谁是谁非》,载论道网,http://info.hvacr.hc360.com/zt/geli/index.shtml。

② 参见刘慧卿:《对我国政府采购法质疑与投诉制度的法律分析——从WTO〈政府采购协定〉角度》,载《世界贸易组织动态与研究》2007年第8期。

用合同法"的规定,但到底是适用民事合同还是行政合同并未明确。[①]在中国当前的体制下,如果采用民事救济方式,那么供应商不仅面临举证困难,还将因为采购人的行政主体地位导致司法救济中的诸多困难。

三、政府采购中引入竞争政策的必要性

(一)政府采购法:竞争法抑或财政法

无论是从立法目的、现实运作还是立法者和执法者的观念来看,政府采购法在我国都更多被视为财政法而非竞争法。提高政府采购资金的使用效益和构建廉洁政府是政府采购法的首要目的,而促进竞争的表述并未在立法目的中体现。与此对应,政府采购的主要监督者是财政部门,亦非竞争主管部门。在绝大多数人眼中,也不太会将政府采购法视为竞争法的组成部分。

但是,从世界范围来看,已经有越来越多的国家和地区将政府采购法定位为竞争法。比如,德国和挪威曾经和中国一样,也将政府采购法视为财政法,但是现在已经将其划入竞争法的范围。[②] 在美国,政府采购中的诸多问题是通过反垄断法来处理的,如采购人可以根据《克莱顿法》向串通投标者寻求与其他市场主体一样的三倍损害赔偿。此外,GPA 更是体现了竞争法的理念,将充分竞争作为政府采购的基本原则,通过一系列的制度设计防止采购人实施歧视性行为,确保供应商之间开展充分且公平的竞争,并为其提供最大可能的救济渠道。这都不是财政法的思维,而是竞争法的思维。

---

① 参见王勇:《WTO〈政府采购协议〉与我国〈政府采购法〉之比较》,载《政治与法律》2002 年第 6 期。

② 参见任超:《论我国政府采购竞争规则的完善》,载《商场现代化》2008 年第 28 期。

显然，仅仅依靠财政法来设计政府采购制度是不足的，因为仅依靠财政监督并不足以确保财政资金的使用效益。只有通过权力制约和充分竞争，才能够在最大限度上以最小的财政成本获得质量最高的产品或服务。因此，将政府采购法视为竞争法的特别法，不仅更能提高财政资金使用效益，而且更有助于共同实现政府采购法和竞争法的共同目标。

（二）政府采购受到公平竞争审查制度的约束

我国已建立公平竞争审查制度，作为竞争政策的重要组成部分。依据公平竞争审查制度，政策制定机关制定招标投标、政府采购等涉及市场主体经济活动的规章、规范性文件和其他政策措施，都应当进行公平竞争审查。因此，政府采购行为也是公平竞争审查的一部分。该制度的建立，意味着我国政府采购制度从纯粹的体制内监督（财政部门内部监督）逐步向分权的体制内监督（竞争主管部门监督）演进。

（三）竞争政策有助于推动与GPA看齐的竞争性政府采购制度

以竞争政策为指导改造政府采购制度，意味着在采购方式上要尽量减少灵活性，缩小“替代性”采购方式的可用范围，同时比照GPA的要求，在财政部门之外建立专门的相对独立的争议解决机构，废除“先质疑、后投诉，再复议或诉讼”的行政性前置程序，并最大限度地确保供应商的救济权利。

要实现上述目标，很重要的一方面是加强政府采购的透明度。正是由于信息公开不够，导致社会公众（包括潜在的供应商）对于政府采购的细节知之甚少，从而给采购人暗箱操作提供了可能。因此，建立政府采购的信息化运行机制尤为重要。实际上，现代通信网络和电子商务的发展已经为高标准的政府采购信息平台建设提供了可能。

此外,依靠竞争政策构建良性的竞争机制还意味着改造当前政府采购制度中“唯价格至上”的偏见。竞争不仅是价格的竞争,更是质量的竞争。因此,政府采购不能仅凭价格来决定,还要看商品或服务的质量。财政部于2014年12月31日发布的《政府和社会资本合作项目政府采购管理办法》和《政府采购竞争性磋商采购方式管理暂行办法》(以下简称《竞争性磋商办法》),可以视为推进政府采购服务及推广PPP模式而进行的制度创新。[①] “竞争性磋商”是《政府采购法》中所规定的“国务院政府采购监督管理部门认定的其他采购方式”。在传统的“竞争性谈判”政府采购中,“价低者得”是通行法则。然而该做法在服务市场领域适用并不妥当:一方面,服务与货物不同,在没有享受不同的服务之前很难对哪种服务更好作出客观评价;另一方面,服务质量的量化标准难以确定,“价低者得”的结果最终导致“恶性竞争”。对此,《竞争性磋商办法》确立了“综合评分法”,限定了价格因素所占的比重,从而在一定程度上颠覆了“价低者得”的惯例,不仅有助于政府获取更优质服务,更有助于供应商开展更高层次的竞争。

四、政府采购的竞争法适用

政府采购纳入竞争政策的规制范围,除依据公平竞争审查制度予以竞争审查之外,还意味着需要纳入竞争法的规制。在有些国家和地区,政府采购行为被排除在竞争法的规制范围之外。在我国香港特别行政区,是通过《防止贿赂条例》而非竞争法来规范政府采购行为;在新加坡,是通过《合同法》《反腐败法》以及专门的采购立法来规范政府采

① 参见周松:《政府采购“竞争性磋商”方式有啥不同》,载中国律师网,http://www.acla.org.cn/html/lvshiwushi/20150202/19613.html。

购行为和招投标行为。[①] 但是,那些竞争法与政府采购或招投标专门立法相互合作的国家和地区,为我们提供了很好的借鉴。

在日本,政府官员协助或提供便利的操纵招投标行为通常就叫作"政府勾结"。《消除和防止参与操纵投标法》具体规定了涉及中央或地方政府的串通投标行为的类型,并且为了消除和防止政府官员参与操纵投标,该法授权日本公平交易委员会(JFTC)要求政府部门领导者规范其相关责任人员以及对相关招投标行为予以纠正的权力。[②] 同时,有关部委和其他政府机构还要接受 JFTC 的要求,调查是否有证据证明那些涉嫌操纵投标的官员应当受到纪律处分;腐败的政府官员还会受到刑事起诉。

在俄罗斯,联邦反垄断局有权处理针对政府采购的投诉。比如,联邦反垄断局在 2012 年调查了超过 4000 份针对国家和地方当局的政府采购行为投诉,其中有超过 2400 份不符合反垄断法有关竞争性招投标的要求。"大多数投诉涉及对于投标的不合理限制(594 件),违反程序确定中标者(365 件),以及为参与投标创造有利条件(322 件)。"[③]

此外,《欧盟运行条约》第 37 条包含一项针对政府采购的特别规定。这不是一项专门的反垄断规定,但具有反垄断法的效果。它规定:"成员国应对任何商业性质的国家垄断进行调整,以确保在货物的购买和销售条件方面在不同成员国的国民之间不存在歧视。"因此,具有商

---

① See Eleanor M. Fox & Deborah Healey, *When the State Harms Competition – The Role for Competition Law*, Antitrust Law Journal, Vol. 79, Issue 3, p. 785(2014).

② See Act on Elimination and Prevention of Involvement in Bid Rigging, etc. and Punishments for Acts by Employees that Harm Fairness of Bidding, etc, Act No. 101 of 2002 (Japan) (Dec. 9, 2018), www.jftc.go.jp/en/legislation_gls/aepibr.files/aepibr.pdf.

③ Federal Antimonopoly Service of the Russian Federation, *Report of the Federal Antimonopoly Service on Competition Policy in* 2012, Sec. 2.3.1, FAS Russia (2013), www.en.fas.gov.ru/reports-and-analytics/reports-and-analytics_30982.html.

业性质的国有垄断企业拒绝采购和销售从其他国家进口的货物的歧视行为,在本条款下是一种非法行为。①

综上,排除竞争法适用的情况属少数,大多数国家和地区都将竞争法适用于政府采购。问题是,在适用对象上,除了针对采购人(通常为政府机关),竞争法是否也适用于采购人的代理人(政府官员)?笔者认为,竞争法适用于参与了政府采购共谋的政府官员是十分重要的。因为这些官员是共谋的一部分,并且串通行为的存在是垄断协议得以达成的关键。可以想象,如果垄断协议发生在一个市场主体和一个官员之间,那么要证明垄断协议的存在,前提必然是先要得到这个官员与市场主体之间存在共谋的证据。

在欧盟等一些司法辖区,竞争法调整的范围只包括从事商业活动的"经营者",而政府官员并不从事商业活动,因此很可能会被排除在竞争法的规制范围之外。中国的情况也与此类似。但是,这并非不可弥补。只要能够在专门的法律中明确竞争法适用于参与共谋的政府官员,或者在解释法律时扩大对"经营者"的理解,就可以将政府官员纳入竞争法的规制范围。

将参与实施限制竞争行为(实际上也很可能是腐败行为)的政府官员纳入竞争法的规制范围有很多好处,且这么做的经济成本很低。

实际上,我国在现实中已经存在依据竞争法处理政府采购中的限制竞争行为的情况。

案例一:安徽省蚌埠市原卫生计生委滥用行政权力排除、限制竞争案。安徽省蚌埠市原卫生计生委在2015年4月10日发布的蚌埠市公立医疗机构临床用药单品种带量采购询价公告(皖C－2015－CG－

① See Jonathan Faull & Ali Nikpay, The EC Law of Competition (2nd ed. 2007), at 6.107, 6.113.

X－111）中，不仅确定30种药品的品种、规格和剂型，还直接确定生产企业，排除和限制同种药品不同生产企业之间的竞争；在同日发布的市区组竞争性磋商公告（皖C－2015－CG－C－112）和5月22日发布的三县组竞争性磋商公告（皖C－2015－CG－C－168）中，还对本地和外地经营者设置不同的资质要求，排除外地潜在投标者。对此，国家发展改革委办公厅发了《关于建议纠正蚌埠市卫生计生委滥用行政权力排除限制竞争有关行为的函》（发改办价监〔2015〕2175号），依据《反垄断法》（2007年）赋予的“建议权”，建议安徽省责令蚌埠市原卫生计生委改正相关行为，并对本省药品集中采购中是否还存在其他违反《反垄断法》（2007年）排除限制竞争行为，从总体上予以清理和规范，并将整改情况反馈给国家发改委。

案例二：深圳市原卫生计生委滥用行政权力排除、限制竞争案。深圳市原卫生计生委在推行公立医院药品集团采购改革试点过程中，只允许一家集团采购组织（经遴选为全药网药业）提供药品集团采购服务，限定深圳市公立医院、药品生产企业使用全药网药业提供的服务，限定药品配送企业由全药网药业指定，违反了《反垄断法》（2007年）的规定。经调查，深圳市原卫生计生委提出3项整改措施：一是确保公立医院药品采购自主权；二是确保选择药品配送企业自主权；三是确保药品生产企业自主权。

此外，深圳市原卫生计生委承诺将在试点期内修改完善相关政策文件，使其符合《反垄断法》（2007年）和《关于在市场体系建设中建立公平竞争审查制度的意见》（国发〔2016〕34号）的规定。①

---

① 参见《深圳市卫计委承诺纠正公立医院药品集团采购改革试点中滥用行政权力排除限制竞争行为》，载中国招标投标协会网2017年4月7日，http://www.ctba.org.cn/list_show.jsp?record_id=248643。

上述案例是竞争主管部门通过行使“建议权”建议上级主管部门纠正限制竞争的政府采购行为的典型案例。根据《反垄断法》(2007 年)第 51 条的规定，行政机关和法律、法规授权的具有管理公共事务职能的组织滥用行政权力，实施排除、限制竞争行为的，由上级机关责令改正；对直接负责的主管人员和其他直接责任人员依法给予处分。可见，依据我国《反垄断法》，针对限制竞争的政府采购行为，对于个人最多给予行政处分的处罚，且该处罚只能由“上级机关”作出。这在很大程度上削弱了反垄断法的威慑力。

第四节　竞争政策视角下行政性垄断的规制

一、行政性垄断的传统规制思路

一般认为，对行政性垄断的规制主要借助于两大法律工具：行政法和反垄断法。前者主要通过建立“权力清单”、规范行政程序和落实行政问责等方式规范政府行为，后者则通过反垄断法的公共实施(行政执法)和私人实施(司法诉讼)约束行政性垄断行为。

从本质上看，行政性垄断是“以公权力为手段、以市场垄断为结果”的垄断形态，这决定了对其的规范不能仅仅依靠行政法。[①] 但是，由于行政执法和司法诉讼都只是事后救济措施，一般在限制竞争行为产生了较为严重的后果之后才能适用，仅仅依靠反垄断法也无法对行政性垄断形成有效制约。尽管有学者指出，可以借鉴国外经验引入竞争审

---

① 参见张志伟、应品广：《反垄断法思维下的行政性垄断新探》，载《江西财经大学学报》2013 年第 4 期。

查制度对行政性垄断予以遏制,[①]但是单纯依靠竞争审查这种事前措施仍然无法全面规制行政性垄断。

因此,应该在规制行政性垄断方面引入新的思路。可以在广义的“竞争政策”的指导下开展“全方位”的行政性垄断规制探索,即不仅依靠行政法和反垄断法,还依靠能够促进竞争的一系列公共政策。比如,针对行政性垄断的“事前控制”措施,就不能简单归结为行政法措施或反垄断法措施。总之,竞争政策视角的引入,能够整合行政性垄断的规制思路,特别是通过“预防性”的“事前控制”防止行政性垄断的发生。

二、反垄断法针对行政性垄断的事后规制及其不足

反垄断法针对行政性垄断的事后规制主要有两种方式:一是行政执法;二是司法救济。两种方式在规制行政性垄断方面都存在先天不足,这种不足在我国的制度条件下尤为明显。

(一)行政执法及其不足

首先,作为一种事后救济方式,反垄断执法只能发生在行政性垄断已经发生的情况下。哪怕经过执法,行政性垄断被禁止或纠正,也很难完全消除其已经造成的不良影响和损害。而且,考虑到行政性垄断常常不仅表现为具体行政行为,更多的是垄断性的制度安排,限制竞争的后果往往覆盖面广、危害性大。因此,行政执法很难“恢复原状”。

其次,行政执法的范围仅限于《反垄断法》明确规定的情形,无法涵盖所有的行政性垄断类型。比如,我国《反垄断法》第 39 条至第 44 条对指定交易、地区封锁、强制交易等“区域性行政垄断”进行了列举,但

① 参见叶高芬:《澳大利亚行政性垄断规制经验及其启示——基于“国家竞争政策”的解读》,载《中国社会科学院研究生院学报》2015 年第 3 期。

是对“行业性行政垄断”没有作出明确规定,反垄断执法机构就很难对“行业性行政垄断”开展执法。此外,尽管我国《反垄断法》第45条规定“行政机关和法律、法规授权的具有管理公共事务职能的组织不得滥用行政权力,制定含有排除、限制竞争内容的规定”,但是竞争主管机关没有权力对这些规定进行审查,法律仅赋予了其提出修改建议的权力。这意味着,行政执法无法对抽象性行政垄断构成有效制约,更无法对行政机关之外的其他政府限制竞争行为构成约束。

最后,行政法上的“合法性标准”与反垄断法上的“效果标准”在政府行为的违法性判断方面存在冲突。依据行政法上的合法性标准,只要垄断行为具有合法依据(如法律、法规或规章授权的行为),哪怕其造成了限制竞争的效果,也具有合法性。但是,如果依据反垄断法上的效果标准,只要可能产生限制竞争的效果,就应当认定为其不具有合法性。由于行政性垄断行为更多被看作一种行政行为,判断行政性垄断是否违法的标准主要是行政法上的“合法性标准”。[①] 在这种情况下,很多对市场竞争造成严重影响的行政性垄断,都会因为其具有形式上的合法性而获得“免死金牌”。

(二)司法救济及其不足

在英国和美国这样的普通法国家,普遍不将行政性垄断作为特殊行为看待,而是与私人垄断行为一样受普通法院的管辖;在德国这样的大陆法国家,行政性垄断也并非在行政法院审理,而是由普通法院的卡特尔法庭来审理,[②]并且将参与市场竞争的政府视为“经营者”,与私人

① 参见应品广:《论经济法理念对行政诉讼体制的冲击和渗透——以反垄断行政诉讼为视角》,载《学术探索》2011年第1期。

② 参见蒋岩波:《我国反垄断法的司法制度构想》,载《法学家》2008年第1期。

适用同样的反垄断法规则。但是,迄今为止只有美国具有发达的私人诉讼。导致这种现象的最重要原因,就在于发起反垄断诉讼(特别是针对政府的反垄断诉讼)具有巨大的成本和风险。诉讼的开展需要当事人需要投入大量的时间和精力,反垄断案件的复杂性以及涉及政府行为的敏感性,更使案件的败诉风险急剧增加。在这种情况下,通过发起诉讼的方式寻求救济就不太可能成为一种理性选择。

在中国,针对行政性垄断提起反垄断诉讼更是受到严格的制度约束。

第一,由于行政性垄断涉及政府,因此在中国的诉讼体制下,只能针对行政性垄断提起行政诉讼。换言之,在中国语境下,政府的身份天然地将其与"市场主体"隔离,导致迄今为止,仍然没有判例将行政机关界定为竞争法意义上的"经营者"。[①] 相比之下,国外实践中存在将政府机关作为经营者的判例。

第二,我国行政诉讼的受案范围主要限于"具体行政行为"。尽管在2014年《行政诉讼法》中,"具体行政行为"的表述已经被替换为"行政行为",也规定"公民、法人或者其他组织认为行政行为所依据的国务院部门和地方人民政府及其部门制定的规范性文件不合法,在对行政行为提起诉讼时,可以一并请求对该规范性文件进行审查",然而,却规定了这里所指的"规范性文件不含规章"。同时,还规定了人民法院不受理针对"行政法规、规章或者行政机关制定、发布的具有普遍约束力的决定、命令"提起的诉讼。因此,依据2017年《行政诉讼法》,目前仍然无法针对抽象的行政性垄断单独提起行政诉讼。

第三,《行政诉讼法》所遵循的司法审查标准主要是"合法性审查"标准,除能够对行政处罚是否显失公正进行"合理性审查",其余均是

① 参见叶卫平:《司法审查与行政性垄断规制》,载《法学》2009年第1期。

“合法性”审查。恰如前述,严格的“合法性审查”标准排除了依据限制竞争效果对行政性垄断予以认定和规范的空间,从而使司法救济的有效性大打折扣。

第四,我国行政性垄断的法律责任比私人垄断的责任要轻得多:前者的最高法律责任仅仅是由“上级机关责令改正”,而后者除可能承担私人损害赔偿之外,还可能面临没收违法所得、处以上一年度销售额1%以上10%以下的罚款或50万元以下的罚款、撤销工商登记等处罚。可见,相比于事后救济在其他国家的作用,我国行政性垄断的事后救济效果更弱。

当然,针对行政性垄断的事后救济仍然具有其不可替代的作用。比如,它能够通过施加法律责任的方式,给受害人提供救济的渠道,并对行政性垄断实施主体形成“威慑”。[①] 但是,相比于事前的预防措施,事后救济显然存在先天不足。

三、竞争政策针对行政性垄断的事前控制及其优势

由于反垄断法事后救济方式的局限性,有必要引入体现更广泛意义上的竞争政策的手段。从各国的实践来看,除了《反垄断法》之外,规制行政性垄断的竞争政策手段主要包括竞争审查制度、国家援助控制制度和行业法的“竞争法化”三种。这三种方式不能简单地归结为行政法或《反垄断法》的措施,但是都体现了竞争政策的理念。它们的共同点在于:如果基于公共利益确实有必要实施排除、限制竞争行为,那么通过“事前控制”措施,至少可以在最大限度上消解或弱化这些行为的反竞争效果。

---

① 参见于立、吴绪亮:《产业组织与反垄断法》,东北财经大学出版社2008年版,第178~179页。

（一）竞争审查制度

竞争审查制度是赋予专门的部门（通常是竞争主管机关）对立法或政策草案予以事先审查，或者对立法或政策予以事后评估，分析其是否具有限制竞争的可能性。一般来说，竞争审查的适用范围不仅包括立法草案，也包括已经生效的法律法规。竞争审查的目的在于确定法律法规可能对竞争造成的负面效果，并寻求具有更少竞争危害的替代性措施。

目前已经有很多国家授权竞争主管机关在有关部门制定有关市场竞争的行业性法律规范时提供咨询意见。比如，匈牙利早在1996年就通过其竞争法规定了竞争审查制度，要求涉及市场竞争的立法草案必须征求竞争主管部门的意见。[①] 俄罗斯也赋予了竞争主管机关参与制定竞争政策的权限。[②] 瑞士的联邦竞争委员会不仅可以对可能影响竞争的草案发表意见，还可以向所有层级的政府提出促进竞争的建议。[③] 此外，韩国、日本等亚洲国家也建立了类似的竞争审查制度。比如，在韩国，所有相关部门在推动相关立法的制定或修订时，如果可能涉及竞争，就必须与竞争主管机关开展事先的磋商。日本更是专门颁布了《政府政策评估法》，要求对政府的规制行为开展竞争审查，且如果竞争主管机关认为限制竞争的效果可能性大，相关部门还需开展自我评估并提供“规制评估清单”，对可能产生的限制竞争效果予以回应。[④]

---

① 参见王晓晔：《关于我国反垄断执法机构的几个问题》，载《东岳论丛》2007年第1期。

② See Sarah Reynolds, *Competition Law and Policy in Russia*, OECD Journal of Competition Law and Policy, Vol. 6, No. 3, p. 71(2004).

③ See Lawrence J. White, *The Role of Competition Policy in the Promotion of Economic Growth*, NYU Working Paper No. EC－08－19 (Oct. 13, 2008), http://ssrn.com/abstract=1281911.

④ 参见徐士英、应品广：《竞争文化的培育和发展——从日本竞争主管机关竞争执法、竞争推进谈起》，载《江苏大学学报（社会科学版）》2011年第5期。

在有的国家,可能并不存在强制性的竞争审查制度,但是通过赋予竞争主管机关开展“市场研究”以及向上级政府提交法律建议的权力,也同样间接地起到了预防行政性垄断的效果。① 可见,无论是“强制性”的还是“建议性”的事先审查,都为竞争主管机关提供了提前“矫正”政府不良干预政策的机会。并且,竞争审查还为竞争主管机关向其他政府部门“灌输”竞争政策理念提供了条件,使政府各部门能够在竞争主管机关“潜移默化”的影响中逐步减少行政性垄断行为。

(二)国家援助控制制度

国家援助,是指政府通过财政、税收、金融和补贴等形式给予特定企业优惠。尽管大多数国家援助都具有公益基础,但并不排除政府部门会利用国家援助赋予特定企业不公平的竞争优势,从而扭曲市场竞争机制。对国家援助进行控制的意义在于,在允许政府提供符合公共利益要求的国家援助的基础上,尽量减少其可能对竞争机制造成的损害。

许多国家和地区都建立了以促进竞争为导向的国家援助控制制度。其中,欧盟的规定最引人注目。基于是否有可能扭曲竞争并影响成员国之间的贸易,《欧盟运行条约》规定了三类国家援助:一是“与共同体市场相抵触的国家援助”,此类援助严格禁止;二是“可能与共同体市场相抵触的国家援助”,此类援助可以享受豁免,前提是获得欧盟委员会的认可;三是“与共同体市场相协调的国家援助”,此类援助不予规制。上述制度建立在国家援助的“事先申报”之上,即成员国在实施国

---

① OFT, *Government in Markets: Why Competition Policy Matters – A Guide to Policy makers* (Dec. 9, 2018), https://assets.publishing.service.gov.uk/government/uploads/system/uploads/attachment_data/file/284451/OFT1113.pdf.

家援助之前,必须向欧盟委员会进行事先申报,且未经欧盟委员会认定不得实施。此外,对于已经实施的国家援助,欧盟委员会还可开展事后调查,并根据调查结果建议或责成成员国采取措施。①

除欧盟以外,俄罗斯的国家援助控制制度也颇具特色。如果说欧盟的国家援助控制更多是为了维护欧洲经济一体化,那么俄罗斯的国家援助控制则更多是基于维护国内统一市场的考虑。俄罗斯《保护竞争法》第20条规定:国家权力机关和地方自治机关如果要向国家或地方自治体提供优惠,必须按照联邦反垄断机构规定的程序,向反垄断机构提出相应申请。反垄断机构在审查之后可以作出同意、不同意或附加限制性条件的同意的决议。这是典型的针对国家援助的事前控制措施。除此之外,俄罗斯还赋予了反垄断机构全程监督国家援助的权力:如果反垄断机构在对国家援助实施监督的过程中发现其与援助目的不符,可以向受惠主体及实施援助的机构发出指令,要求采取措施退回相应资产以及其他作为民事权利的客体,或者要求采取措施终止向已经得到国家援助的经营主体提供援助。可见,俄罗斯针对国家援助建立了一整套的评估和监督机制,防止国家援助异化为行政性垄断。

在我国,国家援助更多表现为各种形式的"补贴"。这些补贴通常以税收减免、信贷优惠等形式体现,并通常流向了国有企业。比如,在税收方面,有研究报告显示,从2007年至2009年,我国国有企业所得税的平均税负为10%,而民营企业的平均税负高达24%。② 在信贷方面,由于国有商业银行主导我国信贷市场,国有企业也因此获得包括提供优惠税率、无担保贷款等竞争优势。在土地方面,国有企业取得土地资

① See Guidelines on State Aid for Small and Medium - Sized Enterprise, [1992] OJ. C213/2, revised by the Commission with Notice on the de Minimis Rule for State Aid, [1996] OJ. C68/9.

② 盛洪:《国有企业的性质、表现与改革》,载《中国民营科技与经济》2012年Z2期。

源往往是通过划拨或协议出让的方式,即便通过拍卖方式,也由于预算软约束等因素导致其更有动力不顾成本投入土地开发。在这种情况下,国有企业就因政府的各种直接或隐性补贴而享有"竞争优势",从而很容易破坏市场的公平竞争机制。换言之,由于这些补贴没有经过事先的竞争审查和事后的监督规范,很容易形成不公平的竞争优势,诱发行政性垄断。所以,在竞争政策理念的指导下对政府的补贴行为予以事先约束就显得十分必要。

(三)行业法的"竞争法化"

在各国的实践中,地区封锁型的行政性垄断往往很容易辨识,也相对容易能够借助于《反垄断法》的实施予以消除。相比之下,由于往往具有立法或政策支持,行业型的行政性垄断很难通过《反垄断法》本身的实施予以消解。特别是,根据"特别法优于一般法"的基本法律原则,在行业法与竞争法同时适用的情况下,各种行业性法律或规范往往容易在事实上"胜出"。这就很容易导致竞争法的作用空间缩小化,最终挤压竞争政策的作用范围。

但是,如若行业法本身即含有竞争法的理念,或者规定其行为仍属于《反垄断法》的管辖范围,那么对这类行为的规制就容易得多。因此,所谓行业法的"竞争法化",就是试图将行业法改造为特别的竞争法,让行业法本身融入竞争政策的理念,推动行业法与竞争法的交融,减少通过行业法实施行政性垄断的空间。

以电信行业的"竞争法化"为例。1996 年美国《电信法》以在电信业引入竞争为己任,明确指出其旨在构建一个倾向竞争、放松管制的国家政策框架,通过所有电信市场的开放和竞争加速私人部门发展高级电信和信息技术。同样,日本《电信法》也是典型的"竞争法化"的行业法。日本在 2003 年修订《电信法》,将电信行业的核准制变更为了"事后登记制”(大规模电线设备除外),极大地推动了电信行业的市场准入。同时,日本的竞争主管部门和电信主管部门还进行了积极合作,联合制定《电信产业促进竞争指南》,共同协调对电信产业限制竞争行为的规制。在电力、天然气等公共领域,日本也建立了类似机制。[①]

可见,除了对行业本身进行规制之外,行业法也可以含有促进竞争和防止垄断的内容。如果行业法和行业主管部门也被赋予防范行政性垄断的职能,并据此考核其政绩,那么行业型行政性垄断的发生概率无疑会大大降低。

四、推动我国行政性垄断规制模式转变的路径

中国当前最为紧要的是赋予竞争主管机关事前控制职能。与此同时,竞争主管机关应当充分利用部门内部的协调机制和发挥多元机构力量,为提升社会共识和获取政治支持作好长期努力准备。

(一)赋予竞争主管机关“事前控制”职能

《反垄断法》确立了反垄断委员会“研究拟定有关竞争政策”的职责。如若能够将此处所指之“竞争政策”理解为以《反垄断法》为核心并囊括“竞争审查”等一切有利于竞争的政策,那么开展针对行政性垄断的事前控制仍然具有法律依据。

对此,联合国贸易和发展会议(United Nations Conference on Trade and Development,UNCTAD)制定的《竞争法范本》(2010 年)提供了竞争审查制度的参考规定:“由执行机关、地方自治机关或拥有政府授权的机关颁布的经济和行政规定,尤其是在此类规定涉及基础设施时,在

① 参见戴龙:《日本反垄断法实施中的竞争政策和产业政策》,载《环球法律评论》2009 年第 3 期。

通过之前,应由竞争管理机关进行公开的审查。如果上述规定限制经济主体行动的独立性和自由,或造成对公营或私营公司活动的歧视,或恰恰相反,为其创造了有利条件,或导致或可能导致限制竞争或侵犯公司或公民的利益,尤其应当进行此种审查。”①即便实质性的审查暂时无法实现,也应该赋予竞争主管机关“提意见”的权力,并能够将意见公开化,从而对行政性垄断的实施主体施加压力。

(二)充分利用部门内部协调机制和发挥多元机构力量

在西方国家,政府对竞争的限制主要是通过“政府规制”的形式表现出来的,而且由于存在大量的独立的规制机关,这些国家的竞争主管机关通过与规制机关之间达成协调,就能够在很大程度上实现规范政府限制竞争行为的目标。但是在很多国家,尤其是竞争立法较晚的国家,如果过于强调竞争主管机关在形式上相对于其他政府机关的独立性,会导致经济政策制定者与竞争主管机关之间缺少信息传递,从而削弱事前控制开展的有效性。要注意到,竞争主管机关在更多的国家是隶属于政府部门的,并且是隶属于“经济部门”的。尽管其在独立性上有所欠缺,但是在融入经济政策的制定和磋商方面却具有优势。如果制度设计得当,那么就能够取得“事先参与”和“预先防范”的效果。

与国际上主要由竞争主管机关负责事前控制不同,尽管竞争主管机关是开展事前控制的主要部门,但是在我国不宜将其视为唯一的部门。在经济体制改革尚未完成的很长一段时间内,主导中国经济发展的职责很多落在了相关的产业部门、规制部门和改革部门,竞争主管机

① See *Model Law on Competition* (2010) - *Chapter* Ⅶ - *The Relationship between Competition Authority and Regulatory Bodies, including Sectoral Regulators*, UNCTAD (2010), https://unctad.org/webflyer/model-law-competition#tab-2.

关在短期内很难取得主导型地位，无法承担事前控制的全部职能。在中国的改革过程中，以国有企业改革和垄断行业改革为代表的经济体制改革是更广泛意义上的事前控制的重要组成部分。如果能够在竞争政策的统领下发挥行业法、规制法以及行业主管机关在开展事前控制方面的作用，行政性垄断将会得到更有效的规范。

（三）提升社会共识和获取政治支持

由于理念、制度和利益的约束，规制模式的转变不可能是一蹴而就的。即便是在美国这样的国家，针对政府行为的事前控制的开展也存在一个发展的过程。美国学者曾经指出，美国早期的事前控制并不让人满意，甚至是“令人失望”的：竞争主管机关“几乎从未被邀请对立法草案提供建议”，并且“面临来自总统和国会的双重政治压力，他们都受生产者利益集团的游说影响，试图削弱竞争主管机关的竞争倡导角色”。[①] 但是经过多年的努力，竞争主管机关实施事前控制的职能已经在美国取得了“共识”。正如联邦贸易委员会前主席蒂莫西·莫里斯所说，联邦贸易委员会通过过去几十年的努力，已经在这个问题上取得胜利，并“在很大程度上赢得了知识分子的支持”。[②] 日本竞争主管机关也是通过长期努力才在政府体制中逐步提升独立性和获得权威性的。[③] 只有通过长期的竞争倡导，才能够在政治上和舆论上形成“竞争政策是

---

① See A. E. Rodriguez & Mark D. Williams, *The Effectiveness of Proposed Antitrust Programs for Developing Countries*, 19 N. C. J. INT'L L. & COM. REG. 209, 229 - 230 (1994).

② Timothy J. Muris, *Creating a Culture of Competition: The Essential Role of Competition Advocacy* (Sep. 28, 2002), https://www.ftc.gov/news-events/news/speeches/creating-culture-competition-essential-role-competition-advocacy.

③ 参见徐士英、应品广：《竞争文化的培育和发展——从日本竞争主管机关竞争执法、竞争推进谈起》，载《江苏大学学报（社会科学版）》2011年第5期。

重要的”这样一个基本共识。

对于中国而言，由于竞争文化较为薄弱，而且当前竞争主管机关的独立性、权威性都有所欠缺，通过提升社会共识和赢得政治支持对于事前控制的开展就显得尤为重要。竞争主管机关不能仅仅将自身职责限于法律实施，还有必要开展和实施竞争执法之外的竞争倡导和竞争倡导措施，通过各项措施的“合力”，赢得社会共识和获得政治支持。与此同时，竞争主管机关还应该担负一个重要职能，那就是推动和促进社会组织（特别是消费者组织）的发展，努力形成能够制衡行政性垄断的民间力量。我国当前的消费者协会并非严格意义上的民间组织，各级消费者协会大多挂靠在同级的市场监督管理部门。正因如此，消费者很难真正“团结”起来，成为制约垄断力量的“强势群体”。如果消费者组织能够真正改变消费者的弱势地位，无疑将极大地促进消费者在竞争政策上的社会共识。

（四）完善立法程序和立法技术

我国当前盛行的“部门立法”为行政性垄断提供了制度空间。因此，改进立法程序和立法技术，是从源头上遏制行政性垄断的有效方式。比如，可以考虑创设“立法回避制度”，即与立法所涉及的利益相关的部门不得参与立法草案的起草；还可开展“专家立法制度”，由立法机关委托中立的第三方（专家）开展立法草案的起草。在立法征询意见时，对于中立方的意见的权衡比重，也应当超过利益相关方的意见的比重。此外，还可引入成本收益分析方法，强化经济分析，减少立法和决策的失误率。

（五）依靠宪法性规则

在很多发展中国家（如中国、墨西哥以及中东欧一些国家）的竞争法中，均存在一些确保商品或服务“自由流动”（常体现为防止“地区封锁”）的条款。但是在发达国家和地区（如美国、欧盟和澳大利亚），类似的条款通常规定在宪法或宪法性条约中。显然，在宪法本身没有自由流动条款的情况下，依靠竞争法来规定是最好的选择。但是，依靠竞争法本身有时并不足以在制度层面确保所有的市场要素的自由流动。比如，竞争法的适用对象通常限于“经营者”及其所提供的“商品”或“服务”，而对于人力资源、资本和土地等要素的流动，竞争法常常无能为力。但是，宪法性规则却能够涵盖所有这些要素。

比如，在欧盟层面的条约体系里，有两条专门针对政府反竞争行为：一是《欧盟运行条约》第 106 条，作为欧盟竞争法的一部分，禁止成员国制定和保留与欧盟条约中包含的规则（特别是竞争法规则）相抵触的任何措施。二是《欧盟条约》第 4 条第 3 款提出，成员国有“真诚合作”的义务，成员国“应促进欧盟任务的完成，并避免采取任何可能损害欧盟目标实现的措施”。

此外，在不涉及私人或市场经营者的行为的时候，欧盟还可以借助于确保内部市场自由流动的规则（而非竞争法）。[①] 比如，《欧盟运行条约》中存在关于货物、服务、人员、资本的自由流动的条款（“四大经济自由”），[②]能够确保经济要素的自由流动。

无独有偶，美国则是通过《宪法》中的“州际贸易条款”，确立了联邦法对于州际贸易规制的“优先原则”。根据美国《宪法》第 1 条第 8 款第 3 项，“国会有权调控对外贸易、州际贸易和同印第安部落的贸易”，包括“制定为行使上述各项权利和由宪法授予合众国政府或其任何部门或官员的一切其他权力所必要和适当的所有法律的权力”。因此，国会

---

① See Joined Cases C - 94/04 & C - 202/04, Cipolla v. , Fazari, 2006 E. C. R. Ⅰ - 11421.

② 参见张彤主编：《欧盟法概论》，中国人民大学出版社 2011 年版，第 202 ~ 252 页。

在州际贸易上具有相对于州的“优先权力”。实际上,《谢尔曼法》的出台本身正是这种权力的体现。

在竞争政策的意义上,“优先原则”相比于欧盟法层面的“不适用原则”更加深入。在欧盟法上,不适用本国法的前提是本国法违反了欧盟竞争法,即鼓励或便利了私人反竞争行为;而根据美国法的优先原则,在州际贸易问题上,联邦法本身就优先于州法。

无论是优先原则还是不适用原则,在提升竞争政策的地位及防止政府反竞争行为的泛滥方面都具有重要功能。但是,它也具有成本,即可能导致地方自治的消退,并带来行为界定方面的成本,特别是需要界定,在什么情况下成员国或州的立法违反了欧盟或联邦层面的竞争法。

对此,可以通过一定的限制将成本最小化:一是将优先适用的反竞争措施的优先限定在对统一市场产生重大反竞争外部性的行为;二是将地方政府有权授予专有权利的权力限制在对抗市场失灵和服务公共利益的范围之内。

对于政府反竞争行为的约束,还有赖于宪法性规则的完善。上述无论是美国还是欧盟的宪法性规则,均是通过司法予以解释并不断演变和精细化,而我国并无此类规则,但现有的制度条件并非完全不可能对违反竞争法和竞争政策的规则予以修改或废除。完全可以在公平竞争审查制度的基础上,充分利用现有的宪法和法律资源,清除行政性垄断文件。比如,全国人大常委会作为专门的宪法监督机关,可以依照现行宪法,对于涉嫌违宪设立行政性垄断的立法进行清理、审查;对于确实违宪的,应予以撤销或宣布违宪无效。与此同时,也可以依据现行的宪法性法律《立法法》的规定,分别由相应的有权机关(主要如全国人大常委会或国务院)清理、撤销现有的行政部门设立行政性垄断的各种规范性文件。

总之,通过竞争执法和竞争倡导措施等的综合开展,能够促进我国文化的培育和发展,为竞争政策最终成为我国事实上的基础性经济政策赢得社会共识和政治支持。同时,对于行政性垄断的规制,也只有在竞争政策的指导下,从事前和事后两方面予以全面规范,才能够取得实际效果。

CHAPTER 04 >>

第四章

竞争政策的外部关系:政策的导向性分析

第一节 竞争政策与其他政策的关系:主流观点及理论评述

一、"竞争政策优先"的观点评述

一般认为,竞争政策是经济政策的其中之一,除了竞争政策之外,其他经济政策还包括产业政策、贸易政策、投资政策、货币政策、财政政策等。学界对于竞争政策与这些经济政策(特别是产业政策)之间关系的讨论已经很多,[①]本书不再详细展开。这些讨论

① 参见徐士英:《竞争政策研究——国际比较与中国选择》,法律出版社2013年版,第19~64页;刘桂清:《反垄断法中的产业政策与竞争政策》,北京大学出版社2010年版;于良春、张伟:《产业政策与竞争政策的关系与协调问题研究》,载《中国物价》2013年第9期;王长秋:《竞争政策与产业政策的冲突与协调》,载《南都学坛》2006年第3期;石俊华:《日本产业政策与竞争政策的关系及其对中国的启示》,载《日本研究》2008年第3期;冯晓琦、万军:《中国转轨时期的产业政策与竞争政策》,载《经济问题》2005年第7期;彭兴华:《WTO框架下贸易政策与竞争政策的关系》,载《国际经贸探索》2003年第6期;[日]松下满雄、朱忠良:《世界贸易组织的基本规则与竞争政策的作用》,载《环球法律评论》2003年第1期;尹竹:《WTO框架下竞争政策与多边贸易体制的协调问题述评》,载《中国法学》2004年第3期等。

基本上认同:所有的经济政策在克服市场失灵这一终极目标上具有一致性,但是在短期目标,具体实现的方式、手段和步骤等方面存在差别,导致互相之间存在一定的冲突。其中,竞争政策与所有其他经济政策之间的隔阂最为明显。实际上,其他经济政策之间在实施上具有更多的相互配合性,但是竞争政策的严格实施在很大程度上能“阻碍”其他经济政策的施行,如竞争政策明确反对损害自由或公平竞争的产业政策(如各种补贴政策)、贸易或投资保护主义、金融壁垒以及滥用知识产权的行为等。

对此,竞争法学界的基本观点是:竞争政策在经济政策体系中具有“基础性”和“优先性”的地位。[①] 这里所指的“竞争政策优先”,主要是在经济政策体系之中体现的,而非在所有公共政策(如社会政策)之中体现。竞争政策作为基础性的经济政策,其理念应当主导并贯穿于经济政策的制定和实施;但是竞争政策相对于社会政策而言,在很多时候并非应当得到优先适用,因为在公共政策体系中,维护国家安全、保护环境、促进社会保障等公共利益的目标可能比促进竞争的目的更加值得追求。[②] 当然,这些目标的实现也必须建立在不会显著妨碍竞争的基础上,即仍然应当考虑竞争政策,只不过竞争政策在此过程中并不起到主导作用。但是,在经济政策的制定和实施过程中,应当防止政府的“过度干预”。只有确立竞争政策的基础性和优先性地位,才能确保市场机制这一市场经济的核心发挥作用,继而带来资源配置效率以及可

---

① 参见王晓晔:《竞争政策优先——欧共体产业政策与竞争政策》,载《国际贸易》2001年第1期;史先诚:《兼并政策与产业政策——论竞争政策的优先适用》,载《南京政治学院学报》2004年第2期;刘桂清:《论竞争政策相对于产业政策的一般优先地位》,载《经济问题探索》2010年第6期;向立力:《法律政策制定应遵循竞争政策优先原则》,载《上海人大月刊》2017年第2期;王贵:《竞争政策优先:新形势下的多维考察与证成》,载《天府新论》2017年第1期。

② 比如,《反垄断法》第20条明确列举了“为实现节约能源、保护环境、救灾救助等社会公共利益”的垄断协议在符合条件时可取得豁免。

持续的经济活力和经济发展。[①] 竞争法学界的黄勇教授、徐士英教授和戚聿东教授等在接受采访时均指出,“竞争政策比产业政策对经济增长贡献更大、更为持久”“越是经济困难,越是需要强调竞争政策”。[②]

在学界的呼吁下,近年来,竞争主管部门也开始不断强调竞争政策的重要性。

在学界和实务界的共同推动下,2015 年开始,国家层面的政策文件对于竞争政策的强调突然开始增多。2015 年 3 月,中共中央和国务院在《关于深化体制机制改革加快实施创新驱动发展战略的若干意见》(中发〔2015〕8 号)中明确提出“强化竞争政策和产业政策对创新的引导”,这是首次将竞争政策与产业政策并列,且将竞争政策置于产业政策之前。同年 10 月,中共中央、国务院又印发《关于推进价格机制改革的若干意见》,首次提出“逐步确立竞争政策的基础性地位”。至此,竞争政策的基础性地位得到高层的明确承认。2016 年 6 月,国务院印发并实施《关于在市场体系建设中建立公平竞争审查制度的意见》(国发〔2016〕34 号),更是被官方视为“我国在确立竞争政策基础性地位中迈出的关键一步”。[③]

虽然竞争政策的基础性地位已经得到确认,但是离“实现”尚有一段距离。“逐步确立”的表述,更表明竞争政策在一段时间内仍无法“优先”。可喜的是,竞争主管部门已然对如何逐步实现竞争政策的基础性地位有所思考。比如,时任国家发展改革委副主任胡祖才公开表示,要从三方面来推动竞争政策基础性地位的确立:一是推进反垄断执法的

---

① 参见徐士英:《竞争政策与反垄断法实施》,载《华东政法大学学报》2011 年第 2 期。

② 参见朱剑红:《越是下行压力加大,越要强调竞争政策》,载《人民日报》2015 年 12 月 30 日,第 10 版。

③ 参见王俊岭:《中国“竞争政策”确立基础性地位》,载《人民日报(海外版)》2016 年 7 月 8 日,第 2 版。

常态化;二是组织实施好公平竞争审查制度;三是培育全社会竞争文化。① 随着理论和实践的不断发展,助推竞争政策实现基础性地位的手段还可能增加。可以预期,竞争政策作为敦促其他经济政策改善竞争环境的经济政策,最终能够在我国经济发展中发挥基础性和优先性作用。

尽管竞争政策的基础性地位已经得到官方确认,但是在竞争政策与其他经济政策的关系问题上,承认"竞争政策优先"的观点目前仍主要集中在竞争法学界以及以产业组织理论为主的经济学界。经济学界少数学者的观点较为激进,认为中国的产业政策总体失败,应废除任何形式的产业政策。② 竞争法学界则主要倡导在确立竞争政策基础性地位的基础上进行政策协调,而非废除其他经济政策。尽管如此,对于"竞争政策优先"的倡导,仍然在理论上存在诸多诘难。

实际上,从促进竞争的角度看,"放松管制"本身也是竞争政策的一部分。当前,"放松管制"已成大势所趋。中国开展的自贸区的探索,如服务业(特别是金融业)的主动开放,建立在准入前国民待遇和负面清单基础上的投资体制改革,从侧重事前监管向侧重事中、事后监管的政府职能转变等,都体现了放宽市场准入和放松管制的趋势。在此背景下,各种规制的功能必然逐步向竞争政策的功能靠拢(促进竞争而非取代竞争)。因此,国外学界早就提出了"将《反垄断法》和规制法分开设置的传统政策是否应当继续"的问题。③

---

① 参见宋璟:《三方面工作推动竞争政策基础性地位确立》,载中国发展网,http://www.chinadevelopment.com.cn/2016/07/1059456.shtml。

② 参见张维迎:《从中国历史看 几乎没有一个产业政策成功》,载凤凰网,http://finance.ifeng.com/a/20140708/12676484_0.shtml;张维迎:《应废除任何形式的产业政策》,载网易新闻财经频道,http://money.163.com/15/0314/21/AKMQKF9P0025556D.html。

③ See Philip J. Weiser, *The Relationship of Antitrust and Regulation in a Deregulatory Era*, Antitrust Bulletin Vol. 50 (2005).

这里所指的规制法,在国外主要是指针对特定行业并建有专门且独立的规制机关的法律或政策。国外所指的规制法基本上可以等同于我国的行业法。但是,我国的情况有所不同。我国确有诸多行业法,但是并未大规模建立独立的规制机关,而是基本上隶属于相应的行业主管部门。

国外学者提出来的规制法(行业法)与反垄断法是否应该“合二为一”的问题,总体来看,实际上有两个结果:一是行业法被反垄断法所吸收,成为反垄断法的一部分;二是反垄断法被行业法所吸收,成为行业法的一部分。具体来看,则涉及两者在什么情况下优先于对方的适用。由于我国的行业法通常体现了产业政策、贸易政策、投资政策等其他经济政策的内容,因此,以行业法与竞争政策(特别是反垄断法)的关系为例,能够以点带面地管窥竞争政策与其他经济政策的关系。

可以预见,在很长一段时间内,反垄断法仍然会“让位”于行业法。这不仅具有现实的可能性,更具有理论上的支撑。这种理论支撑主要体现在三个方面:一是熊彼特的创造性毁灭理论对于传统竞争政策的批判;二是竞争政策实施过程中可能出现“假阳性错误”(False Positives)和“假阴性错误”(False Negatives)的风险,且前者的风险更大;①三是行业规制机关相比于竞争政策机关(包括司法机关)更具备专业和制度优势。不对这些理论上的问题予以澄清,很难在理论界以及全社会获得“竞争政策优先”的支持。

---

① 在反垄断法的意义上,假阳性错误是指规制机关误以为特定行为构成垄断从而违法,但是实际上该行为并未对社会造成危害。相反,假阴性错误是指行为本来有害,但是规制机关误以为无害,而错误地放过了。

二、“竞争政策优先”的理论挑战

(一)“创造性毁灭”理论对于传统竞争政策的批判

美国经济学家约瑟夫·熊彼特设想了一种被他称为“具有创造力的破坏”的竞争模式。熊彼特认为,教科书中通常提到的竞争模式往往仅关注价格战,忽略了更为重要的产品技术上的动态变化。根据熊彼特的观点,在市场中占有优势地位的企业只可能具有暂时的市场支配力,新的竞争者的进入以及新技术的变革,会使在市场中占有优势地位的企业最终被新的继任者所替代。[①] 简单地说,熊彼特描述了一个企业为之竞争的市场,而不是企业在该市场内开展竞争。

熊彼特观点的价值在于两个方面:第一,熊彼特强调了与价格竞争(静态的竞争)相比,技术变革是促进经济增长更大的驱动力;第二,熊彼特指出了企业通过发展其自身网络和“撒手锏”来挑战现有的支配企业是可行之道。比如,世嘉公司(Sega)起初试图通过一场反垄断诉讼挑战任天堂公司(Nintendo)在视频游戏市场的主导地位,但之后却通过自主研发更高端的产品和凭借自身客户的扎实基础成功颠覆了任天堂公司的市场主导地位,实现了上述目的。[②] 在熊彼特看来,反垄断法是最没有必要的调控手段,并且会产生反作用,使预期目的无法实现。在这种理念的指导下,“竞争政策优先”很难获得认同。

---

① See Richard Schmalensee, *Antitrust Issues in Schumpeterian Industries*, 90 AM. Econ. Rev. 192, 194 (2000).

② See Philip J. Weiser, *The Internet, Innovation and Intellectual Property Policy*, 103 Colum. L. Rev. 601 - 02 (2003).

（二）假阳性错误比假阴性错误风险更大

“芝加哥学派”认为，在反垄断法实施的效果不明朗的情况下，过于草率地实施反垄断法可能会损害消费者福利。特别是，“芝加哥学派”提出了假阳性错误和假阴性错误的概念，认为应该在这两种错误之间寻找平衡。在“芝加哥学派”看来，假阳性错误比假阴性错误更可怕。正如伊斯特布鲁克法官所说：“司法机关对于垄断行为的错误容忍可能在事后能够得到自行纠正，但是对于合法行为的错误谴责，则无法自行恢复。”[①]波斯纳法官也认为，“在垄断案件中，如果法院意识到反垄断实施可能会抑制效率，那么就应当尤为谨慎”。[②] 因此，宁要假阴性错误，不要假阳性错误。

在“芝加哥学派”的影响下，美国的司法机关对于垄断行为的介入都相对谨慎。特别是在所谓的“新经济时代”，更是倾向于“针对排他性行为采取零执行政策”。[③] 为了进一步深入了解波斯纳法官提倡的谨慎态度，我们可以再看一下上文提及的世嘉公司案。该案清楚地表明：尽管存在所谓的障碍，但世嘉公司最终还是进入了视频游戏市场；如果法院在一开始就采取反垄断措施保护世嘉公司（假阳性错误），那么消费者将因此无法享受到世嘉公司为了替代任天堂公司而创造的另一个新型网络。该案很好地证明了外来的进入者能够为市场提供熊彼特式的竞争模式。同时，该案也强调了在“网络产业”中，将商业行为归类于限制竞争行为时应当谨慎。因此，按照“芝加哥学派”的观点，积极的竞争政策很可能导致“错误”，从而造成不可弥补的损害。

---

① Frank Easterbrook, *The Limits of Antitrust*, 63 Tex. L. Rev. 1, 3 (1984).

② See Richard A. Posner, *Antitrust in the New Economy*, 68 Antitrust L. J. 932 (2001).

③ See Richard A. Posner, *Antitrust in the New Economy*, 68 Antitrust L. J. 943 (2001).

（三）行业规制机关的规制优势

在动态发展的行业领域，与竞争政策机关（包括司法机关）相比，行业规制机关在制定并实施相关行业的竞争政策时更具有专门的技能优势和机构设置方面的优势。相比于司法机关，这种优势更为明显。以美国为例，“美国的反垄断政策主要是由法院依据规则和先例负责实施。然而，法院发现，在经办具体案件时，根据已有判例确认判案方向或改变已有判例的结论都是十分困难的。对于相关行业的调查需要以相关数据记录为依托，而且涉及政治制度的变迁与发展，然而法院掌握的相关信息是十分有限的”①。

在特定领域，行业主管部门确实比竞争主管部门更具有规制优势。比如，在我国，行业主管部门多享有业内特定资格的审批权，将竞争执法权授予行业主管部门，可以使查处限制竞争行为与剥夺特定资格的法律责任相联系，这种处罚比竞争法上的罚款更具威慑，因而对竞争秩序更具保护力度。此外，在主管部门的强力推动下，业内开展行业自律时，也可以兼顾竞争法。例如，证监会在发出行政许可的文件中，一般都要求申请企业做出“不进行不正当竞争”的承诺。相关行业协会也在这方面作出了自律性规定。

对于行业执法的强调还与产业政策相关。对于一些处于起步阶段的行业，对限制竞争行为给予宽松的执法环境，在短期内能够帮助企业快速发展，虽然笔者对此持否定态度，但这确属客观事实。例如，在产业发展初期，虚假宣传、商业贿赂等行为有助于企业在短期内获得交易机会，快速扩大经营规模。而且短期内，这种行为不会给整个行业带来

---

① Stephen Breyer, *Regulation and Deregulation in the United States: Airlines, Telecommunications and Antitrust*, in Giandomenico Majone ed., Deregulation or Re－regulaton? p. 44－45(1990).

系统风险。基于以上考虑，法律、行政法规在配置执法权时，如果考虑产业发展状况更多一点，则确实有可能倾向于将执法权从竞争主管部门剥离出来，以达到在一定程度上扶持、保护产业的目的。

最后，行业内的反竞争行为，确实涉及法律关系竞合的问题，即不少反竞争行为同时也是扰乱行业规制秩序的行为，从而触犯行业法。根据竞合理论，应当优先保护违法行为最直接侵害的法律秩序，使之得以恢复。因此，不少法律、行政法规倾向于将特定的反竞争行为从竞争法的适用中独立出来。这种情况在金融行业比较常见。例如，证券发行环节的虚假宣传行为、证券经纪和交易环节的误导行为，直接损害了证券发行秩序，严重的甚至会引发行业内的系统风险。因此，尽管虚假宣传是反不正当竞争法所要规制的一种典型的不正当竞争行为，但是《证券法》依然通过对其设定了专门的规制和处罚方式，将这类行为从反不正当竞争法的适用中独立处理。实践中，证监会处理这类案件十分普遍。[①]

三、“竞争政策优先”的理论回应

（一）对于“创造性毁灭”理论的回应

熊彼特的“创造性毁灭”理论尽管是开创性的，但是在实务中并未得到普遍采纳。比如，美国微软案很好地证明了美国法院并不接受熊彼特的观点。[②]

在经济学理论上，也已经发展出了“新式熊彼特理论”，解释了“那些拥有垄断力量并且具备培育新技术能力的企业，为何拒绝开展技术

---

① 参见中国证监会行政处罚决定书，〔2014〕24号；中国证监会行政处罚决定书，〔2014〕15号。

② See United States v. Microsoft, 253 F. 3d 34, 50 (D. C. Cir. 2001).

创新,并且阻碍其他企业开展技术创新”。[①] 在市场中已经占据支配地位的企业难以接受“破坏性”的新技术,因为它们已经瓜分了现有的商业资源。反垄断法和促进竞争的行业规制的重要性在于,能够推动新的市场进入者在新技术的武装下挑战现有企业的市场地位。[②] 或者如波斯纳法官所说,如果不通过反垄断或者规制的手段对相关市场进行监督,那么“垄断的存在可能会阻碍其他企业开展技术革新”。[③]

因此,无论是对反垄断法还是行业法来说,实际上都面临同样的挑战,即如何制定合适的标准,对市场主体的行为是否妨碍市场进入或阻碍技术进步予以有效认定。在这个意义上,如果都能秉持竞争政策之促进市场竞争的理念,那么不论这种理念通过何种方式来实现(无论是行业法还是竞争法),都是值得肯定的。

(二)对于假阳性错误风险更大的回应

首先,假阴性错误同样是问题多多。如前所述,新式熊彼特理论认为,由于垄断企业放慢创新速度,将使“消费者无法获得一个动态竞争的市场本应给予的因技术进步而产生的好处”[④]。在这种情况下,如果现有的垄断企业通过与消费者签订排他性协议的方式来打压潜在的市场进入者,或者以给予潜在竞争者一定的“好处”为代价防止其进入市场与其开展竞争,那么新的竞争者将没有动力开展技术创新。[⑤] 如果为

---

① See Jonathan B. Baker, *Fringe Firms and Incentives to Innovate*, 63 Antitrust L. J. 621, 634 (1995).

② See Willard K. Tom & Gregory F. Wells, *Raising Rivals' Costs: The Problem of Remedies*, 12 Geo. Mason L. Rev. 389, 407 (2003).

③ See Richard A. Posner, *Antitrust in the New Economy*, 68 Antitrust L. J. 933 – 935 (2001).

④ Carl Shapiro, *Exclusivity in Network Industries*, 7 Geo. Mason L. Rev. 673, 674 (1999).

⑤ See Carl Shapiro, *Exclusivity in Network Industries*, 7 Geo. Mason L. Rev. 673, 674 (1999), at 680.

了避免假阳性错误而放纵垄断行为，由此造成的损害可能更大。因此，不能一味信奉“芝加哥学派”的格言，而是应当在根据掌握的信息，进一步发展反垄断法理论，应对反垄断决策可能面临的挑战。①

其次，行业规制也同样会出现假阳性错误和假阴性错误。而且，与反垄断法规制不同，实践证明，行业规制更可能出现假阴性错误。这主要表现在三个方面：

一是执法重心有选择倾斜。行业主管部门的主业是行业规制，同业之间的竞争关系与竞争秩序不是其规制的中心所在，因此，行业主管部门对反竞争行为投入的规制精力往往十分有限。从我国的证券业、银行业、保险业等部门对不正当竞争行为的执法案例来看，一般是当这些行为同时违反了行业规制法律时，主管部门才会对其进行查处。目前，笔者还没有发现规制部门单纯依据反不正当竞争法对不正当竞争行为进行查处的案例。

二是执法动力不足。对一些发展初期的行业而言，企业经营理念上的幼稚和盈利模式的不成熟，使得不少企业还没有找到与消费者共赢的发展模式。因此，很多企业往往是在侵害消费者权益的过程中，完成资本的原始积累。行业主管部门同时负有产业发展的职责，当过于严厉的竞争执法可能对产业内企业的活力，尤其是盈利能力产生影响时，规制机构实施竞争执法的动力就会受到较大影响。然而，从长远看，不能与消费者形成共赢的企业发展模式注定是没有未来的，行业主管部门需要认清这一点才能够从内部克服执法动力不足。

三是主管部门与大企业关系“密切”。在我国，管制行业内通常以大型国有企业为主，由于同属“体制内”，因此规制部门与被规制企业之

① See David McGowan, *Between Logic and Experience*: *Error Costs and United States v. Microsoft Corp.*, 20 Berkeley Tech. L. J. 1185 (2005).

间并非单纯的监督与被监督者的关系。在我国“党管干部”的体制下，一定规模和级别的大型国有企业的主要领导多官至部级，他们与规制部门的主要领导常常互换位置。除了主要领导之外，规制部门中层干部向业内大型企业流动的例子就更多。特殊的人员流动使得这些行业内，主管部门与大型企业之间关系密切，这对执法会否带来影响，笔者提出谨慎的怀疑。

（三）对于行业规制机关存在规制优势的回应

美国的反垄断法是司法实施为主的，因此，美国对于该问题的讨论主要聚焦于行业规制机关相比于司法机关是否更具有规制优势。毫无疑问，在收集和处理信息的能力上，法院相比于行业规制机关必然有所欠缺。“对行业内的市场行为予以竞争规制，需要法院承担起每时每刻的规制义务，而这种义务的履行显然更符合规制机关的执法特点。”①新西兰曾经作出过主要由司法机关来确保在位优势企业与新进入者之间实现互联互通的努力，但最终还是放弃了。②

但是，中国的情况有所不同。行业规制机关与竞争执法机关均属行政系列，两者在信息搜集和专业性上的差距并不大。比如，行业规制机关和竞争执法机关均可以与其他机构（如标准制定机构、行业自治组织）开展合作执法，从而实现规制效果的优化。

显然，相比于行业规制机关，竞争执法部门的执法目标更为清晰、执法地位更加独立、执法效果更为专业。对于竞争执法部门而言，维护市场竞争秩序是其执法的首要价值追求。因此，由竞争执法部门负责对于反

---

① Philip Areeda, *Essential Facilties: An Epithet in Need of Limiting Principles*, 58 Antitrust L. J. 841, 853 (1989).

② See Mary Newcomer Williams, *Comparative Analysis of Telecommunications Regulation: Pitfalls and Opportunities*, 56 Fed. Comm. L. J. 269, 277 (2003).

竞争行为的执法,更加有利于竞争政策的统一实施,不受其他因素的干扰。而且,与行业主管部门相比,竞争执法部门不承担产业发展职责,也不承担国有企业主管职责,因而在对特定行业、特定企业进行竞争执法时均处于相对独立、不受干扰的地位,这有利于确保竞争法的执法标准及执法力度的一贯性。针对竞争执法部门"不具备特定行业内业务知识的储备,因此难以胜任执法任务"的观点,笔者认为,反竞争行为的基本特征并不因为其发生于特定行业而改变,无论其采取何种形式的包装技巧,其侵害竞争秩序的本质是不变的。竞争执法部门在认定不正当竞争行为和限制竞争行为方面的经验,足以支撑相关执法。

最后,行业规制机关在实践中也并非具备理想的规制能力。在美国,包括美国联邦通讯委员会(Federal Communications Commission, FCC)在内的规制机关均受到各种问题的困扰,如决策程序延误、受政治影响严重以及对执法的法定程序不够熟悉等,而其中的一些问题恰恰是法院驾轻就熟的。[①] 比如,美国法官在调查了 FCC 对于美国电信行业的规制情况后,得出了如下结论:"FCC 没有也永远不会有运用法律来有效制约 AT&T 的能力。"[②]因此,尽管理论上,一个理想的行业规制程序确实会使反垄断规制成为多余,但是,竞争执法机关或法院不得因此推定这样的理想程序已经实际存在,从而不再对规制程序的实际运作状况进行调查。对于司法机关信息不足的问题,在一定程度上可以通过第三方介入的方式予以弥补。比如,可以由中立的专家协助法官和陪审员对反垄断案件中复杂的诉讼请求进行评估。[③]

---

① See Jonathan E. Nuechterlein & Philip J. Weiser, *Digital Crossroads: American Telecommunications Policy in the Internet Age* ch. 13 (2005).

② United States v. AT&T, 552 F. Sup. 131, 168 (D. D. C. 1982).

③ See Stephen Breyer, Economic Reasonning and Judicial Review 11 - 13 (2003) (Dec. 9, 2018), http://www. aei. brookings. org/admin/authorpdfs/page. php? id = 840.

（四）中国实践证明“竞争政策优先”的正确性

长期以来，我国主要通过以产业政策为代表的经济政策促进经济发展，而忽视了竞争政策促进经济“可持续发展”的作用。我国的产业政策源于20世纪50年代，比竞争政策概念的出现几乎要早半个世纪。这容易形成制度惯性和观念优势，即在制度上，已经习惯通过以直接干预措施为主的产业政策快速实现既定目标，实现赶超式、跨越式的经济发展；在观念上，则认为通过以间接干预为主的竞争政策实现经济发展见效太慢。

但是，习惯政策短期效应的制度惯性和观念惯性如同吸毒，虽然暂时获得了满足，但是可能在长期毁坏经济良性发展的基础。实践证明，大量受到产业政策保护的行业并未得到发展，反而导致了财富分配不公和寻租行为。[①] 正如当前抑制部分行业过度投资和产能过剩的产业政策，目的是化解产能过剩，殊不知，产能过剩本身就是产业政策的结果。为了应对2008年的全球经济危机，我国在2009年推出了十大产业振兴规划，[②]并投入了4万亿元刺激经济发展。这在短期内确实化解了经济危机的冲击，但是也埋下了过度投资和产能过剩的隐患。于是，时至今日，国家又推出了“去产能”的诸多政策。其中，要求“各地区在财政、税收、金融服务、债权债务、职工安置、土地、矿产资源配置等方面促进企业兼并重组”又是主要措施之一。[③] 这显然又是通过产业政策而非

---

① 参见张亮、刘义成：《当前形势下我国产业政策与竞争政策应如何协调运用》，载《中国经济时报》2015年9月4日，第5版。

② 十大产业包括汽车、钢铁、船舶、石化、纺织、轻工、有色金属、装备制造、电子信息、房地产。这十大产业的振兴规划不仅设计产业政策，还涉及环保政策、金融政策、地区经济振兴政策、教育与劳动市场政策、外贸政策、外交政策以及竞争政策（如鼓励“兼并重组”或“联合重组”）。参见刘旭：《（2009年）十大产业调整振兴规划出台与〈反垄断法〉实施》，载新浪微博，http://blog.sina.com.cn/s/blog_6afc758f01015p9a.html，2016年8月20日访问。

③ 参见李雁争：《12部委推进兼并重组 汽车钢铁等产业集中度将提高》，载央视网，http://jingji.cntv.cn/2013/01/23/ARTI1358899675860607.shtml。

竞争政策的手段“去产能”，很可能陷入新一轮的产能过剩循环。

在市场经济条件下，如果不存在国家的干预，供需自然会达到平衡——需求降低时，供给自然会减少；反之亦然。但是在政府实施不当干预后，情况可能会发生变化：政府主导的投资可能会比市场更加盲目，可能会无视需求扩大生产，从而造成产能过剩。因此，依靠以产业政策为主导的方式“去产能”，只会导致新一轮的产能过剩，无法走出循环怪圈。相比之下，只有尊重市场规律，依靠竞争政策的间接调控，才能够促进经济的“可持续发展”。

第二节　竞争政策与其他政策的关系：政治博弈理论的解读

一、“政治博弈”理论

（一）“政治博弈”理论的内涵

任何政策的制定和实施背后都有政治力量在起作用。[①] 如同市场竞争会最终实现优胜劣汰，政策之间竞争的结果，最终也会使最有效的政策机制胜出，无效的政策机制被淘汰。这是政治博弈理论的基本出发点。根据政治博弈理论，竞争政策也是政治博弈的结果，是不同政策相互竞争之后最终被选择和保留的有效的经济政策。

为了分析方便，政治博弈理论通常假定博弈在不同的主体（利益团体）之间展开。在经济政策层面，通常假定两大利益团体：“生产者团体”和“消费者团体”。显然，生产者团体主张对自己有利的零规制政策

---

① See OECD, *Regulatory Reform: Experience from OECD Countries*(Dec. 9, 2018), http://www1. oecd. org/regreform/regulatory - policy/39219442. pdf.

或相对宽松的规制政策；消费者团体则主张对自己有利的严格规制政策。笔者也曾基于此分析模式，对美国竞争政策发展和演变作出过理论分析。[①] 但是，上述分析忽略了政府作为一方主体对于政策博弈的实际影响力。公共选择理论早已指出，政府也是"理性经济人"。出于政治压力或政治利益，政府本身也会参与政治博弈。因此，更准确地说，政治博弈的过程应该是在"生产者—消费者—政府"三方之间展开。

基于此，本书对传统的政治博弈理论予以改进，引入"国家及其代理人"这一博弈主体。国家是一个"半虚拟"的存在，它需要借助于政府机构来实现国家意志。因此，这里所谓国家的代理人，主要是指各个政府部门，包括行业规制部门和竞争主管部门。

竞争政策对于生产者（特别是垄断企业）、消费者、国家及国家代理人的影响是不同的。[②] 对于国家和消费者而言，实施竞争政策的收益为正；对于垄断企业而言，实施竞争政策的收益为负，对于国家的代理人即各个政府部门而言，实施竞争政策的收益具有不确定性，比如，对于行业规制机构而言可能为负，而对于竞争主管部门而言可能为正。这就在是否选择竞争政策的问题上产生了诸多变数。

首先，三大团体——生产者团体、消费者团体、国家及其代理人团体——在政治层面的博弈力量，决定了不同经济政策之间的配比以及竞争政策的具体样态。对于生产者团体和消费者团体而言，如果任何一方的力量压倒性地超越其他两方，那么国家的经济政策就会系统性地向其倾斜；如果双方的力量相对均衡，那么国家的意志或国家代理人的倾向性，就成为决定性的力量，成为塑造经济政策的关键。

---

① 参见应品广：《美国反垄断法的演变轨迹——政治博弈的视角》，载《太平洋学报》2013年第2期。

② 有学者在垄断行业的放松规制改革方面对此做了博弈分析，参见范合君：《中国垄断产业放松规制改革的博弈均衡及推进机制研究》，载《首都经济贸易大学学报》2012年第5期。

其次,值得注意的是,国家和消费者虽然支持竞争政策,但是却面临奥尔森所说的"集体行动的难题"。[①] 国家作为"半虚拟"的存在,通过委托代理关系由代理人落实各项政策。在代理人反对的情况下,改革的成本就会增大,最终可能会倾向于不改革。消费者则人数众多,且普遍存在"搭便车"心理,难以形成联盟。因此,在经济政策的塑造上,国家和消费者的实际影响力其实相对较弱。相比之下,生产者团体(特别是大企业和行业组织)和国家代理人(特别是各个享有规制权的政府部门)的影响力很强。换言之,国家与消费者所构成的"利益团体",无法与规制机构和垄断企业形成的联盟对抗。因此,竞争政策很难自动达成并予以实施。

最后,政治博弈的过程并非发生在理论"真空",而是存在于受到现实制度环境影响的特定时空之中。不同的制度环境对于政治博弈的友好程度是不一样的。在特殊的情况下,可能根本无法展开政治博弈。比如,在计划经济时代,根本不可能存在生产者团体和消费者团体,一切以国家意志为转移,因此根本不存在政治博弈的空间。与之相反,一个良好的法治环境,特别是崇尚自由、公平、程序正义的法治环境,显然更有助于形成公平的政治博弈过程,从而塑造出最有利于社会利益的公共政策。

综上所述,基于政治博弈理论,竞争政策的产生和发展是不同的利益团体政治博弈的结果。在生产者团体、消费者团体、国家及其代理人团体(政府)三方博弈的情况下,如果任一方具有压倒性优势,则竞争政策难以出台,或即便出台,也会向其中一方相对倾斜。但是由于博弈自始至终都存在,因此竞争政策的具体形态也会不断发生微调,在不同的

① 参见[美]曼瑟尔·奥尔森:《集体行动的逻辑》,陈郁等译,上海三联书店、上海人民出版社 1995 年版,第 7 页。

时期会相对向特定团体倾斜。无论如何,在竞争政策成为常态之后,任何一方都将不再寻求“极端”的对自己有利的规制政策。这是政治博弈进入良性循环的标志之一。

(二)“政治博弈”理论的模型解读

政策之间的政治博弈过程可以还原为“讨价还价”的基本模型(如图4-1所示)。这一模型将三大利益团体之间的博弈结果界定为三种状态:(1)亲生产者的政府规制;(2)亲消费者的政府规制;(3)兼顾两者利益的竞争政策。其中,政府的态度和干预直接影响上述三个结果的选择。

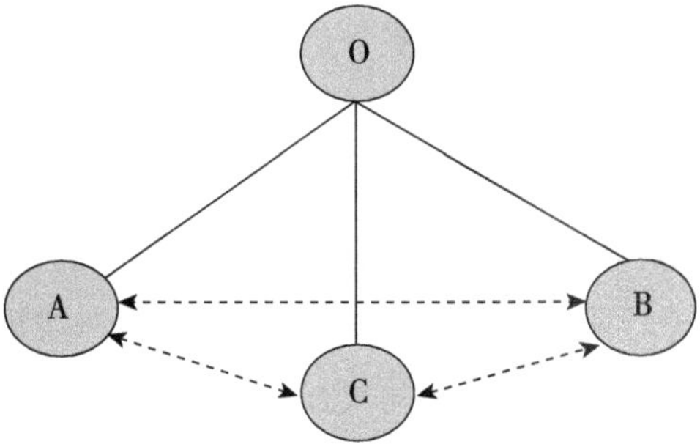

A 亲生产者的政府规制
B 亲消费者的政府规制
C 兼顾两者利益的竞争政策
O 政府的态度和干预

图4-1　竞争政策政治博弈的分析模型

亲生产者的政府规制的典型表现是容许垄断的制度安排,包括设定较高的市场准入门槛、赋予特定企业垄断权、容忍垄断协议、滥用市场支配地位和限制竞争的经营者集中等垄断行为存在等。亲消费者的政府规制的典型表现是严格管制企业行为,特别是开展价格管制,包括完全由政府定价、设定政府指导价以及防止价格垄断行为等。兼顾两者利益的竞争政策则是对上述两种政策措施的融合。它代表了一种中间状态:禁止各种垄断性的制度安排,同时允许生产者自由竞争和自由定价。

无论是亲生产者的政府规制还是亲消费者的政府规制,在图 4－1 钟摆式的政策运行轨迹中,都处于不稳定的两端,最终将向中间状态即兼顾两者利益的竞争政策回归。竞争政策的出现,为生产者、消费者和政府三大团体提供了最佳博弈平台。只有在竞争政策的框架内博弈,才不至于使任何一方偏离轨道,对另一方造成毁灭性冲击。也只有在竞争政策层面,三方能够找到共同的利益交叉点:各自在不被对方过度打击的情况下获取团体利益。长期博弈的结果,最终在中间状态达成平衡,即在竞争政策的框架内寻求对自己最有利的制度安排,而非抛弃竞争政策回到原始的只顾单一团体利益的状态。

按照政治博弈的理论,长期来看,如图 4－1 所示的钟摆必然向兼顾两者利益的竞争政策回归。但是,受现实制度环境的制约,这个过程的时间可能很长,导致这种回归在很长时期内都无法实现;或者出现的时间很短,反而出于惯性回到原初状态。由于博弈力量不均等,博弈过程也可能非公正,博弈结果也可能非必然。因此,需要结合具体情况,来分析在特定历史时期的博弈现实及其制度选择的可能性。

二、政治博弈理论对于中国竞争政策发展的解释

笔者曾利用政治博弈理论解释了美国竞争政策的“钟摆式”演变轨迹,并用之反驳传统的竞争政策不断“经济学化”的主流解释。[①] 得出的基本结论是:如果利益团体的力量对比相对均衡,规制政策将会在亲生

① 参见应品广:《美国反垄断法的演变轨迹——政治博弈的视角》,载《太平洋学报》2013 年第 2 期。

产者的政策(如容忍市场力量的存在及其行使)和亲消费者的政策(如要求将财富从生产者转移至消费者)之间波动,而这种持续性波动的结果是形成一个双方都可以接受的规制政策(如"总福利倾向"的竞争政策)。不管怎样,随着力量对比的变化和博弈机制的逐渐成熟,政治博弈的结果会越来越趋向于以竞争政策为中心。当然,一个国家对于"竞争政策"的认识程度,包括民众、产业界、舆论界以及政治家的认识程度,会影响博弈的内容和结果。

与美国主要靠生产者团体和消费者团体之间的博弈产生竞争政策不同,中国在竞争政策的塑造上,政府驱动的特征明显,即竞争政策的出台及其实施主要不是市场主体博弈的结果,而是基于政府对于博弈过程的主导。

中国政府对于经济的控制长期存在。在政府主导型的经济发展模式之下,生产者团体或消费者团体如果想要获得对己有利的政策,通常需要获得政府的支持。由于生产者团体(特别是垄断企业的联合)更容易形成联盟并影响政府,因此政府出台的各种规制政策更有利于生产者团体。相比之下,消费者团体的利益更多的是在比较特殊的情况下,如在面临比较严峻的通货膨胀或者引起社会轰动的食品或药品安全事件发生的情况下,才可能突然备受重视。而且,对于消费者团体的重视,很多时候也并非基于竞争政策,而是依靠前文所述的"亲消费者的政府规制",如直接的政府管制和价格控制。

因此,中国目前存在的经济政策层面的政治博弈,仍然主要在亲生产者的规制政策和亲消费者的规制政策之间徘徊。典型例证是:行业法和价格法在我国表现得比反垄断法更具影响力。在反竞争行为的规制上,无论是不正当竞争行为还是垄断行为,行业主管机构都在不同程度上与竞争主管机构分享管辖权,而且在行业领域甚至排除竞争主管机构的执法权,这凸显出行业政策相对于竞争政策的优先性。与此同时,当前的许多竞争案件,仍然依据《价格法》而非《反垄断法》来处理。[①] 由于价格法对于操纵价格、价格歧视、低价倾销等行为的执法无须建立在证明经营者具有市场支配地位的基础之上,因此,很可能架空《反垄断法》对相关行为的规制。这些都表明竞争政策在目前尚未成为基础性的经济政策。

但是,中国当前的经济发展情况以及经济结构,决定了依靠产业政策或倾斜性的规制政策不再具有发展的可持续性。根据国际货币基金组织的数据,我国早在2010年就超越日本成为仅次于美国的世界第二大经济体;到2014年,按照购买力平价测算,我国GDP规模已与美国相当,按现价美元折算的人均GDP已达7500美元,位居中等偏上国家水平。这是以产业政策为基础的"集中力量干大事"的赶超战略的成果,但是也意味着以此为经济发展主导性政策的做法将走向终结。

要实现中国经济的可持续发展,不能再依赖当前的经济政策。恰恰当前的产业政策、贸易政策、投资政策等经济政策的"非竞争"特性,导致了产能过剩、对于行业的过度保护、对于出口和投资的过度依赖以及服务业发展缓慢等问题。当前,中国的经济要转向服务驱动和消费驱动的经济,要强调经济发展的质量而非数量。显然,不能再主要依靠产业政策实施结构转变和创新驱动,而必须主要依靠竞争政策。比如,中国自贸区的自主性开放政策,就是属于广义竞争政策的一部分。

在这种情况下,由于政府主导经济政策的博弈过程,只要政治压力和政治利益达成一致,政府主导下的博弈向竞争政策过渡就成为必然。正是在此背景下,"逐步确立竞争政策的基础性地位"正式被中央文件确立下来。同时,公平竞争审查制度的正式建立和实施,将逐步推动竞

① 参见应品广:《法治视角下的竞争政策》,法律出版社2013年版,第133~134页。

争政策的基础性地位得以实现。

因此,中国当前的经济政策博弈过程,正从倾斜性的规制政策,逐步向竞争政策演变。这个过程不可能一蹴而就,但是随着政府这一政治博弈的主导性力量的介入和推动,竞争政策作为基础性经济政策的地位在不久的将来即可实现。

三、政治博弈理论的解读:以补贴政策为例

(一)补贴的负面效应:以我国新能源汽车补贴政策为例

补贴是最常见的政府干预经济的形式之一,也是产业政策、贸易政策和投资政策等经济政策实施的重要手段。如果从政治博弈理论的观点来看,补贴更多的是可以被归类为亲生产者的政策措施。这是因为,补贴通常是为了鼓励特定行业(特别是高科技行业和新兴行业)的发展,或者弥补提供普遍性公共服务的企业(主要是国有企业)由此造成的损失。

有学者对政府补贴与企业出口之间的关系展开了研究,结论为:在政府对辖区内经济活动干预程度较低的地区,补贴收入能够提高企业的出口可能性;而在政府行政干预程度较高的地区,补贴对企业出口的作用方向由正逆转为负。政府干预程度越高,补贴对企业研发创新活动的促进作用越低。①

可见,我国的政府补贴政策并没有发挥应有的作用。而且,由于我国的补贴具有显著的“保护弱者”的特点,在补贴规则的制定上倾向于“参与者有份”。这种“撒胡椒面”式的政府补贴在很大程度上制约了补

① 叶宁华、张伯伟:《政府补贴和企业出口动态:营商环境的重要性》,载《南开学报(哲学社会科学版)》2018 年第 3 期。

贴效果的发挥。①

比如,为了促进“清洁”的新能源汽车的发展,我国对新能源汽车生产企业给予了高额补贴。东北财经大学于左教授为此专门撰文,认为应当针对新能源汽车补贴政策开展公平竞争审查。② 于左教授经测算指出,中国对新能源汽车的补贴强度是美国的9倍,补贴额度过高。③这极大地吸引了企业“骗取”财政补贴的积极性。2016年年初,媒体对此开展了集中报道。④ 对此,在国务院的统一部署下,财政部会同有关部门开展了专项督查。专项督查发现,除了骗补,新能源汽车推广还存在其他一系列问题。当前的新能源汽车补贴政策,在很多地方显然违背竞争政策的基本原则。

第一,新能源汽车补贴政策存在明显的“地方保护主义”色彩。2014年7月,国务院办公厅出台了《关于加快新能源汽车推广应用的指导意见》(以下简称《指导意见》),明确不得在新能源汽车推广中出现导致地区封锁的行为。但是,由于在新能源补贴领域实行中央和地方共同补贴的模式,地方政府为了使自身的补贴更多地对促进本地经济发展有利,采取了多种方式对本地新能源汽车予以优待,直接或变相排斥外地企业进入本地市场。比较常见的做法包括:通过规定产品目录的方式排斥外地车企、通过设置相关技术壁垒排斥外地车企、以在当地

① 参见邵敏、包群:《政府补贴与企业生产率——基于我国工业企业的经验分析》,载《中国工业经济》2012年第7期。

② 参见于左、李相:《对新能源汽车补贴政策应进行公平竞争审查》,载凤凰网,http://news.ifeng.com/a/20160824/49828845_0.shtml。

③ 参见万学忠:《新能源汽车补贴政策谋变 专家提示勿忘公平竞争审查》,载新华网,http://www.xinhuanet.com//politics/2016-08/24/c_129251468.htm。

④ 参见杨海艳:《300亿补贴肥了新能源车企》,载一财网,http://m.yicai.com/news/4740536.html;贾敏:《新能源汽车,别重蹈光伏业覆辙》,载《解放日报》2016年1月21日,第5版;刘卫琰:《工信部启动新能源车骗补调查 违规企业或将取消生产资质》,载每日经济新闻网,https://business.sohu.com/20160121/n435294421.shtml。

投资或设立本地企业作为获得补贴的条件、要求配套地方核心零部件、要求补贴对等交换、提出超“国标”要求变相拒绝给予补贴等。这些做法违反了《反垄断法》不得滥用行政权力排除、限制竞争的规定。

第二,当前的新能源汽车补贴政策并未鼓励创新,反而遏制了创新,削弱我国新能源汽车的整体竞争力。既然要给予补贴,就必然要设置补贴的标准。但是,由于新能源汽车正处于发展过程之中,企业本身可能都很难判断新能源汽车的最终发展方向,更别说制定补贴标准的政府了。因此,按当前标准生产的新能源汽车,很可能只是停留在当前阶段,并未看到未来的创新发展方向。对于补贴的竞争,更可能削弱车企对于创新的竞争,导致从市场竞争变为对于补贴的竞争。

第三,当前的新能源汽车补贴政策加剧了产能过剩风险。目前列入节能与新能源汽车示范推广目录里的车型共 3411 款,但产量达到 1000 辆以上的未超过 100 个。其中,227 个乘用车车型中,产量在 1000 辆以上的只有 43 个。① 为了获得补贴,所有的车企(哪怕并不具备新能源汽车的发展条件)都会争相投入新能源汽车的生产,最终的结果就是重复建设和产能过剩。

第四,现行政策导致骗补行为频发。由于补贴直接发给新能源汽车生产企业,且补贴金额高,对车企骗补的激励很大。再加上地方政府必须给予配套补贴,为了发展本地经济,更倾向于将补贴资金留在本地,很可能对于骗补行为“网开一面”。

综上所述,当前的新能源补贴政策显然对生产者有利,但是其诱发了欺骗、扼杀了创新、扭曲了竞争,并未达到应有的效果。因此,必须对其加以改革。其中,非常重要的一点,就是对其开展公平竞争审查,消

① 参见万学忠:《新能源汽车补贴政策谋变 专家提示勿忘公平竞争审查》,载新华网,http://www.xinhuanet.com//politics/2016-08/24/c_129251468.htm。

除其中可能排除、限制竞争的内容,将对于补贴的竞争还原为对于市场的竞争。

(二)在竞争政策的框架下规范补贴政策

实际上,补贴的痼疾在其他行业同样存在。例如,在钢铁行业也存在各项补贴,如对企业本身的补贴(包括财政补贴、环保补贴、技术改造补贴、科技支持、政府奖励、贴息资金、出口支持、税收优惠等)和上游补贴(对于上游铁矿石、煤炭和电力等投入品和原材料的政府管制导致的价格补贴)。美国威利·赖特(Wiley Reint)律师事务所曾发布了一份题为 *Money For Metal* 的研究报告,认为在过去的5年至15年中,中国钢铁获得的"有据可查"的补贴超过3930亿元人民币,实际补贴金额估计更多。其结论是:这些补贴不但违背中国入世承诺和WTO原则,而且导致中国钢铁产能过剩。① 2013年6月,审计署对中国部分企业违规获取政府补贴情况进行通告,其中很多企业存在骗取产能淘汰补贴的行为。通告中,涉及违规获得中央财政淘汰落后产能奖励资金的企业多达126家,占到总违规企业数量的36.2%。②

在光伏行业也是如此。相关资料显示,近两年国家推行的支持光伏发电的"金太阳示范项目"成为"骗补"的重灾区。③ 光伏行业的地方保护也屡见不鲜。例如,江西省能源局发布的《关于加强光伏发电项目管理的通知》明确提出:对已取得年度预分配计划但未按规定使用省产

---

① 参见刘海民:《简评美国 Wiley Rein 律师所"中国补贴钢铁"报告——兼论我国钢铁产业的成本竞争力问题》,载《冶金管理》2008年第1期。

② 参见郝帅:《审计署:重庆钢铁有限责任公司骗取财政资金765万元》,载人民网,http://finance.people.com.cn/n/2013/0621/c1004-21930071.html。

③ 参见张雯:《骗取节能补贴的带头大哥们:格力涉及金额最高》,载新浪网,http://finance.sina.com.cn/chanjing/cyxw/20130627/151915939569.shtml。

产品的项目，不得享受省级度电补贴，但可以享受国家度电补贴。[①]

可见，只要存在补贴，在不受约束的情况下，就必然出现对于补贴的竞争，而且这种竞争常常具有欺骗性。当竞争的重点聚焦在获得政府补贴而不是获得消费者的青睐时，市场竞争应有的功能就被扭曲了。

对于新兴产业的发展而言，补贴可能是不可避免的，但是如果没有竞争政策的介入，补贴政策很可能陷入失败。在我国当前的经济政策体系中，竞争政策的地位不显、功能不彰，在不同经济政策的博弈之中，亲生产者的补贴政策往往占据优先地位。由于受补贴政策间接影响的消费者团体难以形成与生产者团体对抗的联盟，而授予补贴的政府部门，在不受竞争约束的补贴政策中也能获得因寻租而产生隐形利益，因此两大利益团体——生产者团体和政府部门，很容易联合起来，在经济政策的政治博弈中，形成对消费者团体的压倒性优势。最终出台的补贴政策，也必然对创新和消费者不利。

在这种情况下，要想扭转博弈力量的不均衡，很大程度上只能依赖于政府的“觉醒”。其中，很重要的一个方面，是赋予竞争主管部门更多的权力和地位，至少在政府层面，形成与各个行业主管部门相抗衡的力量。如此，至少在国家的代理人层面，不至于系统性地倒向生产者团体。或者在国家层面，从顶层设计的角度，设计竞争政策优先的制度框架，对所有其他经济政策中有违自由和公平竞争基本原则的内容予以审查和纠正。最终，在竞争政策的框架内，对于各项补贴政策予以重新调整。比如，其中一个调整方向，就是从普惠制向鼓励竞争和创新转变。再如，对于所有补贴政策开展事先的公平竞争审查和事后的竞争评估，根据审查和评估的情况予以动态调整。

---

① 参见《江西明确不用本省产品不给光伏补贴 打了谁的脸?》，载国际太阳能光伏网 2016 年 4 月 30 日，http://solar.in-en.com/html/solar-2268323.shtml。

第三节 竞争政策与其他政策的关系处理:制度协调

一、协调理论的局限性

在处理竞争政策与其他政策的关系问题上,竞争法学界的基本观点是对两者的关系予以"协调",[①]可以统称为"协调理论"。

竞争政策与其他政策由于理念和手段不同产生的冲突,引发了政策协调的必要性。中央文件也为协调理论提供了政策依据,比如国务院批转发展改革委《关于2015年深化经济体制改革重点工作意见的通知》(国发〔2015〕26号)提出"促进产业政策和竞争政策有效协调",《中共中央、国务院关于推进价格机制改革的若干意见》提出"加快建立竞争政策与产业、投资等政策的协调机制"。

一般认为,反垄断法是竞争政策的核心,因此以反垄断法的实施为契机开展政策协调是最佳选择。具体的协调方式包括合理界定反垄断法的适用除外和豁免范围、合理设置竞争政策主管机构、合理配置竞争主管机构和行业主管机构之间的权限等。此外,政策协调还可以通过非正式的机构之间的协调和"联席会议制度"等形式展开。政策协调还

① 学界已经有不少讨论如何协调竞争政策与其他经济政策之间关系的文章,参见陆剑:《发展中国家产业政策和竞争政策的选择与协调》,载《宏观经济研究》2015年第4期;王先林、丁国峰:《反垄断法实施中对竞争政策与产业政策的协调》,载《法学》2010年第9期;刘继峰:《论我国反垄断法中竞争政策与产业政策的协调》,载《宏观经济研究》2008年第4期;石俊华:《论反垄断法实施后我国产业政策与竞争政策的协调》,载《云南社会科学》2009年第1期;于良春、张伟:《产业政策与竞争政策的关系与协调问题研究》,载《中国物价》2013年第9期等。

可以分区域、分行业、分阶段推进。[①]

有学者指出，还可以借助事前协商制度和事后和解制度开展竞争政策与其他经济政策之间的协调。[②] 所谓事前协商制度，是指在其他经济政策(特别是产业政策)的制定之初或执行之前，由竞争主管部门和行业主管部门开展政策协商，确保其他经济政策不至于过分损害竞争政策；所谓事后和解制度，主要是指承诺制度和宽恕制度，即在经营者主动"自首"以及作出消除反竞争行为的情况下，减轻或免除经营者的法律责任。在和解的过程中，对于产业政策等其他经济政策的考虑，实际上本身也是协调的一种方式，即竞争主管部门在执法过程中主动考虑其他经济政策，适当放宽执法标准，适应其他经济政策的要求。相比较而言，事前协商制度更能确保竞争政策的基础性地位。但是，协商的程序、内容、时间和建议等，其法律效力如何，均应通过制度化的形式予以固定，否则协商的结果很可能流于形式。至于事后和解制度中主动迎合其他经济政策，则可能反而弱化竞争主管部门的职能，削弱竞争政策的基础性地位。

基于此，笔者认为，政策之间的协调是必须的，但仅仅依靠政策协调是不够的。由此导致的结果，很可能是其他经济政策取得胜利，而竞争政策落败。原因主要有二：

第一，以产业政策为核心的其他经济政策，具有更加明确的短期目的性，其政策手段和目标也更为直接，更能够在短期内实现政策目标。同时，行业主管部门历史悠久，在行政级别上也可能超越竞争主管部

① 比如，在分区域方面，东南沿海等市场体制发育成熟的地区可率先实现竞争政策为主、产业政策为辅，中西部等市场体制发育较慢的地区则可缓行；在分行业方面，竞争性领域全面适用竞争政策，非竞争性领域则更多适用产业政策。参见张亮、刘义成：《新时期我国产业政策与竞争政策协调运用的思考》，载《发展研究》2015 年第 12 期。

② 于良春、张伟：《产业政策与竞争政策的关系与协调问题研究》，载《中国物价》2013 年第 9 期。

门,因此往往更具有话语权。在这种情况下,政策协调的结果往往是竞争政策落败。

第二,单纯依靠协调理论无法化解不均衡的政治博弈。产生出竞争政策的政治博弈有一个基本前提,那就是没有任何利益团体具有压倒性的力量,能够在相对均衡的博弈中寻求对各方有利的政策。正如我国在新能源汽车领域的补贴政策所体现的,我国当前的情况是,生产者团体和行业主管部门很容易达成共识,而国家和消费者团体却难以形成同盟。因此,一旦某个或某些利益团体在政治博弈中占据优势,试图依靠协调的方式化解政策冲突必然效果不佳。

因此,创造公平博弈的制度环境是推动政策协调体现竞争政策基础性地位的前提。依据政治博弈理论,这有三大实现途径:一是强化消费者团体的博弈力量,包括唤醒社会公众对于竞争政策的理解和支持,并"赋权"消费者组织,给予消费者组织(如消费者协会)更多参与政治博弈的制度性权利;二是"赋权"竞争主管部门,给予他们更多的执法之外与"竞争倡导"相关的职权,并逐步提升竞争主管部门的行政级别、权威性和独立性;三是在国家层面改造立法、执法和司法体制,如逐步消除"部门立法"和引入"专家立法",强化司法审查,加强体制外监督等,寻求更加公平的法律制定和实施体制。通过上述系统性的努力,才可能建立不被任何一方"裹挟"的政治博弈机制,最终形成兼顾各方利益的政策体系。

概言之,只有在制度上确立竞争政策的基础性地位,并在制度上保障这种基础性地位的实现,才能够实现有效的政策协调。否则,协调的结果只能是妥协。

二、协调理论的改进

明确竞争政策(特别是竞争法)相比于其他经济政策(特别是行业

法）的优先地位，是确保政策协调的制度基础。可惜的是，我国当前的《反垄断法》没有对政策之间的协调做出明确规定，特别是对于反垄断法与行业法在适用竞合时如何处理没有做出安排。

2006 年的《反垄断法（草案）》一审稿曾经规定"法律、行政法规另有规定的，依照其规定"。我国《反不正当竞争法》中类似的规定，已经使不同行政部门对同一不正当竞争行为产生管辖权竞合。在执法实践中，常常出现不必要的规制重复或者管辖真空，造成执法尺度的不一，大大削弱了反不正当竞争法规制效果。这是一种制度安排，不过这种安排不仅没有体现竞争政策的基础性地位，反而是在制度上弱化竞争政策的作用，因此不可取。好在最终出台的《反垄断法》（2007 年）中删除了此种安排。

不过，同样在该草案中，曾经规定了反垄断执法机构的"兜底管辖权"，即其他部门对于垄断行为没有调查处理的，反垄断执法机构可以调查处理，不过在调查处理中应当征求有关部门的意见。[①] 但是，该规定在 2007 年的二审稿中被删除了，在最终出台的《反垄断法》（2007 年）中亦没有出现。这是一个遗憾。由于没有明确规定，在现实中导致"特别法"（行业法）优先于"一般法"（反垄断法）的适用，变相扩大了反垄断法适用除外或豁免的范围。

《反垄断法》本身的很多条款，实际上已经为制度协调提供了空间。比如，第 4 条中"国家制定和实施与社会主义市场经济相适应的竞争规则"的表述，体现了国家在竞争政策制定和实施过程中的灵活性。第 6 条中"经营者可以通过公平竞争、自愿联合，依法实施集中，扩大经营规模，提高市场竞争能力"的规定，表明国家对于经营者通过企业联合提

---

① 参见时建中：《论竞争政策在经济政策体系中的地位——兼论反垄断法在管制型产业的适用》，载《价格理论与实践》2014 年第 7 期。

升市场力量的行为持相对宽容的态度。第8条对于“国有经济占控制地位的关系国民经济命脉和国家安全的行业以及依法实行专营专卖的行业”的“合法经营活动予以保护”的规定,更有被认为对特定行业和企业特殊对待的嫌疑。此外,第20条有关垄断协议的豁免条件的规定、第33条对于经营者集中反垄断审查的考虑因素的规定、第34条对于经营者集中豁免的规定、第69条中对于“农业生产者及农村经济组织在农产品生产、加工、销售、运输、储存等经营活动中实施的联合或者协同行为”的适用除外规定等,均体现了竞争政策与其他政策的相互妥协和协调。通过利用这些制度,已经能够较好地解决不同经济政策之间的冲突问题。

特别是通过适用除外与豁免制度,竞争法可以通过自我弃权的方式给予其他经济政策施展空间。“法律或行政法规另有规定的除外”是实现“协调”的典型方式。这样一来,只要行业性的法律或行政法规(如《商业银行法》《保险法》《证券法》《电信条例》等)规定行业主管机关有权管辖行业内的竞争行为,那么竞争法就有可能被束之高阁。但是,这样做存在违反《立法法》的嫌疑。根据《立法法》第88条的规定,“法律的效力高于行政法规”,因此,《反垄断法》的效力应当高于任何行政法规。因此,如果说“法律另有规定的除外”是合法的,那么,“行政法规另有规定的除外”应当是违法的。

同时,通过在竞争法内部设置较为宽松的豁免条件,如充分考虑相关行为可能产生的公共利益,就可能减少对于限制竞争因素的考量,从而弱化竞争政策的作用空间。这种制度设计,“实际上表现为产业政策的优先性”,[①]即协调的结果,很可能最终使竞争政策优先的目标落空。

因此,要确立竞争政策的基础性地位,需要在遵循一般法理的前提

---

① 参见潘思佳:《我国产业政策与竞争政策协调机制》,载《上海市经济管理干部学院学报》2011年第4期。

下确认：竞争政策具有基础性地位，应当统领其他经济政策的制定和实施；同时，行业法的实施不得违背反垄断法的基本原则。建议通过修改《反垄断法》，明确只有其他法律（不包括行政法规）可以针对垄断行为作出与《反垄断法》不一致的规定，且这些规定只能建立在“不违背《反垄断法》基本宗旨”的基础之上。[①] 此外，通过修订相关行业法，明确其实施不得违背《反垄断法》的基本原则。确实需要针对特定行业或领域排除竞争政策的适用的，应当列举详细清单，防止“模糊解释”。在《反不正当竞争法》的修改中，同样要作出这样的规定，即应当确保竞争主管机构对于反竞争行为的普遍执法权和兜底执法权。

在此基础上，还需要构建具体的制度，保障竞争政策的基础性地位得以实现。具体包括公平竞争审查制度、行业法的竞争法化、事前协商制度、竞争政策审议制度、行业调查制度、司法审查制度等。

第四节　政策的导向性：“竞争政策基础性地位”的制度构建

一、公平竞争审查制度

（一）我国的公平竞争审查制度

2016年6月1日，国务院发布《关于在市场体系建设中建立公平竞争审查制度的意见》（以下简称《公平竞争审查意见》），正式建立了我国的“公平竞争审查制度”。

《公平竞争审查意见》明确了我国公平竞争审查制度的总体要求、

① 参见王先林：《对〈中华人民共和国反垄断法（草案）〉的若干意见》，载《上海交通大学学报（哲学社会科学版）》2007年第1期。

基本原则、实施标准和实施方法。特别是从市场准入和退出、商品和要素自由流动、影响生产经营成本、影响生产经营行为四个方面，明确了“18 个不得”的标准。凡落入标准的涉及市场主体经济活动的规章、规范性文件和其他政策措施，均必须开展公平竞争审查。可见，公平竞争审查的对象主要限于“涉及经济活动”的经济政策。《公平竞争审查意见》“关于在市场体系建设中建立”公平竞争审查制度的定语，同样表明公平竞争审查制度并非针对所有公共政策，而是针对与市场体系建设相关的经济政策。

《公平竞争审查意见》还设置了例外规定，即当某些政策措施对实现特定政策目的不可或缺、虽具有排除和限制竞争的效果但不严重时，可以实施。特定的政策目的包括：涉及国家经济安全、文化安全及国防建设的目的；扶贫开发、救灾救助等社会保障目的；节约能源资源、保护生态环境等社会公共利益目的；以及法律、行政法规规定的其他目的。这也看出，竞争政策的基础性地位主要是相对于经济政策而言。对于经济政策之外涉及国家安全、社会保障、环境保护等方面的其他公共政策，虽也有必要考虑竞争政策，但是竞争政策对其并不具有“统领”或“优先”的地位。

在实施方法上，《公平竞争审查意见》采纳了政策制定机关“自我审查”的方式，并赋予竞争主管部门会同有关部门“指导”公平竞争审查制度实施的职权。此外，《公平竞争审查意见》鼓励“在条件成熟时组织开展第三方评估”。笔者认为，无论是从法理还是现实来看，这样的制度安排都是合理且经过深思熟虑的。

首先，我国的竞争主管机构隶属于行政序列，其没有对其他政府部门制定的公共政策开展审查的民意基础和权力基础。即便国务院授权其开展竞争审查，从法理上看，其也无法审查法律、行政法规以及地方性法规，只能审查行政规章以下的规范性法律文件。

其次,《反垄断法》已经授予竞争主管部门针对行政性垄断的“事后审查权”,赋予其对滥用行政权力排除、限制竞争的行为开展调查并可以通过行使“建议权”的方式纠正违法行为。如果再通过公平竞争审查制度赋予竞争主管部门“事先审查权”,那么可能产生事先审查和事后审查相冲突的问题。比如,经过事先审查的政策出台后,竞争主管部门是否还可以依据《反垄断法》开展事后审查?因此,在未明确及妥善处理“事先审查”与“事后审查”之关系之前,暂时以“自我审查”的方式开展公平竞争审查在制度推进方面更为稳妥。

再次,域外经验也表明,竞争主管部门更多的是指导竞争审查的开展,其提出的意见通常不具有法律约束力,是否采纳通常取决于政策制定机关。因此,即便将来赋予竞争主管部门事先审查权,这种权力的行使通常也只能通过“建议权”的方式来实现,而不应赋予其“决定权”。

最后,从我国当前竞争主管机构人力资源的有限性来看,由其主要承担竞争审查的功能也是不现实的。因此,政策制定机关自我审查为主,竞争主管部门指导审查为辅的方式,更符合我国当前的实际。

(二)与域外制度的比较

域外的竞争审查制度主要可分为三大类型:外部审查制(如欧盟)、合作审查制(如韩国)和内部审查制(如新加坡)。

1.外部审查制

欧盟的国家援助控制制度虽然主要是针对国家援助,[①]但是对于国家援助的事先审查,也体现了竞争审查的内涵。欧盟成员国实施的所

① 欧盟所使用的“国家援助”概念即广义的补贴:各成员国利用公共财政,帮扶特定企业或为特定商品生产提供便利的行为,主要形式包括补贴、税收优惠、低息贷款、提供国家担保、免除社会保障费用、向国有企业投资等。

有国家援助必须事先向欧盟委员会进行申报,由欧盟委员会进行事先审查,未经其同意,成员国不得实施任何国家援助。因此,欧盟的国家援助控制制度可称为“外部审查制”。

《欧盟运行条约》第107~109条对国家援助控制制度的适用和豁免、审查程序、非法国家援助的法律责任和救济措施进行了规制。其中,第107条是实体性规定,明确了国家援助的法律构成要件、法定豁免条件和符合规定可以豁免的情形。第107条第1款在原则上禁止任何形式的国家援助,第2款和第3款则分别规定法定豁免的国家援助情形和符合规定可以豁免的情形。①

2. 合作审查制

韩国的竞争审查制度采取“初步审查+深度审查”相结合的方式,其中初步审查由政策制定机构负责,深度审查由竞争主管部门负责,因此可称为“合作审查制”。

根据韩国的竞争审查制度,首先由政策制定机构(主要是管制机构)对照“竞争审查清单”对拟出台的政策措施进行初步审查。如果经初步审查发现存在“竞争审查清单”所禁止的情形,应提交给竞争主管机构开展“深度审查”;如果经初步审查认为不存在“竞争审查清单”所禁止的情形,也应当提交给竞争主管部门对初步审查结果进行审核,由竞争主管部门决定是否需要开展“深度审查”。如果竞争主管部门认为需要进行“深度审查”,竞争主管部门将与政策制定机构共同开展“深度评估”。不过,竞争主管部门的审查意见并不具有法律约束力,是否被采纳取决于政策制定机构。

---

① 参见周智高、朱凯:《对我国建立公平竞争审查制度的框架性思考》,载《中国价格监管与反垄断》2016年第S1期。

3. 内部审查制

新加坡的竞争审查制度与我国当前采纳的制度类似，即竞争审查主要由政策制定机构负责，竞争主管机构主要发挥指导和建议的作用。因此，新加坡的竞争审查制度可被称作“内部审查制”。

在新加坡，开展“管制影响分析”是制定管制政策的前置条件，而竞争评估是管制影响分析的内容之一。在开展管制影响评估时，管制机构必须要进行竞争审查，判断相关管制政策是否可能排除、限制竞争。相比之下，我国并无管制影响分析的制度设计和传统，因此竞争审查无法“内嵌”入现有制度中，只能“另起炉灶”对其专门加以制度设计和实践。

（三）我国当前制度可能存在的问题

1. 强调“公平”而忽视“自由”

综观世界各国关于竞争审查的类似规定，均无特别强调或突出“公平”的做法，而我国的“公平竞争审查制度”无疑特别强调“公平”价值的重要性。从制度的出发点来看，竞争审查的目的在于“建设统一开放、竞争有序的市场体系”，该目的不能被公平价值所涵盖；从制度的内容来看，“18 个不得”标准也并非仅促进公平竞争，更关注自由竞争。因此，过于关注公平竞争而忽略自由竞争，与竞争审查制度的目的与内容均不符。以公平价值作为指导思想指引竞争审查制度的实施，可能会导致制度落实的偏差。

2. 例外条款需要细化解释

根据《公平竞争审查意见》，其他经济政策如有损害竞争的可能，其出台和实施都要受到公平竞争审查制度的约束：其一是在出台前必须接受竞争审查；其二是在实施过程中必须定期进行评估。但是，《公平竞争审查意见》中的例外条款在表述上的模糊性，可能会在今后制约竞争审查的有效实施。首先，需要对特定词语做出进一步界定，如“国家经济安全”、“文化安全”或“涉及国防建设”。其次,有必要防止“节约能源资源、保护生态环境等”的扩大解释。现代节约能源资源、保护生态环境的方式,一方面是降低排耗,另一方面就是科技治污,而发展科技应是充分竞争的领域,如果采取补贴等方式限制竞争可能适得其反。最后,有必要防范法律、行政法规通过“另有规定”的形式弱化竞争审查的效力。

3. 救济措施有待强化

《公平竞争审查意见》的救济措施规定于“保障措施”部分的“加强执法监督”和“强化责任追究”两段,但仅寥寥数语。具体而言,《公平竞争审查意见》规定接到举报要“及时处理”;涉嫌违反《反垄断法》的应向上级机关“提出处理建议”;违反《公平竞争审查意见》出台政策的要“严肃处理”;需要追究有关人员党纪政纪责任的要“及时移送纪检监察机关”。但是如何处理并未作出详细规定。这样的处罚措施是否足以惩戒那些通过出台定向补贴等措施排除、限制竞争的政策制定机关,还有待观察。日后出台的实施细则应当规定更加明确、效力更强的法律后果。

(四)我国公平竞争审查制度的完善建议

1. 竞争审查的“法治化”

在2022年《反垄断法》修订之前,我国的竞争审查制度是依据国务院“文件”构建的,其实施难免落入“以文件查文件”的桎梏。而且,从法理上看,国务院的文件也无权对法律、行政法规、地方性法规的审查事项作出规定。在我国当前情况下,对于政府限制竞争行为的规范,在一定程度上比对私人限制竞争行为的规范更加重要。因此,实现竞争审查制度的“入法”,是确保竞争审查制度在今后得到进一步推行的重要法制保障。2022年修订的《反垄断法》第5条最终实现了公平竞争审查制度的正式“入法”:第1款规定“国家建立健全公平竞争审查制度”,第

2 款规定“行政机关和法律、法规授权的具有管理公共事务职能的组织在制定涉及市场主体经济活动的规定时，应当进行公平竞争审查”。

2. 借助第三方评估实现“增量”与“存量”审查并举

《公平竞争审查意见》提出要探索第三方评估机制，这是弥补政策制定机关“专业性”不足的有效方式。但是，目前来看，即便是“第三方”本身，也亟待培育。竞争主管部门、科研院所、咨询机构等有必要发挥合力，组建包括法学家和经济学家在内的足以胜任审查工作的第三方评估机构，承接政策制定机关的竞争审查工作。将来，第三方评估应当成为自我审查的主要方式。

《公平竞争审查意见》当前重点关注的是增量审查。由于存量规模巨大，在制度实施的初期就重点对存量进行攻关确非明智之举。但是，从长期来看，存量审查也不能忽略。特别是石油、食盐、电信、金融、媒体等领域存在的诸多“政策性垄断”，只能通过存量审查的方式予以破除。但是，受部门利益或地区利益的约束，依靠政策制定机关本身来开展存量审查确实可能存在审查力度不足的情况。在这种情况下，独立的第三方评估可以有效弥补这种不足。

3. 进一步优化制度配套

一是纠错机制。《公平竞争审查意见》已经确立了定期评估机制，并要求将评估结果向社会公开。除此之外，还有必要防止政策制定机关通过自我审查将“不合理”的政策措施“合法化”，即可能将排除、限制竞争的政策评估为符合社会公共利益的政策。因此，对于自我评估，应当有“纠错机制”：一方面，在其作出初步审查之后，应当将其审查结果（包括审查的分析过程）向竞争主管部门（或国务院反垄断委员会）备案，在此基础上，在必要的时候，竞争主管部门可以依据《反垄断法》开展事后审查；另一方面，还应当将自我审查的报告（包括论证过程）向社会公布，接受社会监督。

二是协调机制。不同的机构对于政策是否符合“公共利益”的看法可能是不同的。竞争主管部门可能更多从是否影响竞争机制来看政策的合理性,而行业主管部门可能更多从产业发展的角度看政策的合理性。比如,2016 年 6 月 22 日,大众出租致信交通运输部,要求对即将出台的《网络预约出租汽车经营服务管理暂行办法(征求意见稿)》开展公平竞争审查,理由是网约车平台的经营行为与国家现有法律法规存在抵触。但是,换个角度看,也许正是现有法律法规本身违反了公平竞争原则。对此,不仅需要倾听部门意见,更需要听取专家和社会意见。协调各方意见的关键,是建立常规化的协调机制。目前,我国已经建立公平竞争审查工作部际联席会议制度。[①] 2017 年 5 月 5 日,公平竞争审查工作部际联席会议召开第一次全体会议,原则审议通过了《公平竞争审查制度实施细则(暂行)》(已失效)、《2017 ~ 2018 年清理现行排除限制竞争政策措施的工作方案》、《推进落实公平竞争审查制度 2017 年工作重点》三个文件,明确了 2017 ~ 2018 年重点清理地方保护、地区封锁和指定交易等问题。[②] 这是一个良好的开端,可以通过竞争倡导的方式实现竞争政策理念的逐步渗透,但是目前联席会议的组成仍限于政府部门,今后可考虑吸纳专家学者共同参与,在国务院反垄断委员会实体化的情况下还可进一步吸纳国务院反垄断委员会参与,进一步增强协调机制的中立性和专业性。

三是监督机制。《公平竞争审查意见》明确了完善政府守信机制、加强执法监督、强化责任追究等内容,但是对于如何建立和健全政务和行政承诺考核制度、如何调查和处理未经公平竞争审查或违反公平竞

---

① 参见《国务院办公厅关于同意建立公平竞争审查工作部际联席会议制度的函》(国办函〔2016〕109 号)。

② 参见《公平竞争审查工作部际联席会议召开第一次全体会议》,载中国政府网,http://www.gov.cn/xinwen/2017-05/10/content_5192719.htm。

争审查标准出台政策措施以及不及时纠正的地方政府或部门，尚未明确。笔者认为，强化信息公开是开展监督的最便捷和最有效手段之一。建议规定政策制定机关应及时、全面地公开竞争审查报告（包括论证过程），同时可授权国务院反垄断委员会定期对各级政府部门执行公平竞争审查的情况进行评估，以及鼓励第三方开展评估。

同时，由于《公平竞争审查意见》是国务院颁布的，其审查全国人大及其常委会制定的法律不具有“合法性”。因此，对于法律，《公平竞争审查意见》没有作出公平竞争审查的规定。但是，排除、限制竞争的政策措施很可能不仅存在于行政机关，立法和司法机关中也可能存在（如法律和司法解释）。对于这种广义上的“政府限制竞争行为”，还需借助于包括宪法性机制在内的“国家竞争政策”（如美国《宪法》中的州际贸易条款，《欧盟运行条约》中有关人员流动、国家援助控制等方面的条款）的进一步规范。同时，虽然竞争主管部门（或国务院反垄断委员会）对于立法机关制定的法律或地方性法规无“事先审查权”，但仍可赋予其“事后建议权”，以便最大限度地减少不利于公平竞争的法律规则产生的影响。

二、行业法（规制法）的竞争法化

（一）行业法视角下的市场规制

“规制”的理念和制度源于欧美市场经济国家，指的是处理政府与市场关系过程中一系列特定的制度安排，表现为政府通过法律政策设定一定的规制目标，要求被规制者予以服从，并由规制机关以法律的强制力确保实施。规制出现的原因，在于市场机制在资源配置和信息传递等方面的失灵，是政府干预、修正市场机制的重要表现。

规制经济学理论一般把规制划分为经济性规制和社会性规制两种

类型(见表4－1)。经济性规制是指在竞争领域、自然垄断领域(有线通信、电力、铁路运输、自来水和管道燃气供应等)以及存在信息不对称的领域(如金融业等),为了防止发生资源配置低效率等市场失灵,政府通过法律和行政手段对企业的进入和退出、价格、服务、质量和投资等有关行为加以规制。① 社会性规制又称“健康、安全和环境规制”,指的是经济性规制之外围绕如何达到健康、安全、环保等社会目标的跨行业、全范围规制。

表4－1 市场规制的类型

规制类型	规制领域	被规制对象	规制主体	理论依据
经济性	竞争领域	限制竞争行为和不正当竞争行为	国家市场监督管理总局	垄断和不正当竞争
	自然垄断领域	电力、铁路、电信等公用事业	国家发展改革委、工信部、交通运输部等	成本劣加性
	金融领域	金融从业机构和人员	中国人民银行、国家金融监管总局、证监会	信息不对称、系统性风险
社会性	涉及消费者、安全、健康、环保的领域	食品药品、医疗卫生、安全生产、环境保护	国家市场监督管理总局、农业农村部、卫生健康委、生态环境部、自然资源部、应急管理部等	信息不对称、负外部性

资料来源:王俊豪:《政府管制经济学导论——基本理论及其在政府管制实践中的应用》,商务印书馆2001年版;卞靖:《发达国家市场规制体系建设的发展历程、共同特征及相关启示——以社会性规制为例》,载《当代经济管理》2015年第1期。

---

① 也有学者认为反垄断规制(或管制)属于经济性管制和社会性管制之外的“第三类”管制。参见王俊豪:《政府管制经济学导论——基本理论及其在政府管制实践中的应用》,商务印书馆2001年版,第2页。

市场规制的理论基础和动因是“市场失灵”，包括自然垄断、垄断和不正当竞争、信息不对称和负外部性等。比如，在竞争领域，需要规制经营者的限制竞争行为和不正当竞争行为；成本劣加性使自然垄断具有经济效率，但是在维持自然垄断的同时需要对垄断企业所提供的产品或服务的价格和质量等予以规制；对于金融领域而言，需要对处于信息劣势（信息不对称）的金融消费者予以特别保护，并防范系统性风险；此外，由于信息不对称和负外部性等市场失灵，需要政府对食品药品、医疗卫生、安全生产和环境保护等方面实施“社会性规制”。

因此，竞争政策也是市场规制的一部分。市场规制的手段，从过程来看，可以分为市场准入规制、市场行为规制、市场退出规制；从内容来看，可以分为竞争规制、行业规制（如金融业、电信业、电力业等）、质量和安全（含食品、药品等）规制、环境规制等。与之相对应的法律制度，则体现为竞争法、行业法（如银行法、保险法、证券法、电力法等）、产品质量法、消费者权益保护法、环境保护法等。这里所探讨的主要是竞争法与行业法的关系。

（二）“行业法（规制法）的竞争法化”的内涵

所谓行业法（规制法）的“竞争法化”，就是将行业法（规制法）改造为特别的竞争法，在行业法（规制法）中融入竞争政策理念，减少通过行业法（规制法）实施限制竞争行为的空间。

只有在行业法或规制法中融入竞争法或竞争政策的理念，逐步实现行业法或规制法的“竞争法化”的发展路径，才能最终消解不同经济政策之间的矛盾。① 这就要求行业法或规制法本身不限于解决行

① 参见李胜利、胡承伟：《论产业法“竞争法化”之缘由及发展路径》，载《安徽大学学报（哲学社会科学版）》2013 年第 6 期。

业内的特殊问题,还必须以促进自由和公平竞争为目标,解决限制竞争或不公平竞争的问题。如果行业法或规制法本身以促进竞争作为其主要目标之一,那么竞争政策的基础性地位和优先适用也就实现了。

（三）在竞争政策指导下实现行业法（规制法）的现代化

市场规制的基本理念是处理好政府和市场的关系。而在更好地处理政府与市场关系方面,竞争政策相比于其他政策（如产业政策）更具有天然优势。

第一,规制理念的现代化。这主要体现在以竞争政策为指导改革市场规制理念。如果说,当前正在开展的改革是从"重事前审批"到"重事后规制",那么后续配套改革应该从"重行业规制"到"重竞争规制"。针对不正当竞争与垄断行为的规制不仅不能减弱;相反,应当成为市场规制的主要方面不断加强。市场规制不是对某一行业、某一具体市场、某一区域的管理,而是普遍性的监督管理。过去的市场规制侧重于对具体交易行为或具体行业的规制,没有充分认识到具有普遍性的市场竞争规制的重要性。因此,今后的市场规制应把重点放到竞争规制。

第二,规制目标的现代化。从发达国家市场规制的发展历程看,先是从经济性规制特别是反垄断与反不正当竞争开始的,后经过"放松管制"运动,在缩小经济性规制范围的同时,逐步扩大社会性规制的领域,不断提升规制的力度和科学性。我国恰恰相反,以往过于强调行业规制,而忽视了竞争规制和社会性规制。因此,中国在强化竞争规制和社会性规制方面,与世界上其他国家和地区在规制方面的发展趋势是一致的。规制的目标应当包含维护公平竞争的市场秩序的目标,通过形成全国统一大市场,加快营造统一透明、有序规范的市场环境,为市场充分竞争创造良好条件。这是充分发挥市场在资源配置中的决定性作用和更好发挥政府作用的基本前提,相比于行业规制、个别规制更具有基础性、全局性和优先性。

第三,规制机构的现代化。这体现在逐步建立统一、独立、高效的规制机构。党的十八届三中全会提出了"实行统一的市场监管"的改革目标。《国务院关于促进市场公平竞争维护市场正常秩序的若干意见》(国发〔2014〕20号)也明确提出"探索综合设置市场监管机构"。2018年,国家层面正式组建国家市场监督管理总局,整合了原国家工商行政管理总局、原国家质量监督检验检疫总局、原国家食品药品监督管理总局的职责,以及国家发展改革委的价格监督检查与反垄断执法职责、商务部的经营者集中反垄断执法职责以及国务院反垄断委员会办公室职责。统一的市场监管机构为强化竞争政策基础地位和反垄断法实施提供了重要保障。

第四,规制方式的现代化。这表现在规制方式更加符合市场规律,以竞争规制为重点,以克服"市场失灵"为底线。在竞争政策统领和指导下,以竞争执法为重点,强化跨区域、跨业务的综合规制。同时,确保竞争政策实施的统一性和公平性。在分级管理体制下,统一的市场规制任务没有变,只是人、财、物隶属关系发生了变化。在分级管理和综合执法体制下,市场规制仍然以履行好中央赋予的维护统一开放、竞争有序市场的职能为基本目标。

第五,规制效果的现代化。这体现在规制效果也需要反映正确的政府与市场关系。需要通过建立规制效果的事后评估机制、规制信息的反馈机制等,对规制效果予以分析和反馈,通过结果优化过程,形成市场规制的良性循环。

总之,传统市场规制法和竞争政策影响下的行业法或规制法有所不同。第一,性质不同:传统规制主要以产业政策为指导,侧重于行业规制和个别交易行为规制;现代规制以竞争政策为指导,侧重于竞争规制和全局性规制。第二,目的不同:传统规制表现为政府对市场的全面控制,以克服市场失灵为主要目的;现代规制应该以市场为导向,表现为在充分放开市场的前提下对市场失灵的“事后规制”,不仅克服市场失灵,也关注政府失灵。第三,手段不同:传统规制侧重行业规制、事前规制和主体规制;现代规制强调竞争规制、事中事后规制和行为规制。第四,效果不同:传统规制强调规制过程,忽略规制效果;现代规制不仅追求程序正义,更要建立事后评估机制和反馈机制,从效果出发矫正过程,形成良性循环。

三、事前咨询制度

事前咨询制度主要体现在两个层面:一是立法层面,二是执法层面。

在立法层面,主要是指政策制定机关在制定可能涉及排除、限制竞争的政策之前,咨询竞争主管机构的意见。2006 年的《反垄断法(草案)》曾经赋予反垄断执法机构对其他机构拟制定的相关政策提出建议的权力,但是最终没有被采纳。① 我国的公平竞争审查制度建立了政策制定机关自我审查为主的机制,但只笼统地提及竞争主管机构和国务院原法制办可以“指导”公平竞争审查制度的开展,因此也没有建立事前咨询制度。

从国际层面来看,立法咨询制度既可以是强制性的,也可以是非强制性的。从我国当前的体制和所处阶段来看,采取非强制性的事前咨询制度更为可取。经过咨询而由竞争主管部门(或国务院反垄断委员会)出具的建议,也可采纳不具有法律约束力的形式,决定权仍掌握在

① 参见王晓晔:《关于我国反垄断执法机构的几个问题》,载《东岳论丛》2007 年第 1 期。

政策制定机关手中。但是,竞争主管部门应享有兜底的“事后审查权”,可以对违反竞争政策的政府行为开展事后审查并通过行使建议权的方式建议相关政府部门纠正相关措施。

在执法层面,行业主管机构或规制机构拥有专业技术和信息优势,而竞争主管机构在反垄断执法方面积累了丰富的经验。因此,可充分发挥各自优势,实现规制效益最大化:竞争主管机构在对特定行业开展竞争调查时,可以事先就某些行业内的专业问题向行业规制机构征求意见;行业规制机构在针对本行业的监管过程中,如发现限制竞争行为,也可向竞争主管部门征求意见。可以借鉴德国《电信法》和《能源法》的相关条款,[①]在我国的《反垄断法》和相关行业法中引入事先咨询的规定。

四、其他相关制度

(一)竞争政策审议制度

竞争政策审议制度是指通过建立正式或非正式的机制,定期或不定期地对竞争政策进行回顾、分析、评价和展望,总结竞争政策取得的成就及存在的问题,为竞争政策的进一步改造和升级提供参考。

比如,可以借鉴 WTO 的贸易政策审议制度,在国内层面建立竞争政策审议制度。WTO 建有专门的贸易政策审议机构(TPRB)和实施贸易政策审议机制(TPRM),对各成员的贸易政策进行定期审议。[②] 此外还规定了审议的程序。贸易政策审议机制极大地促进了 WTO 成员遵

---

① 参见德国《电信法》第 11 条第 3 款、第 82 条、第三章、第四章;德国《能源法》第三章、第 58 条。

② 在世界贸易市场份额中居前 4 名的成员每 2 年审议一次,居前 5 ~ 20 名的成员每 4 年审议一次,其他成员每 6 年审议一次,最不发达国家成员可以有更长的审议间隔时间。

守 WTO 规则。如能构建竞争政策的审议制度,那么也将极大地促进社会各界对于竞争政策的理解和传播。

再如,从 20 世纪末开始,澳大利亚针对其国家竞争政策不定期地开展“审议”,总结竞争政策实施过程中存在的问题,并根据审议情况不断改进其政策及相关制度,也可以为我们提供参考。20 世纪 90 年代,澳大利亚开始了第一次大规模的针对竞争政策的审议(Hilmer Review),促成了澳大利亚国家竞争政策的成形及其实施。2003 年,澳大利亚又针对当时的《贸易行为法》发起了一次审议(Dawson Review),但是此次审议的范围仅限于如何改进立法,并未拓展到“广义”的竞争政策领域。在 2013 年至 2015 年期间,澳大利亚又开始了新一轮针对竞争政策的“彻底”审查,并出台了 Harper 审议报告,随后,联邦政府又发布了两份回应性报告:《联邦政府对竞争政策审议的回应》和《联邦政府对于国家准入制度的回应》。Harper 审议报告对有可能妨碍竞争的法律、竞争法的实施绩效、竞争主管机构的结构和职能以及政府通过政府企业介入市场的程度等若干可能影响市场竞争的方面进行了全方位的审查,并提出了 56 项建议。在联邦政府发布的对于这些建议的回应中,表示完全或原则性地支持其中的 39 项建议,部分支持其中的 5 项建议。对于剩下的 12 项建议的实施,联邦政府则持开放态度,即尚需进一步研究以确定是否采纳这些建议。①

(二)行业调查制度

行业调查制度,是指授予竞争主管机关对特定行业开展调查的权力,并在此基础上对立法机关或行业主管部门提出政策建议。

---

① 参见应品广:《澳大利亚竞争法理论最新发展综述》,载孙晋、詹昊主编:《中国与世界:竞争法发展研究报告(2016 年卷)》,法律出版社 2017 年版,第 155 ~ 169 页。

比如，根据英国《2002 年企业法》第 5 条的规定，英国的竞争主管机关可以在竞争执法之外开展“市场研究”（market studies），调查政府限制竞争行为引发的社会成本。波兰、捷克、匈牙利等转型经济国家也都有行业调查制度。

再如，波兰的行业调查制度是波兰竞争政策的重要组成部分，通过对国家层面或地方层面特定行业的竞争情况展开调查，使企业行为符合竞争法的规定。此外，行业调查还有助于竞争主管机构收集行业信息、监测行业集中度和可能存在的反竞争行为。仅 2009 年至 2011 年三年，波兰竞争主管机构竞争和消费者保护局及其九大地方分支机构一共开展了 157 项行业调查，其中 104 项涉及全国市场，53 项涉及地方市场。[①] 2012 年，竞争和消费者保护局及其地方分支机构又发起了 36 项调查，其中 34 起项涉及全国市场，2 项涉及当地市场。[②] 且自 2011 年开始，所有行业调查结果在互联网上公开，公开的内部不仅包括调查报告，还包括讨论会的视频记录。这种做法不仅增加了行业调查以及据此开展的相关执法的公信力，也提升了企业和社会公众的竞争法意识，宣传和推广了竞争文化。

（三）司法审查制度

司法应当是政策冲突裁决的最后一道防线。我国《反垄断法》赋予了竞争主管机构“建议权”，但是并未授予其提起诉讼的权利。相比之

---

① 比如，2011 年竞争和消费者保护局调查了 185 个在波兰全国和各地方市场提供付费电视服务的企业，最终形成了《付费电视市场行业调查报告》，载波兰竞争和消费者保护局网，http://uokik.gov.pl/aktualnosci.php?news_id=2979。同年，竞争和消费者保护局还对图书、音乐和多媒体销售市场开展了行业调查，也形成了综合报告，报告文本载波兰竞争和消费者保护局网，http://uokik.gov.pl/aktualnosci.php?news_id=2712。

② See Office of Competition and Consumer Protection, *Report on Activities* 2012, Warsaw 2013.

下,匈牙利《竞争法》中存在特殊的"官告官"制度,即赋予竞争执法机构对其他不符合竞争政策的公共措施提起诉讼的权利。[①] 如果竞争管理局发现任何公共行政措施违反了自由竞争,可以请求公共行政机构修改或撤销涉及的决议。如果公共行政机构在30日内没有采取措施,那么竞争管理局可以向法院请求审查该公共行政机构违反了自由竞争,除非法律禁止法院对该类公共行政机构进行司法审查。但是,在公共行政机构的决议生效一年后,不能再提出该类主张。

此外,我国尚未建立正式的违宪审查程序,实践中仍通过"内部沟通"式的方式解决法律冲突,"法规打架"现象仍不能避免。[②] 为此,可通过在全国人大设立宪法监督委员会的方式来解决法律冲突问题。[③]

① 参见匈牙利《竞争法》第85条。
② 参见范忠信、侯猛:《法律冲突问题的法理认识》,载《江苏社会科学》2000年第4期。
③ 参见蔡定剑:《法律冲突及其解决的途径》,载《中国法学》1999年第3期。

CHAPTER 05 >>

第五章

竞争政策的国际话语:理念的多元性分析

第一节 国际竞争政策的必要性:国际垄断行为的影响

一、国际垄断行为的影响

从传统意义上来看,竞争政策着眼于维护国内市场的竞争环境、提高本国消费者的福利以及维护本国社会公共利益。然而,自 20 世纪 80 年代以来,随着政治格局的演变与科学技术的迅猛发展,经济全球化与贸易自由化方兴未艾。在这种情况下,传统上仅适用于本国领土范围内的竞争政策遭遇严重挑战。

狭义上的竞争政策主要规制三类行为:垄断协议、滥用市场支配地位和经营者集中。但是,经济全球化特别是跨国公司的全球扩张,导致越来越多的限制竞争行为在波及范围上超越国界,表现为国际卡特尔、跨国公司滥用市场支配地位和跨国并购。这些行为在保留其既有危害性的同时,因其行为的跨国性而使问题变得更为复杂,无法单纯依靠国内法律予以解决。

欧盟委员会竞争总司曾经调查了许多船主在12个西非国家和许多欧洲港口之间针对经营路线的卡特尔行为。① 但是,欧盟委员会在获取必要的证据方面遇到了巨大的困难,因为大量的证据都在西非国家,而欧盟并没有同这些国家签订正式的合作协定。此外还有许多国际卡特尔,其对世界经济造成的损害是巨大的。OECD在2000年发布的《核心卡特尔报告》中列举了有关国际卡特尔所造成的经济损害的一些可怕证据。根据报告,仅仅在美国,这些卡特尔就已经影响到了超过100亿美元的商务,并且这暗示了"全球因这些特殊的卡特尔而承受着巨额资金的重荷"。② 报告进一步强调,"据估计,从价格固定中所获取的平均非法所得占销售价格的10%",而且"对社会所造成的危害可能占到由卡特尔所影响的商业总量的20%"。③

国际卡特尔仅仅是国际垄断行为可能产生不利影响的例子之一。由于跨国垄断案件的当事人往往是跨国公司,其凭借雄厚的财力和明显的技术优势在全球市场具备较高的市场份额,从而相比于本土企业更容易形成控制市场和实施排除、限制竞争行为的能力。世界范围内针对大型跨国公司(如微软、谷歌、高通、利乐等)的滥用市场支配地位行为的调查从未停止。在中国,备受瞩目的高通案中,国家发展改革委认定美国高通公司在无线标准必要专利许可市场和基带芯片市场均具备市场支配地位,且基于其市场支配地位实施了收取不公平的高价专利许可费、无正当理由搭售非无线标准必要专利许可和在基带芯片销

---

① See Case T—395/94R and C—149/95P[1993] 5 CMLR 446;[1997] 5 CMLR 167.

② See Office of Competition and Consumer Protection, *OECD* 2000 *Hard Core Cartel Report*, OECD (2000), https://www.oecd.org/competition/cartels/2752129.pdf.

③ See Office of Competition and Consumer Protection, *OECD* 2000 *Hard Core Cartel Report*, OECD (2000), https://www.oecd.org/competition/cartels/2752129.pdf.

售中附加不合理条件等滥用行为。[①] 在利乐案中,原国家工商总局调查认定,在2009年至2013年,利乐滥用其在中国液体食品纸基复合材料无菌包装设备市场、液体食品纸基复合材料无菌包装设备的技术服务市场、液体食品无菌包装用纸基复合材料市场的支配地位,无正当理由实施搭售、限定交易和"忠诚折扣"行为。[②] 这些行为均对东道国市场造成了巨大的影响。

跨国并购也给国际垄断行为的实施提供了更多契机。按照时任美国联邦贸易委员会主席罗伯特·皮托夫斯基(Robert Pitofsky)所言,在1999年由美国联邦贸易委员会所调查的所有合并案件中,至少50%都不只对一个国家的消费者产生了影响,[③]这对在不同国家的执法部门之间进行救济措施的协调提出了要求。而且,在跨国并购中,并购一方往往拥有巨额资本或掌握尖端核心科技,并购双方的实力差距较国内并购更为悬殊,一旦垄断地位形成往往具有长期性,甚至抑制国家部分产业的持续发展,破坏产业创新激励机制,从而危及一国产业的核心利益。这些都导致跨国并购除了引发竞争关注外,还可能引发国家安全审查。

此外,与国际卡特尔和跨国滥用市场支配地位的事后规制不同,各国对于跨国并购的反垄断审查普遍采取事先申报的事前规制,即强制要求触发申报标准的企业在并购前进行反垄断申报,由反垄断主管机构在反垄断审查之后决定是否需要全部或部分禁止该项并购以维护市场竞争。由于各国的申报标准、审查标准以及救济方式等都存在不同,

---

① 参见《中华人民共和国国家发展和改革委员会行政处罚决定书》(发改办价监处罚〔2015〕1号),载《中国价格监管与反垄断》2015年第3期。

② 参见孟雁北:《论禁止滥用市场支配地位行为的分析框架——以利乐反垄断案为例》,载《竞争政策研究》2017年第3期。

③ See Ignacio Garcia Bercero & Stefan D. Amarasinha, *Moving the Trade and Competition Debate Forward*, Journal of International Economic Law, 4(3):481 - 506(2001).

导致某个跨国并购可能要向十几个甚至几十个国家进行申报并接受调查,大大增加了交易成本。

由于传统的竞争政策通常只关注国内利益,缺乏对可能危及国际市场的跨国行为的规制动力。比如,虽然对于固定价格、数量限制、串通投标、划分市场等核心卡特尔,各国的态度普遍严苛,但是对于诸如出口卡特尔等限制竞争行为,由于其符合国家的产业政策,或对国内市场影响较小,在一定程度上为各个国家或地区的反垄断法所允许。例如,根据我国《反垄断法》第 20 条第 1 款第 6 项,"为保障对外贸易和对外经济合作中的正当利益的"垄断协议,可以不适用该法第 17 条、第 18 条第 1 款和第 19 条的禁止性规定。

同样,跨国并购可能增强跨国公司在国际市场的市场支配力,但是只要跨国并购为国内或区域内的消费者带来的好处超过合并可能对本国或本区域的竞争产生的影响,即使并购削弱了国际市场的竞争,国家的反垄断主管机构也不会提出反对。最终的结果是本国获利,但是外国消费者承担大部分成本。因此,"如果各国的竞争主管机构持一种自私的态度,则其认为合理的竞争政策的实施就会对世界上其他国家造成损害"。①

可见,如果各国都对符合本国利益但是有损他国利益的限制竞争行为持相对保守的态度,那么国际垄断行为的不利影响就无法得到消除。此外,通常国际垄断行为的持续时间长、覆盖范围广、影响行业程度深,往往需要反垄断执法机构花费数年的时间调查取证,而其跨国性显然增加了调查取证以及查处的难度。对于发展中国家而言,这一困难尤其明显,因为它们时常遭受信息不对称和弱小的议价能力的限制。

---

① See Hoekman Bernard & Kostecki Michel, *The Political Economy of the World Trading Symtem From GATT to WTO*, Oxford University Press, 1997, p. 256 – 257.

最后，各国通过积极推行本国反垄断法的域外适用来维护本国利益，亦强化了管辖权冲突和法律冲突的可能性。

毫无疑问，国际范围内的限制竞争行为会对贸易流动造成不利影响，并因此破坏由贸易自由化和市场开放所带来的利益。虽然在贸易层面已经存在 WTO 能够对各成员政府扭曲贸易的行为在多边层面予以矫正，但是如果国际垄断行为得不到恰当的国际竞争政策的约束，那么之前针对贸易的政府障碍就会被私人部门的障碍所取代。为了解决上述问题，各国政府及国际组织均已经作出了不同的努力。但是，既定格局下各类单边、双边、区域和多边回应都存在自身问题，并未能完全有效应对国际垄断行为。

二、对国际垄断行为的单边回应

（一）竞争法的域内适用

当国际垄断行为不仅影响本国，而且与本国存在“连结点”时，如本国是垄断行为发生地或垄断企业住所所在地，直接在本国适用竞争法（域内适用）是最佳选择。但是，这一实践的效果是有限的。出口卡特尔就是典型例子。由于出口卡特尔并没有对本国造成损害，同时进口国的竞争主管部门又无法找到恰当的连结点，因此进口国对这些危及自身的限制竞争行为很难行使管辖权。此外，更多的国际垄断行为（特别是国际卡特尔）发生在域外，单纯地适用本国竞争法不仅可能面临证据收集的难题，在某些情况下还可能导致外交摩擦。在国际贸易中，发达国家通常是作为强大的出口国出现的，因此发展中国家更容易在国际贸易中遭遇出口卡特尔的影响，其开展调查取证亦面临更大困难。

不过，随着市场化程度的加深，竞争政策在各国经济政策体系中的地位越发被看重,许多国家开始主动削减竞争法的豁免范围,包括出口卡特尔的豁免。比如,德国 1957 年的《反限制竞争法》曾规定九种可豁免的卡特尔,其后在 1998 年、2005 年分别修订该法时,陆续删除了回扣卡特尔、进出口卡特尔、不景气卡特尔的豁免;日本也在 1999 年修法时删除了对出口卡特尔的豁免。这种趋势促进了各国竞争法的趋同,降低了各国因争夺管辖权而引发冲突的可能性。但是,其仍然无法解决垄断主体及行为都发生在域外从而导致受害国无法依据本国竞争法予以规制的情况。

(二)竞争法的域外适用

鉴于竞争法域内适用的局限,美国最早在 1945 年通过司法判例确立了竞争法的域外适用效力,[①]建立了被称为"效果原则"的竞争法域外适用原则:本国竞争法可适用于境外发生但是对本国产生不利影响的限制竞争行为。在此之前,这被认为是"不可执行或侵犯国家主权的"。[②] 但是,出于管辖的合理性的考虑,对于效果原则的适用是有限制的。美国《1982 年对外贸易反托拉斯改进法》以及美国司法部和联邦贸易委员会于 2017 年最新修订的《反托拉斯法国际适用指南》均规定,只有域外的限制竞争行为对美国产生"直接、重大或可合理预见的效果"时,才可主张域外适用。此外,根据美国《1974 年贸易法》第 301 条("301 条款")的规定,美国可以对外国立法或行政上违反协定、损害美国利益的行为采取单边行动,这也包括排除、限制竞争的行为。比如,美国贸易代表办公室(USTR)可以根据举报或依职权开展贸易调查,在

---

① See United States v. Aluminum Co. of America (Alcoa),148 F. 2d 416 (2d Cir. 1945).

② See Eleanor Fox, *Toward World Antitrust and Market Access*, The American Journal of International Law, No. 91, January, p. 1 - 25(1997).

包括限制竞争行为在内的外国行为损害美国利益时,采取单边制裁措施。

很多国家都效仿美国的做法,确立了本国竞争法的域外适用效力。欧盟虽然未在其条约中直接体现域外适用制度,但是欧盟委员会的决定以及欧盟法院的判例实际上体现了类似于美国的效果原则的域外适用制度。比如,欧共体委员会在20世纪60年代的染料(Dyestuffs)案中就已经指出,《欧共体条约》的竞争规则适用于所有限制竞争行为,而无论"涉案企业是否在共同体内有住所"。该观点亦得到欧盟法院的认可。[①] 不过,在实践中,欧盟更倾向于使用"单一经济实体原则""履行地原则"等字眼。

单一经济实体原则是指,当欧盟域内的子公司受到欧盟竞争法规制时,欧盟域外的母公司及其关联公司等多个经济实体应被视为同一实体受欧盟竞争法的规制,除非后者能够证明其并未干预子公司的经营决策权。[②] 这一原则可视为公司法中"揭开公司面纱"理论在竞争法领域的应用。依据欧盟实践,即便母公司能够证明其已经在集团内部制定竞争合规政策,或者仅仅实施了战略指导而非直接参与违法行为,仍不能免责。在阿克苏·诺贝尔公司(Akzo Nobel)案中,欧盟法院更是直接表明:对于全资子公司,母公司几乎不可能推翻欧盟委员会依据单一经济实体原则做出的违法认定。[③] 因此,尽管理论上母公司可以举证推翻欧盟委员会的推定,但是在上述严格的认定标准下,推翻欧盟委员会的违法认定实非易事。

---

① 参见王晓晔:《我国〈反垄断法〉域外适用的理论与实践》,载《价格理论与实践》2014年第2期。

② 参见刘武朝:《欧盟竞争法中的单一主体规则及借鉴》,载《比较法研究》2014年第4期。

③ See Case C-97/08. Akzo Nobel NV et al. v. Commission, ECJ, 10.9.2009.

履行地原则是指只要垄断协议的履行地在欧盟，欧盟竞争法即可直接适用。这一原则以垄断协议的履行地点作为法律适用的连结点，从而避免以垄断协议签订地为连结点而带来的法律规避效果。在1988年的木浆(Wood Pulp)案中，欧盟法院曾指出，限制竞争的协议是否违反《欧共体条约》第85条(现《欧盟运行条约》第101条)，决定性因素是实施协议的地点。“本案的生产商是在(欧盟)内部市场实施了价格协议，因而他们在欧盟是否有子公司、代理商、下属单位或者分公司为其销售产品在所不问。”[①]但是，对于垄断协议的签订地和履行地都在欧盟境外的限制竞争行为，这一原则显然不具备效果原则的广泛性与有效性。

日本和韩国则在其反垄断法中专门规定了对国际垄断行为(尤其是国际卡特尔)的处理。日本《禁止垄断及确保公平交易法》第6条规定事业者不得订立含有不正当交易限制或不公平的交易方法的国际协议。[②] 韩国《垄断规制与公平交易法》更是设专章对国际垄断协议进行了规定。[③] 实践中，日本规制的国际垄断协议主要是针对出口卡特尔和进口卡特尔，特别是外国经营者与日本经营者之间达成的出口卡特尔和进口卡特尔。[④]

在司法实践中，日本一直坚持属地管辖的原则。自1972年的东洋纺织等劝告审决案以来，日本公平交易委员会所处理的针对外国经营

---

① 王晓晔：《反垄断法》，法律出版社2011年版，第396页。

② 参见[日]村上政博：《日本禁止垄断法》，姜姗译，法律出版社2008年版，第137页。

③ See Korea Fair Trade Commission, *Monopoly Regulation and Fair Trade Act* (Dec. 9, 2018), http://eng.ftc.go.kr/files/static/Legal_Authority/Monopoly%20Regulation%20and%20Fair%20Trade%20Act_Aug%203%202007.pdf.

④ 参见戴龙：《日本反垄断法的域外管辖及对我国的借鉴价值》，载《上海财经大学学报》2009年第5期。

者的反垄断案，基本上都是针对其在日本国内实施的限制竞争行为。[①]而且，在法律责任方面，还存在国内、国外企业区别对待的情况。在2007年的船用软管案中，尽管日本公平交易委员会对达成国际卡特尔的国内、国外企业均发布了排除措施命令，但是，却只向本国企业征收了课征金，而没有向外国企业征收。[②] 可以看出，日本在处理涉及国际垄断协议的案件时非常谨慎。

直到2010年的阴极射线管（Cathode Ray Tude，CRT）案，日本公平交易委员会才首次针对涉及国际卡特尔的外国公司处以罚款。日本公平交易委员会对11家CRT制造商中的6家发布了总额为45亿日元的罚款。尽管在听证程序中，遭到罚款的公司辩称CRT从未直接销往日本，而是由日本CRT电视制造商通过其东南亚子公司购买，价格由日本电视制造商直接与CRT制造商商议，但日本公平交易委员会坚持认为遭到罚款的公司的协同定价行为确实影响到了日本CRT电视的价格，从而适用日本《禁止垄断法》。[③]

总之，尽管竞争法的域外适用已经被各国普遍采纳，但是域外适用的范围和程度仍然受到较大限制。竞争法的域外适用在一定程度上增加了国际垄断行为被查处的可能性，但这与域外适用国的经济实力密切相关。经济体量越大，域外适用的可操作性也越大。对于绝大多数国家而言，域外适用仍然只是一个立法上的宣示，很难对境外企业在境外实施但对本国有影响的国际垄断行为真正予以规制。

---

① 参见戴龙：《日本反垄断法研究》，中国政法大学出版社2014年版，第191页。

② See Japanese Fair Trade Commission, *Cease and Desist Order and Surcharge Payment Order against Marine Hose Manufacturers* (2007), http://www.jftc.go.jp/en/pressreleases/archives/individual-000147.html.

③ See Akinori Uesugi, *Trend in Cartel Regulation in Japan - various Issues of Common Interest in Asia*, at ACA 2016 Annual Conference: Global Competition Dialogue with an Emphasis on Asia, p. 72-75.

(三)域外适用的限制:礼让原则

由于激进的域外适用可能引发国家冲突,因此各国在将本国法律适用于外国市场主体时,通常会遵守国际法上的礼让原则。礼让可分为消极礼让和积极礼让。消极礼让是在考虑到外国利益的情况下,对案件不行使管辖权或者在行使管辖权时对外国利益给予充分考虑,是纯粹的单方行为;积极礼让则通常建立在国家之间的协定或条约之上,是一国(垄断行为发生地)基于自愿接受他国(垄断行为影响地)的请求,对影响他国的在本国发生的国际垄断行为开展调查,并通告其调查及决定,是一种双方行为。1991 年美国政府与欧洲共同体委员会《关于竞争法适用的协定》、1998 年美国政府与欧洲共同体委员会进一步签订的《关于在竞争执法过程中实施积极礼让原则的协定》是实施积极礼让的典型代表。相比于消极礼让,积极礼让更有助于化解管辖权冲突。不过,由于“自愿性”是积极礼让的基本特征,[①]被请求国是否启动调查、如何调查以及如何审决均非请求国可以干涉,因此,其实施效果仍然要打个折扣。

礼让原则的存在限制了各国竞争法的域外扩张。但是,礼让原则能否得到有效适用很大程度上取决于谈判双方的国际影响力,尤其是双方在经贸方面的实力。没有经济实力的依托,礼让原则必然难以为继。各国基于主权不可能随意放弃竞争法的域外管辖权,在实践中这种冲突的不确定性也制约了跨国公司制定具体的商业计划,影响贸易交往的稳定性。这些都说明以礼让原则为核心的域外适用制度并不尽如人意,仍然存在诸多不足。

---

① 参见张瑞萍:《反垄断国际合作中的积极礼让原则分析》,载《环球法律评论》2006 年第 2 期。

三、对国际垄断行为的双边和区域回应

正是由于反垄断法域外适用常常导致国家间的法律冲突和管辖权冲突,因此国家间和区域间的协调与合作显得尤为重要。1976 年 6 月,美国和德国签署有史以来第一个正式的反垄断双边协议《有关限制性商业行为的双边合作协议》①,随后反垄断双边合作协定或双边自贸协定中的竞争政策条款与日俱增。

同时,由于地理位置、社会经济文化以及利益的相近与趋同,一些国际区域组织的成员相对容易就竞争政策达成一定程度的协调。这样的区域合作主要集中在自贸协定、关税同盟、共同市场协定以及区域一体化协定中。除体现南北合作的北美自由贸易区(NAFTA)外,一体化程度较高的欧盟,发展中国家最大的贸易集团东盟,还有东部和南部非洲共同市场(COMESA)、中部非洲经济与货币共同体(CEMAC)、东非共同体(EAC)、南部非洲发展共同体(南共体)、南部非洲关税同盟(SACU)、西非经济和货币联盟(UEMOA)等。

依据国际法一般原理和国际竞争政策实践,不难发现,双边或区域协定仅涉及两个或若干具有共同利益或发展水平的国家或地区,谈判成本相对较低,规则调整相对机动而更具灵活性,内容具体也相对明确而更具针对性。但双边或区域协定始终难以回避其调整范围和约束效力仅涉及有限各方的内在矛盾,对例如国际卡特尔等全球性垄断行为收效甚微。

而且,在实践中,双边或区域协定主要关注程序性合作,较少触及对实体规则的协调,这也说明了竞争实体法的趋同与利益的对称是双边或区域协定有效实施的现实依据。在著名的波音公司与麦道公司合

---

① 参见刘宁元:《国家间反垄断合作的必由之路——双边的方法》,载《河北法学》2010 年第 4 期。

并案中,欧盟(彼时仍为欧共体)出于自身利益的考虑,为维护欧洲空中客车公司在国际市场的竞争地位与交易机会,拒绝这两家美国公司的合并。虽然该案在波音公司的让步中以欧共体批准而告终,但是欧美基于各自立场的决策仍可见双边协定现实操作中存在的艰难。同样,区域协定形成的基础在于协议各方在竞争政策理念和规则方面的趋同,其调整范围和约束效力较双边协定有所拓展但仍具有相当程度的地域局限。

四、对国际垄断行为的多边回应

随着经济全球化与贸易自由化的发展,应对国际垄断行为的协调与合作也开始变成全球性事务。国际社会在这个方面已经做出一些努力,各类国际组织也积极促成各国竞争政策的趋同与国际垄断行为的规制。其中最具代表性的包括 WTO、UNCTAD、OECD 和 ICN 等。然而,这些组织虽在全球范围内积极尝试和各方协调,但囿于各国经济发展的不均衡和竞争政策的差异性,这些尝试或因意见不一致而暂停,或签署文件缺乏法律拘束力,或未建立有效的争端解决机制,或仅局限于部分经济体而使深层合作受限,其结果都不甚理想。

《关税与贸易总协定》(General Agreement on Tariffs and Trade, GATT)创始成员早在 1948 年的《有关国际贸易组织的哈瓦那宪章》(以下简称《哈瓦那宪章》)中就明确提出了运用多边贸易体制制约反竞争商业行为的必要性,并对国际竞争问题作出了相应规范(第 46 ~ 54 条)。特别是《哈瓦那宪章》第 46 条规定:一旦某些限制竞争、限制市场进入、维持和形成垄断性控制力量的商业行为对生产和贸易的扩张产生了负面效果,或妨碍了宪章所追求的诸如扩大贸易、开放市场之目的的实现,这些商业行为就应当被认为影响国际贸易。然而,由于美国的反对,《哈瓦那宪章》最终流产,只保留了有关贸易政策的内容,也就是后来的 GATT。

联合国组织也作出了相关的努力。1980 年，联合国大会通过了《管制限制性商业惯例的一套多边协议的公平原则和规则》。由于上述原则和规则不具有法律约束力，只发挥指南的作用，并没有在指导国际经济交往方面发挥实际作用。

此外，OECD 特别为发达国家提供了一个政府间论坛，以促进这些国家在竞争问题上自愿合作。同样，这些合作的成果大部分是 OECD 作出的关于影响国际贸易的限制性商业行为的无约束力的建议。由于得不到发展中国家的支持以及发达国家内部意见分歧，OECD 虽然为制定跨国公司行为准则以及为竞争法的协调进行了长期努力，但也没有实质性突破。

上述种种尝试的失败充分反映了达成一部有约束力的世界性竞争法典的困难。国际组织倡导的竞争规则也许与当前某些国家的需要相协调，却不能满足绝大多数国家的需求。更为重要的是，如果实体规则中含有创建一个具有真实权力的国际执法机构，将会导致国家权力的让渡，而这种让渡对于绝大多数国家而言，作出的牺牲比可以获得的利益更多。

鉴于统一的国际竞争规则提供了一种最严格的组织模式，但忽视了庞大机构的无效性和世界各国不同法律体制之间的差异性，因此，对把如此广泛的权力转交给唯一的国际组织这种方式，世界各国几乎不可能达成共识。在这种情况下，通过各国竞争法的协调与融合以及各国际组织的努力实现各国竞争政策的趋同，继而最终自发形成集中、统一的国际竞争规则，成为最务实的选择。

第二节　竞争政策的国际协调：困境及路径

纵观当前竞争政策国际协调的历史，基本上可以将竞争政策的国际协调归于两类路径:一是"规则"路径,即试图通过达成统一的规则的方式规制国际垄断行为;二是"趋同"路径,即通过国际合作交流和国际组织的倡导性意见等,促进各国竞争政策的趋同,进而"自动"实现对国际垄断行为规制的协调。下文将重点对这两种路径进行对比分析,在正视各国确实存在多元的竞争政策理念和制度的基础上,探索应对国际垄断行为的可行路径,包括中国在其中承担的角色和责任。

一、多边层面的规则:失败的教训和前景

通常认为,目前在 WTO 框架内达成多边竞争规则的努力已经失败了。但是,实际上在 WTO 的法律体系内已经包含若干竞争政策的内容。这表现在:一方面,WTO 所追求的贸易自由化与竞争政策的目标具有一致性;[①]另一方面,一些 WTO 协议中已经存在针对特定领域的竞争规则(见表 5-1)。

表 5-1 WTO 协定中的竞争条款

WTO 协定	竞争条款
《关税与贸易总协定》(General Agreement on Tariffs and Trade, GATT)	第 17 条、第 11 条第 1 款
《服务贸易总协定》(General Agreement on Trade in Services, GATS)	第 8 条、第 9 条
《与贸易有关的知识产权协定》(Agreement on Trade - Related Aspects of Intellectual Property Rights, TRIPs)	第 8 条第 2 款、第 40 条

① 参见王先林:《国际贸易协定谈判中的竞争政策问题——以 WTO 与 TPP 谈判为例》,载《竞争政策研究》2015 年第 1 期。

续表

WTO 协定	竞争条款
《与贸易有关的投资措施协定》(Agreement on Trade - Related Investment Measures, TRIMs)	序言、第 9 条
《技术性贸易壁垒协定》(Agreement on Technical Barriers to Trade, TBT)	第 8 条第 1 款
《保障措施协定》(Agreement on Safeguards, AOS)	第 11 条第 1 款第(b)项
《反倾销协定》(Agreement on Anti - dumping, AD)	第 3 条第 5 款
《补贴与反补贴措施协定》(Agreement on Subsidies and Countervailing Measures, SCM)	第 15 条第 5 款
《政府采购协定》(Agreement on Government Procurement, GPA)	第 15 条第 1 款

更为重要的是,WTO 的争端解决机制为处理国际竞争争端搭建了基础性平台,而且在事实上已经处理过国际竞争案件。在 1998 年的“柯达/富士案”中,美国指控日本政府通过制定胶卷分销的规定使富士公司得以建立排他性销售网络,从而排挤包括柯达在内的国外公司参与日本胶卷市场的竞争。[①] 尽管该案本质上是一项私人限制竞争纠纷,但是美国极力主张日本政府在导致垄断方面的决定性作用,因为 WTO 只能受理政府之间的贸易争端。最终专家组裁决美国败诉的原因,也是认为美国无法证明日本政府在垄断行为的达成上起到了决定性作用,而私人垄断主体无须履行 WTO 协定的义务。该案一方面反映出 WTO 有能力处理国际竞争纠纷,另一方面也反映出 WTO 在处理国际

---

① See Report of the Panel, 22 April, 1998, WT/DS44/R.

竞争纠纷方面的局限性,即其无法对私人排除限制竞争行为予以规范。

总的来看,目前 WTO 框架内的竞争规则已经无法与国际贸易和国际竞争的发展趋势相匹配。WTO 现有规则的缺陷主要体现在:第一,无法约束没有得到政府支持的限制市场进入的纯粹私人商业行为;第二,没有要求 WTO 成员制定竞争法;第三,没有对各国竞争法的域外适用加以协调。①

实际上,在 WTO 于 1995 年正式成立后的第二年,新加坡部长级会议就决定成立一个贸易和竞争政策工作组,开始对有关贸易政策和竞争政策之间的关系开展研究。然而,事实证明将竞争政策议题纳入 WTO 谈判日程步履维艰,经过一系列努力后,于 2004 年被直接从谈判议程中撤销,试图在 WTO 框架内形成统一的国际竞争政策的构想基本宣告失败(参见表 5-2)。

表 5-2 WTO 关于竞争政策议题的谈判历程

时间	事件	结果
1996 年	新加坡部长级会议决定成立贸易与竞争政策工作组	竞争政策问题正式被纳入 WTO 框架予以考虑
1997 年	贸易与竞争政策工作组正式建立	明确部分国际竞争规则规制的行为,要求发展中国家加强竞争政策领域的法治建设
1999 年	西雅图部长级会议提交关于竞争政策的谈判建议	谈判未能发起

① See Hoekman Bernard & Kostecki Michel, *The Political Economy of the World Trading Symtem From GATT to WTO*, Oxford University Press, 1997, p. 254-256.

续表

时间	事件	结果
2001 年	多哈部长级会议明确开展竞争政策问题谈判的条件	未获得实质性成果
2004 年	WTO 成员就多哈回合全球多边贸易谈判的主要议题达成了框架协议	包括竞争政策在内的三个新加坡议题从 WTO 的谈判议程中撤销,至少在多哈工作计划期间被撤销

WTO 主要成员对于国际竞争政策的发展路径的分歧,是导致在 WTO 框架内引入统一的竞争规则遭遇失败的主要原因。

欧盟是在 WTO 框架内发展竞争规则的首倡者和极力推动者。欧盟的核心观点可以概括为两个方面:第一,贸易和竞争政策工作组的授权仅仅是研究一个"国际性的竞争规则框架",不应当包括其他与竞争相关的问题,如反倾销、反补贴和汇率问题。第二,贸易和竞争政策工作组的工作应重点围绕以下方面展开:(1)确保所有的 WTO 成员承诺建立有效的国内竞争法及其执行体系,为受限制竞争行为影响的当事人提供行政和司法救济;(2)确保达成核心原则和规则,如透明度原则、非歧视原则、正当程序原则以及有关核心卡特尔的规则;(3)达成各成员之间开展合作(包括信息交流、案件磋商、程序协调等)的规则;(4)确认如何制定隶属于 WTO 争端解决机制的规则。①

日本和韩国赞成成立贸易和竞争政策工作组,但要求工作组不但要研究欧盟列举的问题,还要研究被用来阻碍进口并进而限制国内市场竞争的贸易措施(如反倾销、反补贴和保障措施等)。中国香港特别行政区则建议建立一个更为广泛的框架,对现有的贸易和投资规则与

① See Working Group, *Report of the Working Group on the Interaction between Trade and Competition Policy to the General Council*, WT/WGTCP/2, 1998.

竞争政策之间的关系进行系统研究。发展中国家则普遍对上述提议的反应比较谨慎。因为这些提议意味着要给一个已经负担过重的国际机构再增加负担。1996 年 4 月,象征着东南亚国家联盟成员国议会的东南亚国家联盟商业和工业理事会大会发表了一份公报,指出“发达国家现有的竞争法律不应当仅局限于贸易领域,同时不应当强加给东南亚国家联盟(ASEAN)”。公报声明:“应当明确规定,竞争法属于一国内部事务,最好应由各个国家在充分考虑本国工业结构、消费者所要求的保护力度和此类商业行为的成本和利益之后,再自主作出决定。”①

在各方存在分歧的情况下,美国的态度尤为关键。美国显然对于在 WTO 框架内达成统一的竞争规则并无兴趣。一方面,当时世界上只有大约 70 个国家颁布了反垄断法,且大部分实施时间不长,美国认为一些关键问题还无法形成一致意见;另一方面,美国认为欧盟提议的“由上而下”统一反垄断法的路径过于理想化,最终可能只是一个最低保护水平的共同原则的集成,只会被用于阻碍有效率的西方企业的市场进入。② 换言之,美国认为在 WTO 层面达成统一竞争规则会削弱美国反垄断法在世界上的影响力。美国商界亦担心他们会受到 WTO 竞争规则的限制,影响到美国公司在国际市场上的行为。③因此,美国认为,WTO 应该把工作重心放在反倾销等已经开始但尚未成熟的工作上。

归纳起来,失败的原因主要包括三个方面:其一,利益诉求分歧,不仅发达国家与发展中国家的利益诉求不同,发达国家之间亦不同。发

① Khor Martin, *WTO Competition Rules or Global "Welfare" for TNCs?*, Third World Economics, Issue 211, Penang, p.7 - 11(1999).

② 参见于馨淼:《我国反垄断法国际合作的模式选择》,法律出版社 2012 年版,第 168 ~ 169 页。

③ See Fox Eleanor, *Toward World Antitrust and Market Access*, The American Journal of International Law, No.91, January, p.1 - 25(1997).

达国家希望巩固自身在国际社会利益分配中的优势地位,扩大资本输出,实现全球范围内更大规模的经济垄断;而发展中国家则希望利用国际竞争规则限制跨国公司垄断势力,建立国际经济新秩序。两大集团在竞争政策的立场上存在巨大分歧。美国和欧盟两大主要经济体在国际竞争政策的发展路径上也存在明显分歧。其二,WTO 框架内超越国家的法律与机构与各国经济主权间的冲突。各国的竞争政策基于国家主权产生,并在一定程度上与符合各国国情的贸易政策与产业政策相协调,普遍适用的国际竞争规则很容易与之相悖。其三,各国的竞争政策目标,以及与之相关的竞争法理论、理念、体系与执行模式等均存在较大差异。

不过,自乌拉圭回合谈判以来,竞争政策议题就已经进入谈判之中,至少证明各成员已经认识到竞争与贸易之间关系的重要性。当前,WTO 依旧是进行国际贸易问题多边谈判的最理想场所,也是承载国际竞争协议的最优的体制性平台。竞争政策的国际协调不仅与 WTO 的目标和宗旨具有一致性,同时也可以借助 WTO 相对完备的管理与执行机制(包括争端解决机制),消解国内管制机构在调查跨国竞争行为时的不公正性。

二、双边和区域层面的规则:成功的经验和局限

(一)双边和区域协定梳理

根据 WTO 的统计,截至 2021 年 6 月 15 日,世界范围内共达成了 565 项区域贸易协定,其中 349 项已经生效。[①] 越来越多的双边和区域

---

① See *Regional Trade Agreements*, World Trade Organization (Jun. 15, 2021), https://www.wto.org/english/tratop_e/region_e/region_e.htm.

贸易协定中纳入了竞争政策条款。尽管各国参与的双边或区域贸易协定采取了各种各样的形式,但基本上以美国和欧盟为“枢纽”向外“辐射”。这不仅是指美国和欧盟彼此已签订一批双边协定,也是指他们各自也和其他国家签订了大量的双边或区域协定。就协定内容而言,通常包括立法和执法通告、信息交流、程序中的合作与协调、避免反垄断程序的冲突等。这些协定极大地促进了各国竞争法在理念和程序上的趋同。

各国在双边贸易协定或区域自贸协定中达成竞争条款,最主要的目的是确保市场准入和实现贸易自由化。无论是国家还是企业,实施限制竞争行为都有可能损害自贸协定促进贸易自由化的目标。例如,反垄断法对掠夺性定价的规制能够杜绝倾销行为。换言之,有效实施的竞争规则有助于消除导致贸易防御措施的经济根源。同时,在自贸协定中引入竞争条款,设置较为严格的实体标准和程序保障措施,还有助于减少歧视性、选择性的反垄断执法。此外,这样做还可以实现广泛的经济目的,包括实现与缔约各方竞争政策目标的协调、体现缔约方对外国投资者的承诺、获得自贸区国内民众的支持以及获得缔约方国内竞争执法机构的支持等。

自贸协定中的竞争条款通常包含以下内容:

第一,明确限制竞争行为的覆盖范围。有的自贸协定仅笼统地规定禁止限制竞争行为,[①]有的则进行专门列举,包括禁止垄断协议、滥用市场支配地位和排除限制竞争的经营者集中等。[②] 还有越来越多的自

---

① 如NAFTA、美国－澳大利亚、美国－智利、美国－新加坡、美国－韩国、中国－冰岛自贸协定等。

② 但是,并非所有这些自贸协定都完整地列举了这三类,比如欧共体签署的许多自贸协定中并无经营者集中控制的内容(如欧共体－瑞士、欧共体－土耳其、欧共体－南非、欧共体－以色列、欧共体－智利等自贸协定)。

贸协定纳入了国企条款，确保国有企业在与外国企业竞争时政府保持中立。[①]

第二，程序性规则。这通常包括通告、协商、互助、消极礼让和积极礼让等内容。绝大多数自贸协定中都有执法合作的内容，这是最常见的条款。

第三，实体性规则。只有很少的自贸协定涉及这部分内容，如欧盟和土耳其之间的自贸协定要求“土耳其应确保其在竞争规则领域的立法与欧洲共同体竞争法兼容，并能有效应用”。[②] 对于绝大多数自贸协定而言，确保竞争政策实施过程中的非歧视而非促进竞争政策的统一才是其主要目标。

第四，机构条款。通常只是确保缔约方建立竞争执法和司法机构，能够对限制竞争行为开展救济，而非创建独立的机构对国际限制竞争行为进行规制。

第五，争端解决条款。绝大多数自贸协定都倾向于规定争端解决条款不适用于竞争规则。

除自贸协定之外，很多国家还通过签订专门的反垄断合作协议来促进执法合作。美国无疑是其中最积极的代表之一。美国与 11 个司法管辖区有正式的反垄断合作协议，其中与澳大利亚、巴西、加拿大、欧盟、德国、以色列、日本和墨西哥签订了政府级别的协议，与智利、中国和俄罗斯的竞争执法机构签订了机构级别的谅解备忘录。[③]

---

① 如 NAFTA、美国－澳大利亚、美国－智利、美国－新加坡、美国－韩国、欧盟－韩国、欧共体－以色列、欧共体－墨西哥、欧共体－智利自贸协定等。

② 参见李振宁:《自贸协定竞争政策条款研究:现状与应对》，载《中国物价》2014 年第 6 期。

③ 参见[美]瑞秋·布兰登勃格、[美]兰迪·特莱特尔、胡润田:《全球反垄断政策的趋同与差距》，载《朝阳法律评论》2012 年第 1 期。

(二)双边和区域协定的局限性

总的来讲,双边和区域协定能够促进合作方的交流和互信。通过交换有关竞争政策方面的信息和观点,各国可以统一看法,缩小冲突范围并最终形成共同的竞争文化。然而,双边和区域协定在克服不同国家反垄断法的实质性区别方面仍然捉襟见肘。这种不足至少体现在三个方面:

第一,覆盖范围的有限性。由于国际竞争问题通常涉及两个及两个以上的国家,双边协定显得不够,区域协定亦只有有限适用范围。已有竞争法和竞争当局的国家或许会选择签署双边或区域合作协定,但这对没有竞争法的国家而言说服力甚微。并非所有的WTO成员都有竞争法。在没有竞争法的国家,国内限制竞争行为将阻碍市场进入。竞争法的引入和竞争当局的建立,不仅有利于消除本国限制竞争行为,而且可以据此修改那些不必要的限制竞争和市场进入的规则。而且,在没有引入竞争法的国家实施的限制竞争行为,可能限制别国的竞争。因此,国际市场需要多边概念。只有在多边协议中囊括绝大多数国家解决竞争问题的义务,才能够有效应对国际垄断行为的不利影响。

第二,合作对象的有限性。签订或加入协定是一个自愿的过程,这意味着每个国家都可以自主决定与谁合作、不与谁合作。显然,一些国家情愿与某些国家达成合作协议而排斥另外一些国家,这就产生了这种自由决定权是否与WTO的非歧视性原则相一致的问题。大多数的双边协定是在发达国家之间或具有类似发展水平的国家之间缔结的。这就非常遗憾地导致常常受到限制竞争行为严重影响的发展中国家被排除在外。只有在多边的竞争框架下,才包含互相合作的义务,并且要以非歧视的方式与已经承诺或拥有竞争法的交易伙伴进行交易。

第三,合作内容的有限性。当合作各方的利益是相对均衡时,双边或区域合作协定可能非常有效;但当有关行为的竞争效果不对称时(如影响一个国家却不影响另一个国家）或产生贸易问题时，这些合作协定可能就难以发挥作用。双边或区域协定在约束国际卡特尔方面通常被认为是最成功的，但是在消除出口卡特尔、进口卡特尔和限制竞争的跨国并购方面，却几乎无法达成共识。

三、“趋同”的努力：国际组织之间的博弈

鉴于在多边层面达成具有约束力的规则在短期内难以实现，当前国际社会主要通过国际组织的努力实现竞争理念及规则的“趋同”。其中，尤其以 OECD、UNCTAD 以及 ICN 作出了具有一定影响力的贡献。

（一）OECD 的趋同努力

OECD 成立于 1961 年，是由 35 个市场经济国家所组成的政府间国际经济组织，旨在共同应对全球化带来的经济、社会和政府治理等方面的挑战，并把握全球化带来的机遇。OECD 的组织架构主要由理事会、秘书处和各类委员会组成。理事会是 OECD 的决策机构，由每个成员国和欧盟委员会各派 1 名代表组成，通过一致同意的方式达成决议。秘书处是 OECD 的执行机构，下设若干行政管理机构执行理事会决议和分管 OECD 的相关工作。委员会则根据理事会的需要建立，目前有 250 多个委员会（包括工作组和专家组），就具体政策领域开展研究和提出建议。竞争委员会就是其中之一。[①]

OECD 在竞争政策的国际协调方面拥有悠久传统与先进经验。作为一个主要关注经济问题的国际组织，自其成立之初，竞争政策就是其重点关注领域之一。它主要通过发布意见和指南的方式协调各国的竞

---

① 最初于 1961 年成立时名为“限制性商业实践专家委员会”，后更名为“竞争法律和政策委员会”，2001 年又更名为“竞争委员会”。

争政策，同时也在立法和执法层面为很多发展中国家提供有益的技术援助。然而，这些协调工作主要存在于反垄断法的执法合作层面，缺乏有效的法律约束力，同时该组织成员国主要是发达国家，这也进一步局限了其对于国际竞争政策的协调作用。

OECD 的竞争政策事务主要由两个机构负责：一是秘书处下属的金融与企业事务处（Directorate for Financial and Enterprise Affairs），其工作职责除了竞争政策之外，还包括反腐败、投资、金融和企业管理等，其主要目标是在上述领域帮助成员国政府改善可能影响市场的国内和全球政策，竞争政策只是其中一方面；二是竞争委员会，其专注于国际竞争政策的发展，研究竞争政策和其他政策之间的关系，并通过发展指南和最佳实践促进国内改革和国际竞争政策趋同。

OECD 在国际竞争政策方面的成就主要有以下几个方面：

第一，发布了一系列无法律约束力的以建议、指南等形式体现的倡导性规则，如 1979 年理事会《关于竞争政策和豁免或管制行业的建议》、1995 年理事会《关于成员国在影响国家贸易的反竞争实践方面进行合作的建议》、1998 年理事会《关于对核心卡特尔采取有效行动的建议》、2005 年理事会《关于合并审查的建议》、2009 年理事会《关于竞争评估的建议》、2009 年《公共采购中监测串通投标指南》、2011 年《跨国企业指南》等。

第二，发布了一系列以报告、最佳实践等形式体现的有关竞争规则的建议性文件，如 1999 年《关于积极礼让的报告》、2005 年《竞争当局在核心卡特尔调查中规范的信息交换的最佳实践》、2006 年《竞争法的私人执行》、2009 年《国有企业和竞争中立原则》、2010 年《程序公正：民事和行政执法程序中的透明度问题》、2010 年《竞争评估工具书》和 2011 年《危机卡特尔》等。这些文件不仅涉及竞争法的实体规则框架和标准，还涉及竞争法的执行体制及其程序规则，以及竞争法在不同部门或领域的适用。其中,对包括我国在内的新兴反垄断法国家而言影响最大的可能是其发布的《竞争评估工具书》。[①] 工具书通过提供识别对市场活动不必要的限制的方法,指导各国政府在制定公共政策时考虑竞争政策,以最小限制竞争效果的方式实现公共政策的既定目标,从而帮助各国政府消除排除、限制竞争的制度安排可能产生的不利影响。

第三,提供了同行评审(peer review)的平台。自 1998 年以来, OECD 对许多国家的竞争法律和政策进行了深入的评审。这些评审详细地评估了每个国家如何处理竞争和管制问题,包括竞争法本身的健全性以及竞争执法体系的结构和有效性。每次同行评审的报告均在 OECD 的官方网站上公布,不仅为各国提供了审视他国竞争政策的机会,更为被评审国家改善自身竞争政策提供了参考意见。

第四,极大地推动了国际合作。自 1990 年以来,OECD 与世界各地区的竞争主管机构开展了广泛合作。合作内容包括案例研究、开展研讨会、立法起草、司法培训等。OECD 还与 UNCTAD、ICN 等国际组织保持了紧密合作关系。此外,OECD 通过两个年度论坛在全球范围内传播关于竞争的工作,即 2001 年发起的“全球竞争论坛”(Global Forum on Competition)和 2003 年发起的“拉丁美洲竞争论坛”(Latin American Competition Forum)。此外,OECD 还设立了两个区域竞争中心管理亚洲、中东欧及东南欧地区的事务。

毫无疑问,OECD 是在国际层面促进竞争政策趋同的一个重要平台。相比于 ICN 这样的“虚拟”组织,OECD 在政府层面进行运作,且建有专门的秘书处和竞争委员会,因而更易在决策方面影响各国政府高层,促进各国开展改革。但是,OECD 毕竟属于“发达国家俱乐部”。尽

① 参见刘宁元:《反垄断法域外管辖冲突及其国际协调机制研究》,北京大学出版社 2013 年版,第 293 ~ 297 页。

管其尝试通过召开高端会议以及通过培训和年度项目来吸引发展中国家的参与,[①]但是其发布的指导性意见或指南通常带有发达国家的制度烙印,很难被广大发展中国家认可和接受。

(二)UNCTAD 的趋同努力

UNCTAD 成立于 1964 年,是联合国大会常设机构之一,是审议有关国家贸易与经济发展问题的国际经济组织,是联合国系统内唯一综合处理发展和贸易、资金、技术、投资和可持续发展领域相关问题的政府间机构,目前有成员国 192 个。作为一个政策研究和咨询机构,UNCTAD 支持发展中国家的工业化、国际贸易和促进投资。UNCTAD 的最高权力机构是贸发大会,由全体成员国参加,每 4 年举行一次,常设机构是贸易和发展理事会(the Trade and Development Board, TDB),每年举行一届常务会议和三次执行会议,理事会还下设三个委员会:货物和服务贸易及商品委员会;投资、技术和相关资金问题委员会;企业、商业便利和发展委员会。日常事务由设在瑞士日内瓦的秘书处承担,主要为贸发大会、理事会及其附属机构服务。UNCTAD 的竞争事务主要由其竞争和消费者政策处处理。

UNCTAD 在国际竞争政策方面的成就主要有以下几个方面:

第一,在国际竞争法的立法方面提供了为发展中国家广泛接受的范本。自 1980 年联合国大会通过《管制限制性商业惯例的一套多边协议的公平原则和规则》(以下简称《管制限制性商业惯例的原则和规则》)之后,UNCTAD 每隔 5 年组织一次部长会议审查其执行情况,并在此基础上于 1984 年完成了《消除或控制限制性商业惯例法律范本》,

---

① 参见[美]瑞秋·布兰登勃格、[美]兰迪·特莱特尔、胡润田:《全球反垄断政策的趋同与差距》,载朝阳法律评论编辑委员会编:《朝阳法律评论》第 6 辑,中国华侨出版社 2012 年版。

后更名为《竞争法范本》。

《管制限制性商业惯例的原则和规则》体现了发展中国家的利益诉求，无论是在正文还是其他理由陈述中，均不厌其烦地强调发展中国家的利益，强调考虑发展中国家出于其经济发展的需要排除或豁免适用特定竞争规则的必要性，这在一定程度上降低了其被发达国家接受的可能性。不过，每5年一次的审查会议为发达国家和发展中国家提供了交流平台，也为《竞争法范本》的不断修订完善提供了契机。

《竞争法范本》旨在"控制或消除限制进入市场或以其他方式不适当地抑制竞争而对国内或国际贸易或经济发展造成不利影响的企业间限制性协议或安排、并购以及滥用市场支配地位的行为"。[①] 它的适用范围十分明确，只适用于企业(包括国有企业)和自然人，排除国家行为和政府行为的适用。它还详细规定了有关垄断协议、滥用市场支配地位和经营者集中的实体规则，并对竞争主管机关等机构设置以及处罚、救济和程序方面的问题作出了详细规定。作为一部无法律约束力、定期被讨论并随时可能被更新的法律范本，《竞争法范本》为发展中国家进行竞争立法提供了重要参考，并确实被许多发展中国家的国内立法广泛采用。但是，鉴于其带有浓厚的发展中国家的印记，发达国家迄今为止对其态度冷淡。[②]

第二，UNCTAD 建立了与 OECD 类似的同行评审机制。在 UNCTAD 贸易和发展理事会(Trade and Development Board, TDB)下，设有"限制性商业惯例政府间专家组"(Intergovernmental Group of

---

① *The Model Law on Competition – UNCTAD Series on Issues in Competition Law and Policy*, UNCTAD (2007), http://r0.unctad.org/en/subsites/cpolicy/english/cpdocs.htm.

② Eleanor M. Fox & Daniel A. Crane, *Global Issues in Antitrust and Competition Law*, American Casebook Series (Jun. 30, 2010), http://www.gbv.de/dms/spk/sbb/toc/689328435.pdf.

Experts on Restrictive Business Practices, IGE),旨在监管《管制限制性商业惯例的原则和规则》的适用与实施情况。自 IGE 于 1997 年设立以来,每年举行一次会议,对其中一个国家的竞争法和竞争政策实施同行评审(见表 5 - 3)。通过对各国竞争法和竞争政策的自愿同行审评,UNCTAD 为发展中家和经济转型国家的竞争立法和竞争法的升级改造提供了支持。更为重要的是,UNCTAD 的同行评审与受评审国家的技术援助和能力建设紧密联系,因此极大地促进了国际竞争政策的发展。

表 5 - 3 UNCTAD 自愿同行审评程序

阶段	活动	时间长短	成果
同级审评报告	与受审评国家协商,确定和约请独立专家;筹备和进行对该国的实情调查访问;编写同级审评报告草稿,并请受审评一方纠正事实性错误;同级审评报告定稿	最长 6 个月	同行审评报告
评价	组成审评小组;与受审评国家协商,制定能力建设项目;在 IGE 会议期间举行正式互动讨论,由审评小组、受审评国家和 IGE 与会者参加;介绍 UNCTAD 提出的能力建设项目	3 个月	UNCTAD 能力建设建议
后续	在受审评国家散发同行审评报告的结论和建议,并介绍 UNCTAD 提出的能力建设项目;寻求资助	评价结束后最长 6 个月内	受评审国家的能力建设
	推行能力建设项目各项活动	2 年至 3 年	

第三,UNCTAD 促进了学术研究和国际交流。从 2010 年开始,为了进一步加强在竞争政策方面的学术研究,在 IGE 年会的基础上,UNCTAD 专门成立了一个研究性的平台"竞争法和消费者保护政策研究伙伴平台"(Research Partnership Platform on competition law and consumer protection policies, RPP)。RPP 的目的是通过构建一个竞争法与消费者保护政策跨学科研究的网络平台,为成员提供最新的研究动态,同时通过最终的报告或出版物加深人们对竞争及消费者保护政策的理解。RPP 的活动包括联合出版物、开展国际性会议和培训项目、对成员研究成果的传播等。2011 年,RPP 启动了一项名为"发展中国家的竞争中立及其实施"的研究项目。该研究课题由 UNCTAD 专家确定后,由澳大利亚新南威尔士大学的黛博拉・希利(Deborah Healey)教授领衔,整合了来自马来西亚、印度、巴拉圭和中国的学者参与研究。经过一年的研究,研究成果已经在 UNCTAD 官网上公布。① 研究报告分析了中国国有企业的性质和发展现状、国企改革的历史及特殊性、中国国企的竞争优势及劣势、反垄断法对国有企业的适用、对中国竞争投诉机制的探讨、存在的问题及总结等内容。这些都使国际社会更加了解中国国有经济的改革进程,同时也探讨了中国特色的竞争中立政策实施的问题,为克服世界性的共同难题作出了努力。

与 OECD 相比,UNCTAD 是从发展中国家的角度处理竞争问题的一个关键的多边渠道。它通过《管制限制性商业惯例的原则和规则》《竞争法范本》等指导文件为发展中国家制定和修改反垄断法提供了范本。尽管由于文件约束力的缺乏,《管制限制性商业惯例的原则和规则》以自愿性为主导原则而遭到发达国家的排斥,《竞争法范本》更仅具有示范性质,对许多经济上占据优势地位的发达国家并没有深刻的影响,但是作为联合国下属的多边平台,UNCTAD 为发展中国家提供了表达符合自身利益诉求的最佳平台。

---

① See UNCTAD Research Partnership Platform, *Competitive Neutrality and Its Application in Selected Developing Countries*, UNCTAD (Jan. 1, 2014), http://unctad.org/en/Pages/DITC/CompetitionLaw/ResearchPartnership/Competitive-Neutrality.aspx.

(三)ICN的趋同努力

2001年,在美国的倡议下,来自14个国家和地区的高官共同发起成立了ICN,致力于为竞争当局提供一个保持日常联络和解决实践中竞争问题的专业而非正式的场所,其主要任务是通过对话加强国际合作和促进统一化。①

与OECD和UNCTAD相比,ICN最大的特征在于它是无实体办公地、无固定人员、无常设秘书处的"三无"机构。而且,它的成员构成不是以国家或经济体为依据,而是以竞争主管机构为依据。比如,美国司法部和联邦贸易委员会都是ICN成员。截至2016年年底,共有137个来自不同国家和地区的竞争主管当局作为成员加入。② 此外,ICN还积极寻求国际组织、非政府组织、各类与竞争相关的协会及反垄断经济和法律事务工作者的支持。

ICN通过组建"指导小组"(a steering group)的方式避免无实体机构的弊端,并由其负责领导ICN的工作、批准新成员的加入、建立工作组并任命工作组负责人等事务性工作。指导小组由15名当选成员和3名当然成员组成。当选成员由参加年会的所有成员一致同意任命,当然成员则是指定担任年度会议主席的ICN成员。指导小组的当选成员的任期为两年。指导小组成员在奇数年的年度会议上由ICN成员协商一致确认。

ICN主要通过设立不同工作组的方式开展工作。ICN每年举行一次全体会议,由各成员机构的负责人参加,讨论新的工作计划并对目前

---

① 参见商务部政策研究室对于ICN的介绍,载商务部政策研究室网,http://zys.mofcom.gov.cn/aarticle/cp/200602/20060201503075.html。

② 其中,北美洲14个,南美洲15个,欧洲51个,非洲23个,亚洲32个,大洋洲6个。See *Members of International Competition Network*, International Competition Network (Jul. 18, 2021), http://www.internationalcompetitionnetwork.org/members/member-directory.aspx.

计划的进展情况进行审议，各成员亦可在会议上提交自己的提案。各个工作组则负责执行 ICN 年度会议批准的计划。工作组是非常设机构，可以根据需要召集或被撤销。目前的工作组有五个，分别为倡导工作组、机构效能工作组、卡特尔工作组、并购工作组、单边行为工作组。工作组以一致同意的方式发布成果，如未能达成一致，工作组应在其报告中说明不同意见。

在工作开展上，ICN 主要通过工作组发布推荐措施或指南的方式为各成员提供参考，主要分为推荐措施、指南和其他建议三类。推荐措施包括《竞争评估的推荐措施》《合并通知和审查程序的推荐措施》《合并分析的推荐措施》《评估优势/实质市场力量的推荐措施》《关于对国有企业垄断实施单边行为规则的建议措施》等；指南包括《ICN 调查过程指导》《关于合并的国际执法合作实用指南》《电信服务部门竞争的作用：建议的最佳实践》《指导小组信息：在困难的经济时期竞争政策的情况》《对新兴竞争机构开展技术援助的相关结论》等；其他建议包括《模范措施汇编》《合并指南工作簿》《合并审查调查技术手册》《经济学家的作用和经济证据在合并分析中的作用》《市场研究模范实践手册》《单边行为工作簿》等。

同时，ICN 也积极开展国际合作。一方面，其发布了《国际执法合作实践指南》(2015 年)、《卡特尔宽免豁免模板和解释性说明》(2014 年)、《OECD/ICN 关于国际执法合作问卷调查报告》(2013 年)、《国际执法合作项目授权》(2012 年)、《ICN 合并审查合作框架》(2012 年)、《ICN 执法合作圆桌会议报告和问卷调查摘要》(2011 年)、《卡特尔调查报告中的竞争机构之间的合作》(2007 年)等有关国际合作的指导性意见；另一方面，通过每年召开年会的形式，各国竞争主管机关能够就其面临的问题进行交流并就竞争执法的国际合作问题进行对话，在竞争政策领域影响很大。

ICN是在美国的主导下建立的,其建立的初衷一直很明确,那就是促进国际竞争政策的趋同。它并不试图达成统一的竞争规则,亦无意干涉各国主权,而是重点关注反垄断法实施过程中的技术性问题,通过潜移默化的方式影响各国竞争主管机构和各国政府对于竞争政策的态度。这源于美国对于在WTO框架内形成一个折中的低标准的国际竞争政策的反对,同时亦符合大多数国家的利益,即在无法达成统一的国际规则的情况下,必要的国际合作是必须的。

ICN在取得共识方面确实是成功的,其给出的有关执法方面的建议得到了广泛的认同和采纳。在实践中,巴西和斯洛伐克的合并控制程序也受到ICN发布的指导意见的重大影响。[①] 同时,由于ICN的成员是各国的竞争执法机构,其对于竞争政策的问题能够给予更密切的关注与更专业的谈判。

但是,它的缺陷也是明显的。有些缺陷是共性的,即其与OECD和UNCTAD一样,都只能发布一些无约束力的意见,供各个国家和地区自愿采纳。有些缺陷是它独有的,如它聚焦的内容和发布的报告较少涉及实体性内容,也不关注具体案件的调查和执法合作,更没有对各国反垄断法的域外适用可能引发的管辖权冲突作出研究并尝试提供解决办法。这些都限制了其发挥作用的领域。

(四)小结

OECD、UNCTAD、ICN都是通过提供参考意见的方式实现趋同的目标。尽管UNCTAD制定了《管制限制性商业惯例的原则和规则》和《竞争法范本》,一定程度上朝着达成具有约束力的多边规则迈进了一

---

① [美]瑞秋·布兰登勃格、[美]兰迪·特莱特尔、胡润田:《全球反垄断政策的趋同与差距》,载朝阳法律评论编辑委员会编:《朝阳法律评论》第6辑,中国华侨出版社2012年版。

步，但是其在较长一段时间内仍然只是参考性的，只能通过引入国内立法的方式实现其价值。无约束力是趋同路径最大的缺点，也可能是其最大的优点。正是由于无约束力，大家才愿意聚到一起讨论问题。而且，相比于 WTO 公平、民主的决策机制，趋同路径下的工作机制要有效率得多。WTO 究其实质仍然是一个处理贸易问题的平台，竞争问题只是在与贸易相关时才受到重视；相比之下，三大国际组织（特别是 ICN）更专注于竞争问题本身，其提出的倡导性意见更具有专业性。同时，它们工作机制的高效率和天生具备的灵活性、非强制性更容易获得各国政府和执法机构的青睐。

第三节　国际竞争政策的前景：多元理念基础上的“求同存异”

一、多元的竞争政策理念

尽管各国的竞争制度要素大同小异，但是在竞争政策的理念上分歧不小。世界范围内的市场经济制度已历经数百年历史，期间竞争理论也不断推陈出新。但是，蕴含竞争理念的竞争理论的形成，往往需要建立在一国市场经济的长期发展和积累、经济学理论的雄厚基础和创新以及各领域优秀学者的积极推动之上。因此，竞争理论并非在各国都具备形成、发展及传播的可能性。但是，基本可以得出竞争法律制度越发达的国家其竞争理念和制度也越具有影响力的结论。而且，竞争理念既可以在具备深厚竞争理论的国家（如美国、德国）的竞争政策中体现，也渗透在被植入竞争法律或是经济转型的国家（如日本、韩国、印度等）的竞争政策中。各国的历史传统和社会文化对竞争理念亦影响深远。

本书选取在世界范围内具有广泛影响的若干竞争政策理念及其理

论学派,对竞争政策理念的多元性展开分析(见表5-4)。这种理念的多元性,为在世界范围内构建统一的竞争规则增加了难题。

表5-4 竞争政策的多元理念

理念	理论/学派	盛行区域/时间
结构	哈佛学派	美国(20世纪30~60年代)
效率	“芝加哥学派”	美国(20世纪70年代之后)
秩序	弗莱堡学派	欧洲
公平	公共利益理论	亚洲

(一)结构主义与哈佛学派

美国是竞争理论最为活跃的国家之一。哈佛学派是美国于20世纪30年代开始盛行的产业组织理论学派。哈佛学派强调市场结构对于市场行为、市场绩效的决定性作用,是“结构主义”理念的代表。哈佛学派重点研究市场势力和市场竞争的关系,从市场结构(structure)、市场行为(conduct)和市场绩效(performance)三方面分析市场竞争,形成了典型的SCP范式。在该范式下,结构影响行为、行为影响绩效,因此关键是保持竞争性的市场结构。判断市场结构是否具有竞争性的关键指标则是市场上的竞争者数量,以及与此相关的市场集中度、进入市场的难易程度和市场产品的差异化程度等指标。

在结构主义理念下,市场结构居于核心地位。因此,市场集中度越高,就越具有限制竞争的可能。结构主义强调对于市场结构的整体把握,因此主张严格的反垄断规制,把每个行业的企业数量都控制在“合理的范围”。尽管进入20世纪中晚期,“芝加哥学派”的反垄断理论对哈佛学派的分析模式进行了批判并得到学术界响应,但是哈佛学院的结构主义遗产在当今各国的反垄断法律制度中仍然广泛存在。比如,市场集中度、市场进入的难易程度、企业之间的依赖程度等，仍然是判断市场力量的基本指标。在分析经营者集中的反竞争效果时，对单边效应和协同效应的分析，也离不开结构分析。因此，尽管我们可以说后来居上的"芝加哥学派"和"后芝加哥学派"对市场与政府作用的折中协调，丰富了开放自由的竞争理念，但其只是发展了哈佛学派的基本理念，并未完全摒弃哈佛学派的分析思路及其创设的一些基本概念。

在欧洲大陆，也存在与结构主义遥相呼应的理论学派。20 世纪 60 年代，德国在引进美国的有效竞争理论的基础上，提出了所谓的"最优竞争强度"理论，认为企业间开展有效竞争应当以良好的市场结构为基础，即倡议构建一种最优竞争强度的市场。[①] 这一理论主张，在最优竞争强度市场上，应该是多个竞争者并存，竞争产品存在适度差异性，且市场透明度不高。政府在制定经济政策时，应当根据市场上竞争者的数量适时调整，当竞争者过少时应当拆分大企业或是干预大企业限制竞争的行为，而当竞争者过多时，应当推动企业的联合与集中。"最优竞争强度"理论是对哈佛学派主张的结构主义的呼应，在一定程度上协调了市场竞争与规模经济间的冲突。

（二）效率主义与"芝加哥学派"

在与哈佛学派的论战中，"芝加哥学派"所主张的"效率主义"很快成为主流理论。"芝加哥学派"的主张可以简单归结为：竞争政策只有唯一一个目标即促进"经济效率"。在经济学上，经济效率可以用"经济福利"（总福利）代替——不关注垄断可能导致的福利转移损失（福利在消费者与生产者之间转移），而只关注垄断对社会福利（包括消费者和生产者之和）造成的纯粹损失。在效率主义看来，竞争政策"无须考虑

① 参加赵晓丽、李春杰：《电力市场结构与有效竞争》，载《产业经济研究》2003 年第 3 期。

伦理因素,而且与财富转移无关”。[①] 因此,只应当关注纯粹经济问题,至于福利分配的问题应该交由财税制度去调节。[②] “芝加哥学派”同时反驳了哈佛学派关于市场结构、市场行为和市场绩效之间只存在单向关系的论点,指出除非存在政府设置的壁垒,否则高度集中的市场所产生的高利润通常会吸引市场进入,从而使市场趋于均衡。在“芝加哥学派”看来,结构规制不如行为规制,效率主义应当取代结构主义。

从各国竞争法的历史发展来看,效率主义是“理想主义”的产物。它在应然层面也许是正确的,但无论是从过去还是现在乃至将来来看,竞争政策的指导思想都不可能达到唯效率至上。即便是美国历史上,也在很长一段时间内根本不关注或很少关注效率。[③] 何况,其虽然缓解了哈佛学派带给市场的压抑氛围,但其忽视政府干预,仅依靠市场自愈能力的偏颇之处也是显而易见的。

正因如此,20 世纪 90 年代之后,“后芝加哥学派”应运而生。[④] 效率主义所倡导的经济学理论的深入与实证分析技术的精密,让“后芝加哥学派”认识到过往分析方法过于简单,甚至有近乎废除很多反托拉斯法内容的风险。因此,其重新承认了市场的复杂性与多样性,承认很多行为甚至包括很多尚未认识的市场行为是反竞争的,具体分析每一种市场行为后更怀疑市场自动约束企业的能力,从而强调市场作用与政府规制的相协调。在很大程度上,这也是对哈佛学派主张的结构主义

---

① See Herbert Hovenkamp, *Antitrust Violations in Securities Markets*, 28 J. CORP. L. 607, 609 (2003).

② 参见[意]马西莫·莫塔:《竞争政策——理论与实践》,沈国华译,上海财经大学出版社 2006 年版,第 20 页。

③ See William H. Page, *Ideological Conflict and the Origins of Antitrust Policy*, 66 Tul. L. Rev. 1, p.4(1991).

④ 参见任剑新:《美国反垄断思想的新发展——芝加哥学派与后芝加哥学派的比较》,载《环球法律评论》2004 年第 2 期。

的一种回归。[①] 至此，有关竞争政策的主流理念开始在结构与效率之间徘徊，呈现出一种“中间状态”。

（三）秩序主义与弗莱堡学派

在欧洲大陆，则显然更加崇尚秩序的价值。作为欧洲典型代表的德国，在弗莱堡学派所主张的秩序自由主义的指导下明确了国家与市场的定位。[②] 弗莱堡学派建立在捍卫市场经济和对抗国家干预的基础上，其提倡的秩序自由主义，强调通过秩序政策建立依靠国家宪法保障的、依靠竞争的市场经济制度。在这一理念的影响下，德国始终以秩序稳定作为宏观经济政策制定的导向，政府在其中致力于建立有序的竞争秩序，抵制垄断和特权利益集团对有效运营的市场的危害；同时，政府在规制经济的过程中仅着眼于经济秩序，其本身不能参与或者控制经济过程。

德国的竞争政策理念，既受传统竞争法理论的深刻影响，也与第二次世界大战后德国的历史命运密不可分。第二次世界大战战败后的德国百废待兴，采取何种经济制度实现国家复兴迫在眉睫。由于秉承自由市场理念的无党派人士艾哈德领衔的以“社会市场经济”为口号的经济改革取得了显著效果，使社会市场经济成为德国社会普遍认可的经济模式。[③] 迄今为止，德国执政党的更迭从未从根本上影响竞争秩序在德国经济中的基础地位，以“竞争秩序”为核心的社会市场经济模式在

---

① 参见臧旭恒：《从哈佛学派、芝加哥学派到后芝加哥学派——反托拉斯与竞争政策的产业经济学理论基础的发展与展望》，载《东岳论丛》2007 年第 1 期。

② 20 世纪 30 年代，面对德国社会从魏玛时期到纳粹时期的整体性失败，德国思想家欧肯和法学家伯姆等人开创了“弗莱堡学派”，强调国家通过实施经济宪法来实现和保障经济秩序。参见冯兴元：《论奥尔多秩序与秩序政策——从秩序年鉴谈起》，载《德国研究》2001 年第 4 期。

③ 参见胡琨：《德国社会市场经济模式及战后经济政策变迁刍议》，载《欧洲研究》2014 年第 2 期。

一系列的市场检验中得到肯定。

德国对秩序自由主义的坚持,也影响到欧盟的竞争法理论。① 德国作为第二次世界大战之后欧洲经济一体化的重要助推器和欧盟的核心成员国,欧盟的大多数经济类法律规则都建立在其社会市场经济原则基础之上。表面上看,欧盟本身的竞争政策更关注平衡问题,即更多考虑贸易壁垒的产生和扩大以及它们可能对欧盟内部贸易的阻碍、对内部统一市场的分割和对自由开放的市场竞争的扭曲。因此,欧盟的竞争政策从本质上不是以经济效率本身为目的,而是努力协调内部各成员的贸易关系。但是,欧盟对于维护统一的欧洲市场的决心,实际上体现了对整个欧盟层面的竞争秩序的重视。无论从哪个角度看,欧盟的竞争政策体系都是世界范围内最成功的协调不同国家间竞争政策的范本,而秩序自由主义的理念功不可没。

(四)强调公平的公共利益理论

在亚洲,无论是第二次世界大战战败国日本,还是独立后谋求发展的韩国和印度等,抑或深受欧美竞争理论影响,或被欧美强行移植入竞争法律,在历经曲折后才逐步实现制度的本土化。由于亚洲国家的竞争法律制度普遍受到外力介入,亚洲各国的竞争理念也在欧美等发达国家业已成熟的竞争理论和本国根深蒂固的传统文化间挣扎形成。大部分亚洲国家并不是竞争理念孕育了竞争法律制度,而是竞争法律制度促进了竞争理念的滋生与发展。在这些国家,由于社会各阶层长期存在较为悬殊的经济实力与政治地位的差距,在民间文化中对公平理想的向往就尤为迫切,因此其竞争理念和制度往往与传统文化对于公

① 参见[美]戴维·J. 格贝尔、王晓晔:《欧洲竞争法故事中的某些德国角色》,载《环球法律评论》2001 年第 4 期。

平价值的重视耦合在一起。

亚洲各国对于公平理念的秉承首先体现在各国竞争法的名称及其立法目的的条文中。例如,日本《禁止垄断法》第1条有关"维护公平和自由的市场竞争机制"的表述;韩国《规制垄断与公平交易法》第1条规定"要促进自由和公平的竞争";我国《反垄断法》第1条提及"保护市场公平竞争"等。此外,印度尼西亚《关于禁止垄断和不正当竞争的法令》的名称,以及日本、韩国、泰国的竞争执法机关都叫作"公平交易委员会"(Fair Trade Commission),均体现出对"公平"的重视。

在具体的法律条文及其实施过程中,亚洲国家也体现出对于公平价值的优先考虑。比如,在日本,拒绝交易、掠夺性定价、强制交易和滥用谈判优势地位等,均被概括为"不公平交易行为"。韩国、泰国则在其反垄断法中大量拷贝了日本反垄断法的规定。① 因此,相比于"自由竞争","公平竞争"的理念更易被亚洲国家所接受。

与自由的价值常常与效率联系在一起不同,公平的价值常常与公共利益联系在一起。这是因为,效率的价值更容易通过经济学的手段来衡量,而公平的价值只能主观判断,最终会被"公共利益"所包容。由于公共利益包罗万象,因此最容易得到社会公众的普遍认同。但是,其灵活性也是它的弊端所在:一旦不同的价值之间存在冲突,哪种价值优先,通常不是基于明确的规则,而是基于力量对比或公平与否的主观判断。

二、多元的竞争法律制度

除了多元的竞争政策理念外,多元的竞争法律制度同样制约了竞

---

① Lawrence S. Liu, *In Fairness We Trust? – Why Fostering Competition Law and Policy Ain't Easy in Asia* (Oct. 19, 2004), http://ssrn.com/abstract = 610822 or doi: 10.2139/ssrn.610822.

争政策在国际层面的统一化。就各国竞争法律制度而言,其主要的区别在于执法机构的设立以及各机构不同的执法模式上。

绝大多数国家的竞争法实施选择的是行政模式,即建立专门的行政机构负责竞争法的实施,包括竞争案件的调查和审决,均由竞争执法部门负责。只有美国建立了别具一格的司法模式:竞争案件的最终决定权掌握在法院而不是执法机关手中——联邦层面的司法部反托拉斯局只能发起反垄断调查,若要判定行为违法,必须向法院提起民事或刑事诉讼(司法部反托拉斯局对刑事案件具有专属管辖权);联邦贸易委员会尽管有权对违法案件作出处理决定,但是其裁决也要经受严格的司法审查。为避免司法部与联邦贸易委员会产生管辖权冲突,双方依据各自机构内专家在不同领域的执法经验进行管辖权的划分,同时双方通过达成备忘录和设立"联络官"等方式化解执法冲突。

在竞争法的中央实施与地方实施的关系问题上(以下简称纵向实施机制),不同国家之间更具有显著差异。竞争法的纵向实施机制通常与国家结构形式密切相关:联邦制国家的中央与地方是实质意义上的"分权"关系,而单一制国家的中央与地方是建立在"授权"关系之上。但是,在竞争法的实施机制上,不仅联邦制国家和单一制国家的纵向分权模式存在差异,而且实行同样国家结构形式的国家之间,在行政系统的纵向分权模式上也存在较大差异。

美国实行的是典型的"平行式分权"模式。在美国,联邦和州拥有各自的行政系统。这导致美国的反托拉斯法不管在立法还是实施方面都具有典型的"地方化"特征。德国虽同属联邦制国家,却实行的是"触角式分权"模式:行政系统的配置主要由联邦作出,各州行政机关与联邦行政机关并非平行,而是作为联邦法律的执行者,接受联邦行政机关的监督。而在单一制国家如法国,地方的权力被视为源于中央的"授予",因此地方执法机关可以视为是中央的"派出机构",必须与中央保持一致。中国与法国同属单一制国家，但是中国并未建立中央执法系统，而是通过“授权”的方式赋予地方执法权。

在司法实施层面，差异就更大了。在美国，若联邦司法部反托拉斯局和联邦贸易委员会意图提起反垄断诉讼，只能向联邦系统的法院（联邦地区法院、联邦巡回法院或联邦最高法院）提出；各州司法部门若想对垄断行为施加规制，则既可以向联邦法院系统提起反垄断诉讼（依据联邦反托拉斯法），也可以向州法院系统提起反垄断诉讼（依据州反托拉斯法）。德国尽管是联邦制国家，但是并未像美国一样在联邦层面设立一套法院系统。因此，德国的联邦法院只是作为各州法院的上诉法院而存在，如果当事人对于联邦经济部、联邦卡特尔局和州卡特尔局（统称为德国卡特尔当局）的决定不服，只能向这三个卡特尔当局所在的州高等法院（而非联邦法院）提起诉讼。

在单一制国家，各级法院一般都是根据中央立法设立的，且各级法院的法官应当由中央行政机关提出、中央立法机关任命。在这种情况下，即便法院的住址在“地方”，但是法院的人、财、物都严格受到中央的控制，相当于建立了类似于美国联邦法院系统的中央法院系统。在日本，对于公平交易委员会的决定不服，当事人也只能向东京高等法院起诉。表面上看，东京高等法院只能算作是“地区”法院，[①]并非属于“中央”法院。但是由于日本中央政府能够对地方法院施加全方位的控制，不太可能出现司法的地方化现象。相比之下，中国也是单一制国家，所有的竞争案件也都是在地方法院提起，但是由于中国并不存在美国那样的“中央法院系统”，也不具备中央对地方司法的垂直控制，中国的司

① 日本法院系统一共有四级，分别为简易法院、地方法院、高等法院和最高法院。其中，日本高等法院共有8个，分别是东京、大阪、名古屋、广岛、福冈、仙台、札幌和高松高等法院，另外，在6个城市设立了高等法院的分院。

法地方化现象就比较严重。

可见,尽管国家结构形式是一个国家竞争法实施的重要制度约束之一,但是国家结构形式的差异并不能解释竞争法实施权限纵向配置的所有因素。比如,德国和美国虽然同属联邦制国家,但是德国反垄断法的纵向实施机制更类似于单一制国家的做法。此外,单一制国家的地方化程度也不一定比联邦制国家更低。比如,我国虽然是单一制国家,但是反垄断法实施的地方化程度却相当高。因此,"整体法治环境"的差异是影响反垄断法纵向实施机制的更为重要的因素。

总之,尽管各国有关竞争政策的实体规则差异不大,但是具体的实施机制存在显著差异,这使即便达成了统一的竞争规则,如果交由不同的国家去实施,也可能采取不同的运作模式,并根据自己奉行的理念得出截然相反的结论。

三、"求同存异"基础上的"国际竞争政策"探索

(一)国际竞争政策探索的基本思路

各国竞争政策在理念、理论及具体制度方面的差异,增加了国际竞争政策协调的难度。但是,并非无法取得共识。尽管各国对于自由、公平、效率、公共利益等目标的追求有所偏重,但是对于美好价值的追求是一致的。"促进竞争"本身就是各国竞争政策都承认的目标。以消费者福利为标准衡量社会公共利益,也越来越被更多的国家所接受。此外,至少在双边、区域协议的实践以及国际组织的倡导下,绝大多数国家均已制定竞争法并广泛接受了竞争政策的基本制度要素。所有这些,都为在国际层面达成竞争政策的"最大公约数"提供了可能。

笔者认为,"规则"和"趋同"的努力都很重要,且可以并行不悖。包括 OECD、UNCTAD 和 ICN 在内的国际组织在国际竞争规则的趋同方

面做出了不可磨灭的贡献,但是面对国际性的反竞争行为,传统的单边、双边和区域回应显然不够,仅仅依靠倡导性规则也无法形成普遍约束力。国际垄断行为对于全球经济的系统性影响需要借助系统性的处理方式。仅仅依靠通知、磋商和协调的方法不会直接促成实质性的国际义务。[①] 如果没有"超国家之手"作为补充,国际垄断行为的规制就只能是碎片化且不成体系的,在效果上也将是不公平的。而 WTO 是目前有能力达成具有约束力的竞争规则的最佳平台。尽管有些人认为,由于各国竞争法的规定不同,在多边背景下达成协议几乎是不可能的。但是,实体标准间的差异也许并不重要,因为有关竞争执法或竞争司法的差异大多产生于国内竞争法实施机制的不同,而非由于实体标准的差异。当然,这并不意味着 WTO 是有能力处理国际竞争问题的唯一论坛。双边和区域协定以及包括 OECD、UNCTAD 和 ICN 在内的国际组织的努力和实践,将共同构成一个全面的国际竞争政策框架,促进国际范围内竞争政策的协调和国际垄断行为的有效规制。

(二)"规则"层面的探索建议

有观点认为,WTO 在达成一项国际竞争协定方面尚有不足,其基本论点包括:第一,WTO 竞争协定将主要受到贸易政策市场准入标准的影响,符合竞争政策的消费者福利标准很有可能不被重视;第二,WTO 争端解决机制将会限制不同国家竞争主管机构之间的合作关系;第三,WTO 发展国际竞争规则的时机还不成熟。[②] 相反观点则认为,

---

① See Seade Jesus, *Competition and Trade Policy: Cooperation or Obligation*, in Bora Bijit & Pangestu Mari eds., Priority Issues in Trade and Investment Liberalization: Implications for the Asia Pacific Region, Singapore, Pacific Economic Cooperation Council, 1996, p. 123.

② See Daniel K. Tarullo, *Norms and Institutions in Global Competition Policy*, The American Journal of International Law, 94(3):478-504(2000).

WTO 竞争协定可能产生的潜在利益会促进各国参与谈判,并通过强化国内竞争主管机构推动国内相关改革。事实上,在 WTO 贸易和竞争政策工作组所主持的讨论和建议中,也是更多地集中在支持发展中国家的竞争法和竞争机构的发展,而不是关注市场准入自身;而且一项 WTO 竞争协定能在 WTO 系统内更大限度地实现生产者、消费者及其他社会成员的保护之间的"平衡"。①

以上讨论说明,WTO 竞争协定的内容本身对于评价它的效果而言至关重要。笔者认为,各国竞争法的冲突并不是由实体规则不同引起的,冲突通常产生于法律适用层面。因此,WTO 竞争协定应当:第一,确保多边竞争规则和强化国内竞争机构之间存在互补关系,即确保 WTO 竞争协定既有助于强化多边贸易体制,又能够加强国内竞争法和竞争主管机构。作为贸易政策和竞争政策紧密联系的结果,WTO 竞争协定必须防止仅集中在市场准入层面,而要扩展至发展中国家所关注的多样化的限制竞争行为层面。第二,避免多边竞争规则存在干预国内竞争执法机构执法的风险。这是大多数成员最为担心的问题。对大多数国家来说,最好的选择是保留根据自己的国情和政策目标建立自身竞争执法体制的可能性。如果有关竞争政策的多边规则限制国家在这一领域制定和执行政策的自主权,尤其是限制发展中国家运用特定法律文件来制约扭曲的贸易行为的能力,如为了对抗外国供应商的共谋行为而对进口产品采取关税措施,那么达成共识的概率将大大降低。

可喜的是,经过多年的发展,很多问题已经得到解决。倘若大多数发展中国家仍缺乏竞争法,而差异也普遍存在于发达国家之间,则国际

① See Frederic Jenny & Robert Anderson, *Current Development in Competition Policy in the World Trade Organization*, Antitrust(2001), https://heinonline.org/HOL/Page? handle = hein.journals/antitruma16&div = 17&g_sent = 1&casa_token = &collection = journals.

统一协调的过程会变得难以达成。但是,相比于1996年在WTO设立工作组讨论竞争政策时的情况,现在的形势已经大大改观。绝大多数国家都已经有竞争法,没有竞争法的也大多在制定过程之中。特别是像中国这样的国家,不仅制定了竞争法,而且迅速崛起为最具影响力的反垄断司法辖区之一。这将大大促进在国际层面达成统一规则的可能性。

与此同时,WTO的诸多现有规则也为构建统一竞争规则提供了参考。比如,TRIPs模式中的某些原理对建立多边竞争规则是大有裨益的。无论是知识产权法还是竞争法规制的都是市场领域的私人行为,并且在这两个领域中,都存在一些国家缺少相关立法以及不同国家之间存在不同的法律制度和相应机构的情况。TRIPs建立了广泛有效的标准,并且通过行政性和司法性程序给出了适合知识产权行使的程序性保障。它是第一个对私人和公共实施做出详细规定的多边协议。TRIPs实施的有效性无疑能成为多边竞争协定的重要参照,因为执行机制的有效性对竞争政策同样重要。既然在TRIPs中,非歧视、国民待遇、透明度等原则能够得到各国广泛认同,而竞争法的基本原则和这些原则之间又不存在冲突,那么一个国际性的竞争框架也应该是可以达成的。

同样,GATS的某些规定也可以成为有用的借鉴。比如,GATS第8条要求各成员确保任何垄断或专营的服务提供者遵循最惠国待遇义务,并不得实施与成员方特别承诺不一致的行动,也不得以与特别承诺不一致的方式在其他非垄断或专营市场上滥用垄断或专营地位。GATS第9条则规定了各成员在取消限制服务贸易竞争的商业惯例方面进行合作的义务。GATS还建议确立针对这些行为的咨询合作机制,通过连续谈判协商,目前已经形成一套灵活和具有进步意义的做法,可以实现更高水平的自由化。很明显,以前谈判达成的多边协议(包括

GATS 和 TRIPs),已经以一种灵活、恰当的方式处理各成员在规制私人行为方面的义务。

因此,在多边层面达成竞争协定的基本思路可以是在非歧视、透明度等已经被广泛接受的基本原则的基础上进行一系列竞争规则的谈判。其中最重要但也许最困难的,是取得美国、中国两大经济体的共识。由于美国一向反对通过 WTO 构建多边竞争规则,而中国的《反垄断法》2008 年才开始生效,并未深度参与之前有关问题的讨论,因此,如何让这两个大国在此问题上达成共识面临重大挑战。美国的担忧主要在于,某些国家(如美国)拥有比多边义务所要求的更为严格的竞争法,而多边层面的规则将导致他们的竞争法受到削弱。但是这样的观点并没有得到可靠的经验性证据的证明。比如,还没有人能提供证据证明,包括 GATS 在内的含有竞争规则的多边协定削弱了本国竞争法的适用。因此,这样的论点在逻辑上并无意义。对于中国而言,由于其在多个场合提及坚持多边贸易体制的决心,反而可能比美国更易形成达成多边竞争规则的决心。

当然,多边竞争协定还需要获得广大发展中国家的支持。很明显,发达国家在出口部门中应用的补贴和关税保护措施会减少发展中国家的贸易机会,发达国家过多地应用反补贴政策也会对其有消极影响。[①]而且,发展中国家特别容易受跨国公司的反竞争行为的冲击。因此,通过国际竞争规则来限制对发展中国家有消极影响的政府和企业行为,对发展中国家而言存在巨大的潜在收益。有学者估算,发展中国家的

---

① See Hoekman Bernard & Kostecki Michel, *The Political Economy of the World Trading Symtem From GATT to WTO*, Oxford University Press, 1997, p. 258.

潜在收益可能在国家收入的5% ~6%。[①] 竞争政策谈判带来的潜在收益包括保护发展中国家进入发达国家市场、反对发达国家滥用反补贴和反倾销措施、通过国际合作更好地实施竞争法以对抗跨国垄断行为以及增加本国市场的竞争等。

在谈判的内容上,可以聚焦以下三个方面:第一,国内竞争法和竞争政策的核心原则和规则;第二,国际合作和协调的方式;第三,如何开展针对发展中国家的能力建设和技术援助。

1. 竞争法和竞争政策的核心原则和规则

在 WTO 成员的竞争法中就有关竞争法和竞争政策的核心原则和规则达成一致十分重要。这个一致有两层含义:第一,需要确保国内竞争法和达成一致的核心原则相符合,并且当政府实施限制竞争行为时,WTO 承诺会约束政府。但是,WTO 竞争协定是建立在 WTO 成员做出承诺的基础上,已有的经验表明,建立任何形式的超国家的竞争机构都是无法接受的。第二,基于核心原则的多边竞争协定并不意味着国内竞争法的完全统一,而是承认并容忍国家法律体系和机构之间的差异。具体而言,需要包含以下内容:

(1)拥有国内竞争法和竞争主管机构

WTO 竞争协定需要包括制定并实施国内竞争法以及建立相应机构的基本要求。通常认为,如果一部法律中没有垄断协议、滥用市场支配地位和经营者集中的规定,这就不是一部完全意义上的反垄断法。但是,对上述所有问题达成一致不一定能够成功。在一场短期的贸易谈判中,要达成有关垄断协议、滥用市场支配地位和经营者集中的"共

---

① See Perroni Carlo & Whalley John, *Competition Policy and the Developing Countries*, in: UNCTAD, Thomas, Harmon and Whalley, John eds., Uruguay Round Result and the Emerging Trade Ageda Quantitative - Based Analyses from the Development Perspective, New York and Geneva, 1998, p. 505.

同准则”是有困难的。针对核心卡特尔的规制承诺是相对容易达成的,即确保 WTO 成员承诺对固定价格、限制产量、分配客户和市场以及串通招投标等通常在各国适用“本身违法原则”的卡特尔进行严格规制。

除此之外的其他限制竞争行为的规制,要想达成规制的一致承诺就相对困难。比如,对于纵向限制,各国在如何处理上仍然存在巨大争议。即便在中国,竞争执法机构和法院对于纵向限制(特别是维持转售价格)的态度也不太一样。对于何为“滥用”,各国的界定标准也不太一样。此外,经营者集中的反垄断控制由不同的辖区负责所导致的合规成本的增加,亦很难通过统一控制规则来解决。概言之,在 WTO 竞争协定中笼统规制“反竞争行为”可能会遭遇较大的阻力。

还有一个需要讨论的问题是竞争法的适用除外问题。所有国家在其竞争法中均规定了一些适用除外条款。尽管近几年的趋势是逐步缩小竞争法的适用除外范围,但是,寄希望于在 WTO 竞争协定中排除类似规定或者将其限制在严格条件内几乎是不可能的。对此,一个可行的做法是就有关适用除外规定的透明度条款达成一致,包括承诺与缔约方讨论其对国际贸易的影响。一旦达成了框架协定,WTO 成员对于竞争政策的审议(类似于 WTO 层面的贸易政策审议)将有望缩小适用除外的范围。

另一个重要的问题是如何对待那些目前还没有竞争法的国家。显然,在这样的情况下,为了进行制度改变和开展机构改革,需要为其设置过渡期,并向其提供技术援助。另外,还要考虑机构设置方面的灵活性,尤其要考虑某些小型低收入国家在机构设置方面的弱势。

(2)非歧视、透明度和正当程序的承诺

WTO 竞争协定需要确保各国竞争法不会按照国籍进行区别对待。最惠国待遇原则和国民待遇原则是用以抵制国家竞争法对不同国家的企业区别对待的重要保证。当然,这样的法律歧视可能很少,更大的风险在于竞争法实际上以一种不受欢迎的方式适用于外国公司。问题在于，为了判断任何属于“事实歧视”的情况，就有必要就竞争法如何适用于不同情况进行复杂的调查分析。这可能会超出 WTO 专家组分析竞争案件的能力。因此，尽管一项具有约束力的非歧视承诺应该被纳入多边框架，但是，并不意味着可以利用该条款随意发起争端解决程序。

除了非歧视原则，透明度原则、正当程序原则以及对成员竞争政策的定期审议等，也会促使成员放弃歧视性的竞争政策。随着拥有国内竞争法的国家数量的增长，透明度承诺将给从事国际贸易的公司提供重要保证。另外，透明度对于加强国内竞争主管机构的可信度也极为重要。因此，透明度条款应该是 WTO 竞争协定的关键要素。

正当程序原则要求对所有参与竞争调查或司法程序的当事人提供程序性保障，包括对保密信息的保护。其中关键的一点是承诺提供有效的国内救济措施，包括市场主体可以借此接近竞争主管机构的程序、对行政决定提起上诉的权利以及有关私人执行方面的规定等。当然，在认定是否履行正当程序承诺时，都有必要考虑 WTO 不同成员法律和机构体系的差异。

(3)争端解决机制

WTO 争端解决机制能否适用于多边竞争协定是一个非常棘手的问题。很多国家对 WTO 竞争谈判持保留或反对意见，就是担心 WTO 争端解决机制的适用会导致本国竞争主管机构或法院的裁决被宣布无效。

从理论上看，WTO 争端解决机制的适用有三种情况：完全适用、完全不适用和部分适用。完全适用注定是不可能的，因为这极大地危及国家主权；完全不适用则必然大大降低多边竞争规则的有效性；部分适用是合理也是相对可行的。

部分适用的第一层意思是：排除 WTO 争端解决机制对单个竞争决

定进行审查的可能性。理由如下:第一,竞争调查要求对各种实际情况(很多与所在国的特殊市场情况相关)进行复杂评估, WTO 专家组并不具备充分的条件来完成这项工作。第二,WTO 竞争协定中包含的实体义务是以普遍的适用条款做出的,而非精确细致的规定。这会导致 WTO 专家组在考虑个案时拥有比国内竞争执法机构更多的自由裁量权。第三,各国有关竞争问题的理论和实践均具有鲜明的本土化特色且以一种循序渐进的方式在发展,WTO 争端解决机制的介入会阻止或改变这个进程,显然是不受欢迎的。概言之,适用于个案的争端解决机制极易引起国家之间的主权之争。在任何情况下,这个机制都很难应用于个案的决断。

部分适用的第二层意思是:WTO 争端解决机制的主要功能是确保各成员所作承诺的可信度,即 WTO 争端解决机制可以被限制在以下范围:国家立法是不是与 WTO 竞争协定的核心原则保持一致。特别是争端解决机制对于解决有关程序义务(如非歧视义务、国民待遇义务、正当程序义务等)的履行的争议是非常有效的。例如,对正当程序的承诺,通常包含了对保密信息的维护,因此,在与此相关的争议中,争端解决机制只关注这样的保护是否可以在国内的法律体系中获得,而不是关注在个别的案件中是否得到了尊重。换言之,WTO 竞争规则会导致法律或行政的转变,但这不会影响个别的竞争裁决的法律地位。

2. 国际合作的方式

WTO 竞争协定的一个重要目标应该是促进世界范围内竞争当局之间的国际合作。这种合作将大大突破已缔结双边或区域协定的国家以及 OECD 或 ICN 成员的限制。

第一,合作的范围不应该仅限于核心卡特尔,而应该包括所有可能排除、限制竞争的行为,包括进出口卡特尔、纵向限制、滥用市场支配地位和经营者集中。

第二,合作的具体方式可以建立在通过双边、区域已经形成的经验的基础上,包括:(1)与案件有关的信息和证据的交流(前提是不受保密条款的保护);(2)竞争主管机构就影响另一方重大利益的竞争案件所作的通知、咨询和交流的程序;(3)避免潜在的管辖冲突的交流合作。

第三,阐明合作建立在"自愿"原则的基础之上也极为重要。任何缔约方不能被迫提供该国不愿分享的信息或不愿提供的援助。同样,也不能对建立诸如美国和欧盟之间的已经达成的积极礼让程序抱有太大希望。在一个多边协议中能够包含类似条款以前,还需要更多关于积极礼让方面的双边和区域层面的实际经验。但是,开展磋商的条款是必要的。只要竞争调查影响到另一成员的利益,或者发现在另一成员的市场上存在有损于自身的反竞争行为的信息,进行磋商也能起到礼让的作用。当若干竞争主管机构考虑同时启动对某一行为的调查时,磋商还有助于协调调查、开展执法援助或协调救济措施。

第四,考虑在 WTO 系统内设立竞争政策理事会的必要性。实际上,大多数 WTO 成员,包括发展中国家,已经强调在 WTO 内部设立一个规范的共享和交流全球竞争信息的机构的重要性。[①] WTO 业已存在的货物贸易理事会、服务贸易理事会、TRIPs 理事会等,在交流观点和致力于重新考虑成员的立法等方面作出了积极贡献。竞争政策理事会的设立,将在促进竞争主管机构的进一步合作以及协调竞争政策和 WTO 涉及的其他相关政策之间的关系上起到非常重要的作用。它的功能不仅限于促进各成员竞争法律和政策相关理论和实践的交流,还可以促进各成员在反竞争行为(而非仅限于核心卡特尔)方面取得更大的一致。即使这样的讨论不会导致新的原则或规则的发展,但讨论会一直被坚持下来,这样有助于更好地理解和达成真正的一致。而且,竞争政

---

① See WT/WGTCP/4 paras 61 and 62 and WT/WGTCP/3 paras 60 and 61.

策理事会还可以主持针对各成员的竞争政策审议工作。

竞争政策理事会必须要确保不会危及国内竞争主管机构的独立性,并致力于提高他们在国内的地位和提高其作为竞争政策的倡导者的能力。只是作为临时性机构的贸易和竞争政策工作组,已经吸引各国竞争主管机构的广泛参与,竞争政策理事会的成立必然会吸引更多的 WTO 成员参与进来。竞争政策理事会的建立无疑将是 WTO 体系的一次重大机构改革。它不仅有助于进一步强化竞争主管机构在国内所起的作用,而且有助于加强贸易部门和竞争部门之间的合作。

3. 能力建设和技术援助

WTO 竞争协定应该具有充分的灵活性,以满足各国在国内竞争法体系发展的不同阶段的需要,例如有些国家还处于法律起草阶段,而有些国家亟须技术支持,还有些国家已经具备完备的竞争政策体系。但是,仅仅设置"过渡期"是不够的。在乌拉圭回合谈判达成的协议中,有一个缺点就是从来没有考虑能力建设的需要。毫无疑问,WTO 竞争协定有望促进发展中国家的国内竞争政策改革以及提升竞争主管机构的地位和能力。由于协定建立在政治承诺的基础上,因此能够在很大程度上推进国家竞争政策的发展。但是为了避免法律通过以后国内竞争主管机构缺少资金或者政治影响不足的不利局面,需要在协定之中纳入能力建设和技术援助的条款。

能力建设和技术援助计划不应该脱离协定而发展,而是应该充分关注如何助力于发展中国家的机构和政策改革实现 WTO 竞争规则想要达到的目标。具体的国家援助计划应该在达成协定的同时建立起来。能力建设和技术援助计划应该建立在两个基础上,即需求驱动和所有相关国际组织及利益相关者之间的充分协调。根据各个国家的需要,援助将涉及国家立法的发展、国内竞争主管机构的建立、竞争执法和司法人员的培训以及与其他竞争当局之间的经验交流等。在指导技术援助计划的实施方面，竞争政策理事会可以起到重要作用，通过促进信息和经验的交流，推动最佳实践的传播。

通过上述条款的实施，有望在全球范围内推动竞争文化的发展。如果 WTO 仅被视为规则制定机构或者是规则实施机构，它不久就会失去恰当性并发现它的合理性备受质疑。因此，WTO 竞争协定有必要将一套有约束力的核心原则与其他更为自愿的条款相结合，如国际合作的趋同模式以及针对成员的竞争政策审议机制。同时，WTO 还需要依靠负责制定竞争政策的国内政府的意见。

最后，即便上述多边竞争规则难以达成，WTO 也并非在多边规则的形成方面无能为力，至少可以“退而求其次”，充实和完善现有的规则。比如，可以尝试在 WTO 体系的不同组成部分中引入竞争政策的特定元素。例如，TRIPs 第 40 条对知识产权许可中的限制竞争行为进行了规定，但是，其只提供了磋商的机会，并没有授予成员政府采取积极行动的权利，实际上限制了成员对此类行为的干预。因而，在知识产权许可协议中加强限制竞争行为的规制是可以尝试的目标。再如，TRIMs 第 9 条为货物贸易理事会提供了在审议协议运行情况时结合有关投资政策和竞争政策作补充规定的可能性，但是迄今为止尚未充分利用该条款。这些都是可以进一步完善的领域。

（三）“趋同”层面的探索建议

毫无疑问，在国际层面协调竞争政策的最理想模式是依托一个全球性的管理竞争问题的国际组织，但是在短期内这个方案还无法实现。多边协调的困难解释了为什么目前采取保守的趋同方式更为盛行。趋同方式虽然建立在现有反垄断法的分散实施基础之上，但是通过减少管辖权冲突以及改善实施过程中的双边或区域合作，还是能够实现基本的国际竞争政策协调。

实际上,各国竞争政策的差异并不是由于缺乏措辞一致的反垄断法规则,而是源于赋予具体关键词语的意义不同(特别是“反竞争”和“滥用”这些关键词语)以及在界定市场和评估市场力量方面所使用的方法不同。[①] 因此,如果趋同方式能够有助于在对类似规则的不同理解方面达成基本一致,那么它至少在达成共识方面能够为最终达成多边规则奠定基础。

显然,趋同路径是有其缺陷的。任何其他国际组织都还无法与WTO规则的强制约束力以及WTO本身在确保规则实施方面的丰富经验相媲美,这也就导致他们所倡导的国际竞争规则必然流于形式,无法付诸实践。但是,趋同路径也因此获得其最大优势,那就是其灵活性、适应性和专业性。WTO的“强约束”很容易与各国在竞争政策问题上的主权意识相抵牾,由于各国都不会轻易放弃自己对于竞争事务的管辖权,基于自愿的趋同模式就更容易成为被广泛接受的路径。同时,对于一直处理贸易问题的WTO而言,处理竞争案件意味着进入一个新的领域。相比之下,通过专门的双边或区域协定或者以专门处理竞争问题的国际组织作为媒介的方式协调国际竞争政策,显然在专业性上更胜一筹。

首先,在很长一段时间内,双边和区域性的竞争协定仍然是促进国际竞争政策协调的主要方式。相比于多边的趋同方式,双边和区域的方式至少是具有约束性的。尽管它覆盖的范围有限,但是至少为将来多边规则的达成提供了重要参考。双边和区域层面合作的不断深入,有助于深化各国竞争政策的协调,加速竞争政策理念及其实施技术的

---

① See Charles W. Smitherman Ⅲ, *The Future of Global Competition Governance: Lessons from the Transatlantic*, American University International Law Review, Vol, 19, p. 769(2004).

统一化。正如有学者所言,目前竞争规则全面纳入WTO框架尚为时过早。[①] 加之多边倡导性规则在强制约束力问题上的先天缺陷,目前较为适宜的方式是以尽可能全面而具体的双边和区域竞争规则协调为基础,待竞争政策的统一化水平达到一定的程度,各方看待国际竞争框架协议的态度更为积极时,可以在WTO框架内启动竞争政策协调的谈判,以致最终达成《与贸易有关的竞争规则协定》。

其次,目前来看,最有望在多边层面通过趋同方式取得突破性成就的当属ICN。尽管OECD和UNCTAD都作出了显著的努力,但是OECD本身代表了发达国家的立场,这就决定了广大的发展中国家对其抱有怀疑的心态。同样地,UNCTAD代表了发展中国家的立场,因此发达国家普遍认为其推出的规则"标准太低",几乎对其"不予理睬"。相反,ICN尽管是由美国发起成立的,但是它吸纳了大量发展中国家参与。相比于其他几个国际组织,ICN是最年轻的。但是,它却是一个快速成长的国际组织,具备很多优秀的竞争专家和学者,国际声望也越来越高。它在解决国际竞争冲突方面具有最具包容性、灵活性和专业性的优势。正是由于这些优势,各国的竞争主管机构明显表现出更愿意在ICN框架内就竞争政策议题开展讨论和合作的迹象。

ICN没有致力于发展出普遍适用的国际竞争规则,也没有试图成立国际性竞争机构。它只是提供了一个多边的沟通和交流平台,促使各国的竞争主管机构自愿聚合在一起讨论国际竞争问题,寻求非限制性的协调做法,这样做完全不会削弱成员的自主权。尽管WTO和ICN都在世界范围内有很多成员,都可以帮助发展中国家引入竞争法律,但就发展中国家而言,ICN显然更受青睐,从坎昆会议中发展中国家否决

① See Friedl Weiss, *Form World Trade Law to World Competition Law*, Fordham International Law Journal, Vol. 23, p. 271 – 272 (1999).

“新加坡议题”这件事上就可以看到发展中国家对 WTO 的怀疑。但是,ICN 在保证发展中国家的利益方面还可以做得更好。目前 ICN 的研究成果中,还较少涉及对发展中国家开展技术援助和能力建设方面的内容。

再次,无论是双边、区域还是多边协调,均应该建立在“求同存异”的基础上。已被国际社会广泛接受的无歧视原则、透明度原则、程序正当原则和促进竞争的理念是“同”,各方存在的理念、制度差异和利益冲突是“异”,在协调时,必须充分尊重各成员的经济结构、法律制度和历史文化的差异性。任何协调方案都应该具有足够的弹性,以便兼容这些差异。如果发达国家向发展中国家强行植入代表他们理念的竞争政策,效果必然适得其反。显然,发达国家应该在趋同路径中更多考虑给予发展中国家技术支持,降低他们参与国际协调的制度成本,并让他们切实感受到参与协调的好处。

又次,趋同路径应当积极尝试回应一些相对“棘手”的问题。比如,迄今为止,趋同路径较少回应实体规则问题、域外适用问题以及经营者集中申报和审查的多边协调机制问题。此外,对于保密义务和数据保护规则(特别是有关隐私保护的规则)在妨碍跨境反垄断调查和信息共享方面的作用,也缺乏集体回应。在双边或区域层面,缔约方提供的信息几乎都是保密信息,没有提交者的同意,出于正当程序的考虑,机构之间无法共享保密信息。这大大增加了国际合作的难度。恰恰是上述这些问题,最易引起国际冲突或增加合作的成本,但是并未得到很好的研究和应对。

最后,可以尝试在趋同路径基础上达成多边层面的“替代方案”:协商达成一个“自由贸易和竞争承诺”,而非谈判形成一种适用国内竞争法的义务。这样做有两个优势:第一,这样做并不要求所有承诺国一定要有竞争法,只是要求每个国家遵守“自由贸易和竞争”的承诺;第二,这样做比承诺禁止国际垄断行为有更明显的优点，因为它还将禁止削弱贸易和竞争的国内规制的义务（包括贸易规制和竞争规制）包括其中。至少在当下，强化 GATT、GATS 等协定的市场进入承诺和破除政府性和私人性的市场进入障碍，也许比在 WTO 成员中强行植入竞争法更有现实意义。

总之，竞争政策的全球协调任重道远，尚需各国及各国际组织的长期合作与努力。经济全球化带来的竞争冲突不可能单纯依靠各国竞争法的域外适用和双边或区域协定得以解决。只能通过建立多边的国际竞争政策协调机制，才有可能系统性地对国际垄断行为形成应对。无论是具有约束力的规则模式，还是不具有约束力的趋同模式，都有其自身缺陷，亦有其内在优势。单纯依靠任何一种路径，均不具有可持续发展的能力。只有在求同存异的基础上统筹利用、共同推进，才能逐步消弭分歧和冲突，促进全球范围内自由和公平竞争秩序的实现。

第四节　国际竞争政策的中国立场：演变与建议

一、竞争政策的立场转换

在改革开放初期，我国最常用的经济政策是财政政策、税收政策和信贷政策。1986 年以后，最常用的是产业政策。当前，虽然已经存在“竞争政策”的概念，但是政府在各种文件表述中，仍然更关注“竞争力”而非“竞争”本身，而前者显然更多通过诸如产业、财政、信贷等经济政策来实现。[①]

---

① 参见时建中：《全面推进实施竞争政策　促进我国经济转型发展》，载《中国价格监管与反垄断》2016 年第 S1 期。

在培育市场和开放市场的阶段,包括产业政策在内的其他经济政策对我国的经济发展做出了重大贡献。但是,目前我国经济已进入发展的新常态。经济体制改革的中心,开始从原始的放开市场(需求侧的增量改革)转向全面转变资源配置方式(供给侧的存量改革)。如果说,早期的改革还是侧重于激活市场,那么,当前的改革主要是约束政府。两者的目标是一致的,那就是为市场创造自由、公平的竞争环境,实现“市场发挥决定性作用”。

以产业政策主导的经济政策带有的“歧视性”特征,会直接或间接地影响资源流动方向,并引发竞争地位不平等、竞争机会不均等、竞争手段不公平和竞争秩序不规范等弊端,不仅制约企业家精神的生长和影响民间投资的积极性,而且扭曲资源配置效率和导致创新能力不足。这说明,不仅市场存在结构性问题,经济政策本身也存在结构性问题。政府介入市场运行过于“任性”,使政府政策供给与市场需求之间出现错位甚至裂口。在这种情况下,开展制度层面的结构性,实现经济政策重心的转换,就成为应有之义。

可以说,当前已经到了通过政策转换实现竞争政策在经济政策体系中的基础性地位的关键节点。包括产业政策、财税政策、贸易政策、投资政策等在内的经济政策,均应当接受竞争政策的检验,防止对市场竞争机制造成损害。因此,至少在国内层面,竞争政策将一改以往不被重视或认可的局面,开始走向经济政策体系的前台,乃至成为经济体制改革的突破口和着力点。

与此相应,在国际层面,我国对于竞争政策的立场也存在一个转变的过程。我国已经走过改革开放的初期阶段,不仅深度融入全球化的进程,而且已经成为世界第二大经济体和第一大贸易体。如果说,过去我们的经济发展搭了全球市场扩张和以 WTO 为主的多边贸易体系的“便车”,那么时至今日,在提出“一带一路”倡议和构建“人类命运共同体”理念的当下,我国已经开始从国际规则的被动接受者积极转变为国际规则的主动参与者乃至制定者,继而成为“全球公共品”的提供者。

随着国际形势和国际地位的变化,我国在竞争政策层面的国际立场也必然会发生变化。考虑到我国的经济体量以及近年来国内竞争政策(不论是立法还是实践)的发展速度,无论是双边、区域还是多边层面,我国均有能力提出具有中国特色的竞争政策议题。

“以开放促改革”是我国改革开放的重要经验之一。换个角度来讲,深入参与国际竞争政策议题的讨论和谈判,也有助于“倒逼”国内改革。当前“政策转换”面临的主要困境,在于对竞争政策的基础性地位缺乏一致认同。不同的市场主体对于竞争政策及其实施存在严重政策偏好或对立。民营经济已经成为推动竞争政策实施的强大动力,对公平竞争环境有着极为迫切的需求。相比之下,国有企业和垄断企业寻求政策庇护的愿望与动力有增无减,且这种思潮还在波及其他市场主体。此外,竞争政策实施的推力与阻力共存:政府是我国进行改革的初始动力,也是制定和实施竞争政策的主要推力;但是,由于部门利益和地区利益的片面追求,政府权力也成为市场扩张的阻却力量。因此,国际层面的竞争政策谈判(包括竞争中立谈判),也会反过来深化国内竞争政策的认识和改革。

二、中国《反垄断法》的域外适用

我国《反垄断法》第 2 条确立了域外适用制度,凡境外的垄断行为对境内市场竞争产生排除、限制影响的,《反垄断法》均可适用。法律规定的模糊性导致两个问题:一是没有规定对国内市场产生多大影响时可以适用《反垄断法》,容易导致域外适用的范围过大,也容易引起国际法上的冲突和招致外界对中国利用《反垄断法》干预国际经济的质疑;二是只规定了单一的“效果原则”(产生排除、限制影响),没有规定最基本的属地管辖或属人管辖原则，不符合国际法的基本原理。

针对第一个问题，比较好的方式是通过司法解释对“效果原则”进行限缩规定。美国采用“效果原则”之初，也被其他国家质疑干涉全球经济，因而后来在司法判例中确立了适用效果原则的“直接、重大和可合理预见”标准。[①] 日本也通过“实质性限制竞争”标准来约束效果原则的适用。中国可以借鉴美国和日本的做法，进一步明确效果原则适用的前提。另外，还可以通过国际礼让使域外适用的范围具体化。在审查国际卡特尔或跨国并购案件时，可以考察被审查行为是否属于国家行为或受国家强制的行为，如果属于这些行为，可以豁免适用《反垄断法》。由于我国没有此类规定，容易引起不必要的国际冲突。

针对第二个问题，有必要在《反垄断法》的程序规定中补充属地管辖和属人管辖原则，并与效果原则并列运用。这方面欧盟的经验值得学习。当外国经营者在国外签订的协议在国内履行，或通过国内分支机构履行时，则运用履行地原则；若境外和境内具有控制关系的两个经济实体虽然没有在国内从事垄断行为，但其行为对国内竞争产生实质性影响的，则运用单一经济实体原则管辖；只有对于纯粹域外实施且对本国产生实质性影响的垄断行为，才适用效果原则。我国可以参考欧盟的实践，设立域外管辖的多重原则，并区分各原则的适用情况。

我国还可以参考其他国家的做法，必要时设立阻却性法律条款，防止国外反垄断法的扩张适用。比如，禁止未取得相关许可的国外竞争主管机构或司法机关在我国调查取证，不予承认损害我国主权或国家安全（包括经济安全）的域外裁决等。不过，上述阻却性法律条款应建立在对等原则基础上，即只对同样对我国采取类似做法的国家和地区

---

① See Access Telecom, Inc. v. MCI Telecom. Group., 197 F.3d 694, 712, 718 (5th Cir. 1999).

适用。

另外，为了使域外适用得到有效实施，我国还有必要与其他国家建立起良好的域外送达、调查取证和执行制度。我国《民事诉讼法》第二十七章规定了我国法院有权依照我国缔结或者参加的国际条约的规定，或者按照互惠原则，请求外国法院承认和执行我国法院作出的发生效力的判决、裁定，并可请求外国法院代为送达文书、调查取证及进行其他诉讼行为。但是，此章只规定了法院对外调查取证和执行的权力，而中国大量反垄断案件的调查和执行都是反垄断执法机构进行的。因此，在《反垄断法》的域外适用上，上述规定并未创造良好的条件。况且，由于《反垄断法》的域外适用对外国当事人不利，反垄断执法机构在国外调查取证往往会受到另一国的抵制。因此，就《反垄断法》的域外执行而言，还应作出程序性规定；就调查取证而言，中国应与其他国家建立广泛的合作机制，就《反垄断法》的域外调查、执行等问题进行协调。

三、中国在双边和区域层面的竞争政策立场

中国在双边和区域层面的竞争政策立场主要体现在两个方面：一是纯粹的竞争政策方面的合作；二是在自贸协定中有关竞争政策的合作。

在第一个方面，早在《反垄断法》生效之前，1996 年原国家工商总局就代表我国政府与俄罗斯政府签署了《中华人民共和国政府和俄罗斯联邦政府关于反不正当竞争与反垄断领域合作交流协定》；我国商务部则于 2004 年与欧盟委员会竞争总司签署了《中国－欧盟竞争政策对话的框架性协定》，建立了中欧竞争政策对话机制，并成立了专门的工作组，借助“中国－欧盟贸易项目”，定期举行“中国－欧盟竞争政策周”等

对话交流活动。[①]

2011 年 7 月 27 日,中国三大反垄断执法机构与美国司法部、联邦贸易委员会共同签署了《关于反垄断法和反托拉斯法合作的谅解备忘录》,建立了中美反垄断执法机构之间的长期合作框架。根据备忘录,中美之间将开展两个层面的合作:一是竞争政策高层对话;二是执法机构之间就竞争政策及执法问题开展交流合作。同年 3 月 21 日,原国家工商总局与英国公平交易局签署了合作谅解备忘录,建立了双方在反垄断领域的双边合作框架,就两国竞争政策、法律、法规以及立法和执法情况的有关信息进行定期交流。除此之外,中国与其他国家的交流合作也相当频繁。但是,目前中国与其他国家的反垄断合作机制主要限于法律法规和政策的交流,即以信息交换为主,较少涉及前文提及的执法合作和积极礼让等方面的内容。

在第二个方面,中国目前已签署自贸协定 14 个,涉及 22 个国家和地区。正在谈判的自贸协定 8 个。其中,RCEP 自 2012 年 11 月启动以来取得重要进展,2014 年亚太经济合作组织(Asia - Pacific Economic Cooperation,APEC)峰会正式启动亚太自由贸易区(Free Trade Area of the Asia - Pacific,FTAAP)进程。2015 年中国分别同澳大利亚和韩国签署自贸协定,对推动 RCEP 和 FTAAP 进程具有重要意义。

在中国近年来签署的自贸协定中,有关竞争政策的条款越来越与国际接轨(见表 5 - 5)。在相对早期的中国 - 冰岛、中国 - 瑞士两个自贸协定中,在竞争政策问题上只做了原则性表述:(1)缔约方原则性地认识到,反竞争行为会损害协议所产生的效益;(2)缔约方适用各自竞争法,不干预各自竞争执法机构的执法独立性;(3)缔约方竞争执法机

① 参见于馨淼:《我国反垄断法国际合作的模式选择》,法律出版社 2012 年版,第 5 ~ 6 页。

构应就与竞争章节相关的事宜开展合作和协商，在符合各自法律以及保密规定的前提下，双方的合作包括信息交流等内容，但并未规定具体的执法合作机制；(4)竞争章节项下的任何争议应通过缔约方之间协商解决，任何一方均不得诉诸自贸协定项下的争端解决机制；(5)竞争章节适用于缔约方的所有经营者，包括根据法律享有特殊或排他性权利的经营者，但“不应妨碍其履行法定职能”。

表5-5 中国已签署自贸协定中的竞争条款

自贸协定	有关竞争的章节或条款
中国-澳大利亚自贸协定	第16章第7条:竞争合作 第8章第2条:服务的垄断提供者
中国-韩国自贸协定	第14章:竞争政策 第8章第12条:垄断和专营服务提供者
中国-瑞士自贸协定	第10章:竞争 第8章第10条:垄断和专营服务提供者
中国-冰岛自贸协定	第5章:竞争 第76条:垄断和专营服务提供者
中国-哥斯达黎加自贸协定	第110条第3款:防止滥用知识产权不合理地限制竞争 第126条:竞争合作
中国-秘鲁自贸协定	第1条第3款:促进缔约双方市场的公平竞争 第144条第4款:防止滥用知识产权不合理地限制竞争、限制技术转让或者对技术转让造成不利影响的行为 第159条:竞争政策
中国-新加坡自贸协定	第69条:垄断和专营服务提供者 第70条:商业惯例

续表

自贸协定	有关竞争的章节或条款
中国 - 新西兰自贸协定	第 2 条:改善自由贸易区内的公平竞争条件 第 123 条:垄断和专营服务提供者
中国 - 智利自贸协定	第 2 条第 1 款第 3 项:改善自由贸易区公平竞争条件 第 111 条第 1 款第 5 项:杜绝和知识产权相关的构成权利滥用、限制竞争或可能阻碍新开发的转让和传播的行为和条件

资料来源:中国自由贸易区服务网(http://fta.mofcom.gov.cn/)。

在中国 - 澳大利亚自贸协定中,没有专门的竞争章节,但是在第 16 章"一般条款与例外"之中,专门有一条(第 7 条)规定了竞争合作,并对合作的方式作出了具体规定,包括:(1)信息交换;(2)通报;(3)在跨境执法事务中进行协调,就双方均进行审查的案件交换意见;(4)技术合作。并且,还指出上述合作"可通过双方竞争机构之间新的或现有的合作机制进行提升",并"在不影响双方竞争机构独立性的前提下,双方同意在本条项下根据各自法律、法规和程序,利用其合理可用的资源开展合作"。

相比之下,中国 - 韩国自贸协定是目前为止中国参与的自贸协定中竞争规则规定得最为详细的一个。上述三个协定针对竞争问题均只有 1 个条文,而中韩自贸协定不仅专门在第 14 章规定了"竞争政策",而且条文多达 13 条,对竞争政策的目标、竞争法和竞争机构、执法原则、透明度、竞争法的适用、竞争执法的独立性、合作以及磋商机制等作出了具体规定。

相比上述几个协定,中国 - 韩国自贸协定在以下方面取得了突破:(1)在合作的目的上开明宗义提出开展竞争政策合作有助于"防止贸易自由化利益受损""提高经济效率和增进消费者福利"。(2)对"竞争法”“反竞争商业行为”“经营者”等核心概念进行了明确界定。(3)明确了竞争执法时应遵循“透明、非歧视和程序正义原则”，确保“各缔约方给予非本方相对人的待遇应不低于本方相对人在同等条件下享有的待遇”，以及相对人在表达意见、提出证据、依法申请行政复议或提起行政诉讼等方面的权利。(4)强调了“透明度”的重要性，包括公开有关竞争政策的法律法规、公开决定和命令、以书面形式作出最终行政决定并提供事实和法律依据。(5)强化了执法合作（包括通报、磋商、信息交换、技术合作等方式），强调相互尊重竞争执法独立性，排除争端解决机制的适用。(6)引入了国际礼让原则：一缔约方如果认为其执法活动可能对另一缔约方重要利益产生实质性影响，应通过其竞争机构向另一缔约方竞争机构通报其执法活动。在不违反缔约方的竞争法，且不影响任何正在进行的调查的情况下，开展调查的缔约方应尽量在调查的早期阶段向另一方通报。通报应足够详细，以使另一缔约方能够进行利益评估。[①] (7)在重申竞争规则适用于所有经营者的情况下，针对公共企业以及享有特殊权利或排他性权利的企业遵守竞争规则作出了特别规定：缔约双方均不应该采取或维持与“透明、非歧视和程序正义原则”不一致的措施，且缔约双方应保证上述企业受本国竞争法约束，但“上述原则和竞争法的实施不应在法律上或事实上阻碍上述企业执行指派给该企业的特殊任务”。

在竞争政策问题上，中国政府一直以来倾向于选择自愿合作的方式，即通过竞争执法机构之间的双边协商和合作（如签署合作备忘录）解决跨国垄断问题，而不愿意受到具有法律约束力的区域或双边贸易协定的制约。这是考虑到一旦受制于区域或双边协定，中国竞争执法

① 参见苏华：《WTO 与自贸协定框架下竞争政策协调的新趋势——兼论中国的经验和应对措施》，载《国际经济合作》2015 年第 9 期。

机构的执法独立性会受到挑战。但是，在谈判过程中，外方已经向我国提出国际礼让、适用争端解决等敏感要价。[①] 随着中国竞争法律制度和执法经验的不断完善以及国企改革的进一步深入，可以预见，在未来中国参与的区域或自贸协定中，将会出现越来越多且更为细化的竞争条款（包括竞争中立条款）。但是在竞争政策问题上，短期内还不太可能出现包括建立投诉机制以及争端解决机制这样的条款。

中国在竞争问题上的国际合作经历了从无到有、从原则到具体的显著进步。至少中国－韩国自贸协定中的竞争规则已经达到国际先进水平，在规则覆盖的范围和合作的深度上都可与美国或欧盟参与的自贸协定相媲美。如果反垄断委员会能够统筹我国竞争政策的国际合作，发挥其统领国家竞争政策的应有职能，进一步整合三大执法机构分别与外国签订合作协议的分散性，则可进一步凸显我国竞争政策的地位，并从国家战略的高度体现我国在国际竞争政策方面的观点和方案。

四、中国在多边层面的竞争政策立场

（一）WTO 层面的竞争政策立场

竞争政策议题曾作为新加坡议题从 1996 年开始被纳入 WTO 框架内予以考虑，但最终于 2004 年从 WTO 谈判议程中剔除。中国在 2001 年加入 WTO 之后，曾于 2002 年参加了 WTO 贸易和竞争政策工作组的会议，参与讨论 WTO 竞争政策的核心原则（包括透明度、非歧视和程序公正以及技术援助和能力建设问题），当时的原国家工商总局、原对外经济贸易合作部、原国家经济贸易委员会和中国常驻 WTO 代表团共同

① 参见王李乐：《区域自贸协定竞争问题谈判：现状与发展》，载《国际经济合作》2013 年第 11 期。

组团就 WTO 竞争政策问题代表中国作了首次初步的、原则性的发言。[1] 2003 年,WTO 贸易与竞争政策工作组公布了中国常驻 WTO 代表团有关"核心卡特尔和自愿协作"的立场报告(WT/WGTCP/W/241)。中国当时的立场可以概括为以下几个方面:(1)多边谈判的首要前提是对何为"核心卡特尔"进行准确界定和阐释;(2)发达国家的企业是出口卡特尔、国际卡特尔以及滥用知识产权的主要实施者,而发展中国家是主要受害者;(3)多边谈判要充分考虑发展中国家的利益并为其预留足够政策弹性;(4)当务之急是通过信息交换和技术援助等手段促进发展中国家的能力建设。可见,在当时,中国与绝大多数发展中国家的立场一致,即认为开展多边竞争规则谈判的时机尚未成熟。

学界的态度却呈现另一番图景。大多数学者均主张中国应积极参加 WTO 竞争政策的谈判。[2] 其中最常被提及的理由是通过参与谈判调整国内竞争政策,特别是促进《反垄断法》的出台和实施。当时,《反垄断法》已经被纳入立法规划,但是迟迟不得出台。因此,在大多数人看来,国际谈判可以成为倒逼国内立法加速的外部压力。关于未来多边竞争框架的模式,彼时的学者建议主要如下:(1)WTO 竞争政策谈判应限于与贸易有关的内容,而非涵盖竞争政策的所有领域;(2)参照 GATS 模式,各成员受 WTO 竞争规则约束的前提是作出特定领域适用的明确承诺,即没有承诺的领域即不适用;(3)WTO 竞争规则不应设定具体标准,而应聚焦确保各成员遵守国民待遇、最惠国待遇和透明度等原则制定和实施竞争政策;(4)国际合作应建立在自愿基础上;

---

① 参见杨洁:《关于在竞争政策方面 WTO 核心原则的适用问题——WTO 贸易和竞争政策相互关系工作组第十九次会议有关情况的介绍》,载《中国工商管理研究》2003 年第 2 期。

② 参见王晓晔、陶正华:《WTO 的竞争政策及其对中国的影响——兼论制定反垄断法的意义》,载《中国社会科学》2003 年第 5 期;徐士英等:《竞争法新论》,北京大学出版社 2006 年版,第 285 页。

(5)WTO竞争规则达成后一段时间(如5年)之内,不再就竞争政策开展新的谈判,为发展中国家提供足够的适应期间。①

但是,相关研究基本上集中在入世之后的几年。随着竞争政策议题不再纳入WTO谈判议程,国内关于多边竞争规则的研究热度明显下降。时过境迁,当前中国所处的阶段和环境均已与入世之初截然不同。如果说,入世之初还是"小心翼翼"地熟悉规则、摸索规则,当前中国已经开始尝试参与制定规则。而且,随着《反垄断法》的生效和实施,中国已经成为美国和欧盟之外最具影响力的反垄断司法辖区之一,很多之前有所顾虑的领域,当前也已不复存在。迄今为止,中国尚未在WTO层面主动推出一个谈判方案。这与中国作为第二大经济体和第一大贸易国的体量极不相配。鉴于中国在国际贸易和投资方面的影响力,以及作为最大的发展中国家的存在,中国完全可以在多边竞争规则的探索方面作出贡献。

因此,中国有关WTO竞争政策的立场可以适时转变。在承认发展中国家利益和趋同努力仍然重要的前提下,②推动在WTO框架内达成多边竞争规则。延续之前的经验,谈判可以聚焦核心卡特尔、核心原则和规则以及技术援助和能力建设等重点领域展开。由于中国能够集中代表发展中国家的利益,因此在获得发展中国家的认可以及充分考虑发展中国家的利益方面可以有所作为。当然,多边竞争规则的达成需要循序渐进。③ 重启贸易和竞争政策工作组的相关工作是当务之急。通过更多地吸引发展中国家参与相关议题的研究和讨论,并通过技术

---

① 参见王中美:《竞争规则的国际协调》,人民出版社2005年版,第317~318页。

② 参见戴霞:《WTO框架下的国际竞争政策和我国竞争法制的完善》,载《现代法学》2003年第6期。

③ 参见白树强:《全球竞争政策——WTO框架下竞争政策议题研究》,北京大学出版社2011年版,第368页。

援助和能力建设提升发展中国家对于竞争政策的认识及其实施能力,仍然是在多边层面达成具有约束力的竞争规则的基本前提。

(二)其他国际组织层面的竞争政策立场

在趋同努力方面,中国目前尚未成为 OECD 和 ICN 成员,但是作为发展中国家参与了 UNCTAD 的讨论和研究。

学界的参与主要体现在两个方面:一是与 UNCTAD 合作举办学术会议;二是参与 UNCTAD 下设的专家组,参与学术交流和课题研究。在合作举办学术会议方面,比如,2014 年 12 月,UNCTAD 与华东政法大学合作举办了“竞争合规和行政性垄断国际研讨会”;2016 年 9 月,UNCTAD 和中国政法大学联合主办了“竞争的国际化与反垄断执法的国际合作”研讨会。

在参与讨论和研究方面,UNCTAD 制定的《管制限制性商业惯例的原则和规则》下设“限制性商业惯例政府间专家组”(Intergovernmental Group of Experts, IGE),作为常设机构,监管《管制限制性商业惯例的原则和规则》的适用与实施情况。《管制限制性商业惯例的原则和规则》为国际竞争政策实施经验的交流及合作搭设了框架,对全球范围内限制竞争行为的规制都起到了良好的示范作用。IGE 自 1997 年设立以来,每年举行一次会议。在每届会议中,都会有一个国家的竞争法被挑选出来,进行关于竞争法和竞争政策实施的同行评审,这对全球竞争政策的发展和反竞争行为的控制无疑具有积极的作用。2008 年以来,已经有包括印度、哥斯达黎加、亚美尼亚等在内的国家竞争法被进行同行评审。

在政府层面,2015 年 7 月,国家发展改革委原价格监督检查与反垄断局局长参加了 UNCTAD 组织的第七次联合国全面审查《管制限制性商业惯例的原则和规则》会议,不仅被选举为大会副主席,而且主持“并购领域的国际合作”圆桌会议,在“医药领域反竞争行为控制”圆桌会议上进行主题发言。[①] 会议全面审查了《管制限制性商业惯例的原则和规则》的适用及执行情况,还对斐济、巴布亚新几内亚和阿尔巴尼亚进行了同行评审。

对于中国而言,UNCTAD 是一个能够将中国的竞争政策理念和制度带入国际社会的绝佳平台。但是,当前中国的参与主要还在“外围”,尚未进入决定研究方向和规则制定导向的核心层。中国今后应进一步加强国际组织人才的培养,将更多中国人引入包括 UNCTAD 在内的国际组织,从而能够从“内部”影响国际组织的研究方向和政策倒向,以便更好地发挥中国影响、传播中国声音、提出中国方案。

中国不是 OECD 和 ICN 成员的事实,也在很大程度上限缩了中国参与国际竞争政策对话的空间。中国不加入 OECD 既有历史原因,也有现实顾虑。中国一向以发展中国家自居,而 OECD 是典型的“发达国家俱乐部”,一方面中国没有与其“打交道”的传统,另一方面中国的加入反而可能失去发展中国家的支持。更为重要的是,OECD 对成员施加了诸多约束条件,或者中国当前还难以达到,或者有可能损害中国在内政外交方面的自主权。比如,OECD 要求成员的官方发展援助(Official Development Assistance,ODA)不低于 GDP 的 0.7%,中国尚无法做到;再如,OECD 下属的国际能源总署对每个成员的战略石油储备有严格要求,而中国希望在能源政策方面更为自主。[②] 另外,相比于 OECD,还存在包括 UNCTAD、世界银行和国际货币基金组织等在内的国际经济组织,这些组织能够在一定程度上替代 OECD 的功能,使中国加入

---

① 参见《国家发展改革委价监局局长张汉东参加联合国第七届竞争原则及规则审议大会并访问欧盟竞争总司》,载《中国价格监管与反垄断》2015 年第 8 期。

② 参见孔帆:《“经合组织”与中国的“爱恨情仇”》,载观察者网,http://www.guancha.cn/kongfan/2015_06_29_324919.shtml。

OECD 的迫切性降低。

当然,中国加入 OECD 确有益处,包括为中国开展区域合作提供更广阔空间,第一时间了解并参与国际经济议题的讨论,提升中国在国际经济领域的影响力和话语权等。① 在多极化时代,中国的加入也可一定程度改变 OECD“富国俱乐部”的标签,且不排除进一步吸收更多发展中国家加入,从而优化 OECD 的关切和运行的可能。不过,这需要建立在综合平衡加入所承受的压力和带来的挑战的基础之上。

相比之下,ICN 对于成员的加入并未设置约束性条件,所有国家或地区的竞争主管机构均可自愿申请加入。② 但是,中国迄今为止并未申请加入,不得不说是一个遗憾。ICN 确实有它的不足之处,如它只是提供了一个“论坛”或交流平台,严格来说不算“国际组织”;③它也没有突破各成员从本国利益出发构建竞争政策体系的框架,在现有运行机制下难以承担改变各成员国内竞争政策以符合国际竞争政策的发展需求的任务。换言之,ICN 的功能主要是自愿协调,无法化解深层次冲突,更难以动员各成员放弃部分国家利益追求全球福利。但是,ICN 是迄今为止最专业、最纯粹的国际竞争政策协调平台,其相关议题代表了多边层面竞争政策发展的最新进展和前沿方向。

因此,在多边层面,中国除了积极参与 WTO 竞争规则的谈判之外,还应摒弃成见,加入 ICN 成为其成员。④ 这不仅是因为 ICN 是目前在竞

---

① 参见许健:《法学视角下评析中国未来加入 OECD 的实体及程序机制》,载《西安电子科技大学学报(社会科学版)》2014 年第 4 期。

② 参见胡峰:《国际竞争网络的运行机制及其演进逻辑》,载《科技进步与对策》2007 年第 4 期。

③ 参见于立、吴绪亮:《国际竞争政策的分歧、互动与展望》,载《世界经济研究》2006 年第 9 期。

④ 参见黄勇、申耘宇:《我国竞争政策多边协调的路径研究》,载《中国物价》2013 年第 7 期。

争政策趋同方面最成功的代表,更重要的是,少了中国的参与,不仅是中国自身的遗憾(失去了与最广泛的国际竞争机构交流的机会),也是世界的遗憾(失去了与世界上最具有影响力的反垄断管辖区之一进行交流的机会)。

五、国内自贸区层面的竞争政策立场

(一)国内自贸区的竞争政策探索

中国已经在国内自贸区(包括上海、广东、天津、福建)层面开展了竞争政策(包括竞争中立)的探索。

目前来看,在自贸区内,相关垄断行为的查处仍然适用《反垄断法》的一般执法机制,即并非将反垄断执法权授予自贸区管理机构,而是按照《反垄断法》规定的授权机制由中央或省一级反垄断执法机构负责自贸区内的反垄断执法。

但是,自贸区管理机构被授予"协助"开展反垄断执法的相关职责。在垄断协议和滥用市场支配地位的查处方面,自贸区管理机构主要协助执法机构接受反垄断举报、咨询、报告;协助开展反垄断调查;接收经营者的承诺或报告;协同执法部门开展案后回访、宣传培训、竞争评估和反垄断相关问题研究等。在经营者集中的反垄断规制方面,则主要承担以下协助职能:一是在经营者集中的申报过程中,帮助自贸区内的经营者进行申报识别,及时告知并督促经营者进行申报;协助经营者向商务部进行申报;提请商务部开展反垄断审查;对未依法申报的经营者集中进行举报和监督等。二是在经营者集中的审查程序中,协助商务部开展调查,协助商务部听取相关意见,协助经营者向商务部进行陈述申辩。三是在经营者集中审查结束后,协助商务部开展后续监管及其他研究工作。

在竞争倡导和信息共享方面，自贸区的探索颇具创新。在上海、天津和福建自贸区的相关规定中均提及了自贸区管理机构协助竞争主管机构开展宣传培训的职能。[①] 不过，当前的竞争倡导对象似乎主要针对市场主体，而非针对政府本身。自贸区在反垄断信息共享的探索方面也值得推广。上海、天津和福建等自贸区的竞争规则均提及了反垄断执法机构与自贸区管理机构之间的“信息共享”，共享的内容包括自贸区内企业的信用信息、反垄断案件线索、案件查处结果、案件备案情况等，并通过“会商机制”使得信息共享落到实处。[②]

不过，目前各大自贸区在竞争规则的探索方面水平和特色不一。总体来看，上海自贸区在规则的精细化方面要做得更好一些，这也许与其在自贸区探索的时间和经验方面更为成熟有关。天津自贸区在规则的整合方面做得更好，其并非由原反垄断执法的“三驾马车”的相应地方机构制定规则，而是由市发展改革委、市商务委和由原天津市工商行政管理局、原食品药品监督管理局和原质量技术监督局三个部门“三合一”整合而成的天津市市场质量监督管理委员会联合制定《中国（天津）自由贸易试验区反垄断工作办法》，从而有效避免了不同部门分别制定可能产生的规则差异，在法制统一方面显然更值得推广。福建自贸区则在国际交流方面颇具特色，《促进中国（福建）自由贸易试验区市场公平竞争工作暂行办法》（已失效）第 15 条提及“支持在自贸区内构建涉台、涉外执法交流机制，推动区域间的执法合作”。这是福建自贸区的特色和优势，也是其他自贸区的相关规则中没有的内容。此外，《促进

---

① 参见《中国（上海）自由贸易试验区反垄断协议、滥用市场支配地位和行政垄断执法工作办法》第 13 条、《中国（上海）自由贸易试验区经营者集中反垄断审查工作办法》第 16 条、《中国（上海）自由贸易试验区反价格垄断工作办法》第 9 条。

② 参见《中国（上海）自由贸易试验区反垄断协议、滥用市场支配地位和行政垄断执法工作办法》第 12 条、《中国（上海）自由贸易试验区反价格垄断工作办法》第 13 条、《中国（上海）自由贸易试验区经营者集中反垄断审查工作办法》第 14 条和第 15 条。

中国(福建)自由贸易试验区市场公平竞争工作暂行办法》(已失效)第7条还规定,市场监督管理机关的职责之一是“对含有不公平竞争内容的自贸区规范性文件提出修改建议”。这是对《反垄断法》上针对滥用行政权力排除、限制竞争的行为反垄断执法机构可以行使“建议权”的进一步落实。相比之下,尚未发现广东在竞争规则方面展开探索。

自贸区还在竞争中立规则方面做了一些探索。但是,这些探索仍然是不成体系的,在竞争中立的制度构建方面也是不完整的。而且,这些探索并未与政府投资体制的改革相联系,没有指出竞争中立对于政府投资和国有企业的约束性。另外,国际层面的竞争中立主要是针对“国有企业”,但是自贸区层面很难对国有企业改革作出系统性制度安排。同样,自贸区层面也难以率先完成政府投资制度的变革。自贸区能做的和已经做的,主要就是通过实施“准入前国民待遇加负面清单”的外资管理模式、逐步开放金融等服务业以及简政放权等方式,放宽市场准入。这些改革措施均不是针对政府投资和国有企业本身,而是针对其竞争者或潜在竞争者(主要是外资和外企)。换言之,是通过放开外围的竞争来倒逼内部的改革,是通过引入民资和外资,来升级政府投资制度和国有企业的运行。

自贸区难以有效开展政府投资制度改革的根本原因,在于政府投资的决策机制、分权机制以及监督机制等,均非自贸区层面能够解决的问题。即便自贸区开展相关探索,也不可能覆盖核心的投资主体和被投资对象,更无法开展实质性的制度变革,从而推广到全国其他地区。结果就是只能依靠外部压力来倒逼内部改革,导致当前在自贸区层面尚无专门针对政府投资制度的改革措施。

(二)国内自贸区有关竞争政策的进一步探索建议

自贸区当前主要通过降低市场准入门槛和简政放权的方式,从市场、政府两个方面出发构建市场化、法治化、国际化的营商环境。这符合竞争政策的目标。但是为了提升自贸区的改革效率，避免部门之间的掣肘，在中央层面成立主管机构或对口部门（如设置统领全国的"中国自贸区管理委员会"）、制定"中国自由贸易区促进法"等均是可选项。[①] 在此基础上，自贸区更应侧重对接高标准国际经贸规则，开展竞争中立规则探索。考虑到竞争中立很难单独在自贸区层面开展探索性试验，也可以考虑在省一级政府层面开展全覆盖探索，甚至"自上而下"，在中央层面达成竞争中立的共识，形成政府投资制度改革的顶层设计，再根据各地现实情况逐步推广到地方。具体来说，可以开展以下探索：

第一，探索分类管理制度。尽管中央已经明确将国有企业划分为公益类和商业类，上海将国有企业划分为竞争类、功能类和公共服务类，但是具体如何划分目前仍然没有出台指导意见。因此，可以探索国有企业的"分类管理"，并向社会公开分类的依据和结果。

第二，探索信息披露机制。包括：（1）针对国有企业的信息披露机制。要求国有企业按照上市公司的标准披露信息，包括披露运作成本、社会责任以及获得的政府补贴及其他优惠。此外，要求国有企业披露独立年度审计报告等。（2）针对政府的信息公开机制。要求政府公开披露与公平竞争相关的政策、措施与活动，特别是政府投资活动的细节。

第三，制定国有资本投资"正面清单"。国务院《关于改革和完善国有资产管理体制的若干意见》（国发〔2015〕63 号）提出"制定国有资本投资负面清单，推动国有资本更多投向关系国家安全、国民经济命脉和

① 参见周汉民：《自贸区要避免城市间不良竞争》，载新浪财经，http://finance.sina.com.cn/zl/china/20151110/072423723988.shtml。

国计民生的重要行业和关键领域”。笔者认为,相比于“负面清单”,国有资本投资更宜建立“正面清单”,即在分类管理的基础上,明确国有企业可以进入哪些领域,除此之外的领域均不得进入。纳入“正面清单”的行业或领域应当是关系国家安全、国民经济命脉和国计民生的重要行业和关键领域。除此之外的竞争性领域,一般情况下不得再新设国有企业,避免“与民争利”。

第四,探索实施竞争审查和竞争评估。在地方或自贸区内,率先探索让竞争主管部门参与政府政策(特别是监管政策)的制定,对政策可能产生的竞争影响提出建议。还可以在地方或自贸区层面成立跨部门的竞争政策委员会,①邀请不同所有制企业代表以及专家代表进入,协助政府拟定竞争政策、审核涉及竞争的其他经济政策、为反垄断调查和国际竞争政策谈判提供咨询意见等。此外,探索对可能影响竞争的相关政策进行评估。竞争评估可以委托给专门机构(如“竞争政策委员会”)或独立第三方进行。

第五,探索构建投诉机制。可以赋予自贸区管理机构接受投诉的职责,或者建立专门机构(如“竞争政策委员会”)负责处理申诉案件。

第六,将竞争中立理念“嵌入”地方政府或自贸区内的产业政策(特别是针对国企的产业政策)。比如,逐步削减针对国有企业的融资、信贷方面的优惠,使得“优惠型”产业政策向“普惠型”产业政策演变。

六、中国在竞争中立问题上的国际立场

(一)坚持两个基本原则

在竞争中立问题上,中国可以在国际层面坚持两大原则:

---

① 参见赵晓雷、杨晔、严剑峰:《中国(上海)自贸试验区实施竞争中立操作方案设计》,载《科学发展》2014 年第 11 期。

第一,竞争中立的制度设计要与一个国家的发展阶段相符合。在一个全球价值链逐渐分化的国际市场上,发展中国家很难与发达国家实现真正意义上的公平竞争。要改善发展中国家的不利地位,就必须开放被区域或双边协定限制了的国内政策空间,赋予国家实施竞争政策和产业政策的能力,包括灵活制定和运用竞争中立政策的能力。换言之,竞争中立制度的设计更宜作为国内改革措施,而不适合在国际层面"一刀切"地适用同样规则。即便要在国际层面达成竞争中立规则,出于"实质公平"的考虑,发展中国家也必须享有符合自身发展阶段需求的"豁免"因素。

第二,竞争中立制度的实施要与一个国家的法治背景相适应。比如,《宪法》中关于"社会主义公有制"和"国有经济"的规定的解释是关系到竞争中立能否在中国有效实施的关键因素。如果单纯将公有制理解为"国有制",并将国有企业的优先发展作为一项宪法原则,那么竞争中立就没有发展空间;相反,如果从"社会所有"角度来看国有,并将《宪法》第 15 条"国家实行社会主义市场经济"的条款作为优先于"公有制"和"国有经济"的条款,那么竞争中立就具有发展空间。

(二)竞争中立更宜作为国内措施而非国际规则

竞争中立最初是作为国内改革措施出现的。1995 年,澳大利亚联邦政府与六个州和两个领地签署了政府间协议,要求各地方政府必须实施包括税收中立、信贷中立、监管中立等在内的竞争中立政策,即政府不得在税收、信贷和政府监管等各方面给予特定企业优惠,联邦政府则通过财政转移支付的方式对实施效果好的地方政府支付"对价"。除了澳大利亚,欧盟也通过《欧盟运行条约》中有关国家援助控制的规定在事实上实施竞争中立政策,要求成员国对于公共企业及成员国授予特别或专有权利的企业不得指定也不得保留与条约的竞争规则相抵触的任何措施。

直到21世纪,竞争中立才在美国的主导下不断推向区域和国际层面,试图将其从一种国内改革措施演变为国际通行规则。竞争中立国际化的理由美其名曰维护公平竞争,实则是为了主导全球经济治理规则的转型,并制造实质上的不公平。

首先,根据"全球价值链"理论,由于历史、文化、经济基础以及国际政治影响力的差异,在国际经济交往的全球价值链中,发达经济体始终占据价值链的高端,掌握更多的资源并拥有更强的谈判能力。当国际竞争规则也向它们倾斜时,发展中经济体将在国际竞争中更加失去话语权,从而导致另一种实质性的不公平竞争。按照美国的说法,美国主导竞争中立规则的核心是对现有国际经济规则进行更新和调整,以"弥补现有的国际经济规则无法保证国有企业和私营企业公平竞争的缺陷"。那么,是否有一种国际经济规则,可以保证发达经济体与发展中经济体之间的公平竞争呢?实际上,按照美国意志建立的竞争中立规则无疑只会加剧已经存在的不公平,更加强化发达经济体控制全球经济资源的能力,弱化发展中经济体参与公平竞争的能力。

其次,根据"制度非中性"理论,同样的制度给不同群体——强势群体和弱势群体——带来的效果是不一样的。要求处于不同发展阶段的所有经济体都接受同样的规则,不仅是不公平的,也是不正当的。在制度非中性的情况下,弱势群体若要在全球经济治理规则的转型中受益,需要在两个方面作出努力:一是提高弱势群体的能力,二是提高弱势群体的组织化程度。前者可以通过"单边开放"和国内改革措施予以实现,后者则需要加强形成参与国际规则竞争的同盟,共同与可能对同盟利益构成损害的集团博弈。美国版的竞争中立规则会在实际上破坏以上两个目标的实现。

因此,作为"国内措施"与"国际规则"的竞争中立具有截然不同的目的和效果。澳大利亚和欧盟采纳竞争中立,很大程度上是为了推动国有企业改革和维护统一市场;但是,美国不像澳大利亚有那么多国有企业,也不像欧盟需要建立“超国家”的统一市场,其在国际上推行竞争中立更多地具有主导国际经贸规则治理和变相实施“贸易保护主义”的诉求。美式国企规则与澳式国企规则分别代表了竞争中性推行的两条路径:前者虽被誉为“最高标准”却并无自身逻辑基础,后者虽源于国内改革需要却逐步成为国际组织倡导的模板。通过对比美式和澳式国企规则的演变路径,可清晰辨别美式国企规则在奉行原则、规则归属、贯彻落实和国际推广等方面存在的内在缺陷,其对澳式国企规则不同要素的不当强化和弱化,扭曲了竞争中性的真正内涵。① 美国要求参与谈判的国家遵循符合美国国家利益的竞争中立规则,实际上是将一种原本属于国内改革措施的规则“替换”为具有约束力的国际准则,在削弱其他国家参与国际竞争的能力的同时增加美国企业的竞争力。

因此,在国际层面,中国可以提出基于“实质公平”而非“形式公平”的竞争中立主张。在国际经贸谈判中,一方面,认可竞争中立的制度价值(特别是对于国有企业改革的指导意义),开展适合本国国情的竞争中立制度探索,倡导竞争中立在当前更宜作为国内措施或倡导性的国际规则,而非具有约束力的国际规则;另一方面,认清“伪竞争中立”的背后意图,在将来即将或可能达成的区域或双边协定中对竞争中立问题作出相对宽松的承诺,如在承认国有企业的价值(而非全盘否定)的基础上,认可竞争中立的理念,共同推动所有企业之间的公平竞争。同时,如若有必要构建具体规则,也可将重点放在约束政府权力而非国有企业本身之上。

---

① 参见应品广:《美式国有企业规则的推行路径与逻辑谬误——基于与澳式规则的比较分析》,载《国际商务研究》2021年第5期。

(三)倡导回归多边体系以防止区域主义的滥用

在国际层面,中国可以倡导回归多边体系。实践证明,只有多边主义才能给全世界带来公平的利益。特别是对于拥有较小实力的国家而言,多边主义意味着更多的话语权和更多的权利。如果全球经济规则受区域主义裹胁,公平这一国际经贸治理体系最重要的价值追求将会丧失。这一结果对于全球经济的可持续和包容性发展都是有害的。任何一个负责任的大国,都有义务采取措施消除"去多边主义"或"去WTO化"的浪潮。当然,回归多边体系应建立在改革多边体系议程和程序的基础上。比如,中国可以推动新的多哈谈判议程,或者尽快启动新的WTO谈判。新的谈判应当对TPP和TTIP等美欧主导的区域贸易协定中没有涉及的方面(包括竞争中立)进行深入讨论,并对TPP和TTIP涉及的领域在WTO谈判中提出相应的措施。

只有在多边体系下,中国才能够联合诸多发展中经济体,化解"制度非中性"可能带来的不利影响,提出符合绝大多数国家需求的干预中立主张。即便要在国际或区域层面达成竞争中立规则,出于"实质公平"的考虑,也应该允许发展中经济体享有"保留"或"豁免"实施竞争中立的因素。这是因为,对于发展中经济体而言,一方面,通过提高本国产业竞争力,更好地融入"全球价值链",才能分享全球化的惠益;另一方面,在一个全球价值链逐渐分化的国际市场上,发展中经济体实际上很难与发达经济体实现真正意义上的公平竞争。要改善发展中经济体在国际竞争中的不利地位,就必须开放被区域或双边自贸协定限制了的国内政策空间,赋予其为发展本国产业、提高本国竞争力、对跨国企业在本国的市场力量加以限制而实施产业政策和竞争政策的能力,包括灵活制定和运用竞争中立政策的能力。

中国还可以秉持"全球价值链"理论,寻求全球竞争的"实质公平",坚持竞争中立应该与一个国家的发展阶段和法治背景相符合,力陈竞争中立作为“国内改革措施”和“国际约束规则”的不同。同时，在参与自贸协定谈判时，中国也可以提出符合自身需求的竞争中立主张。比如，在TPP和TTIP中，欧美除了将传统的国有企业（政府享有所有权的企业）纳入规制范畴，还提出要对指定的政府垄断和私人垄断进行规范。我国应当警惕将“竞争中立”的概念扩大化，将外企和民企贴上“政府经营活动”的标签，将其纳入竞争中立的范畴。此前，华为等中国民营企业在美国受到调查的事实就充分说明，美国为提升本国经济的竞争力，可以给任何企业贴上“政府经营活动”的标签。[①] 因此，中国在确定竞争中立的适用范围时，应当将其明确限定在传统“国有企业”的范畴内。中国可以在国际谈判中坚持狭义的国有企业概念，坚持只有政府享有“控制权”的国有企业应当受到竞争中立规则的约束，减少国际经济受冲击的范围。与此同时，应尽快通过分类管理确定非竞争性国企（业务）和竞争性国企（业务）的范围，因为竞争中立仅适用于从事“商业活动”的国有企业，不适用履行公共职能或从事公益性活动的国有企业，分类管理能够在最大限度上减少竞争中立的冲击。

---

① 王婷：《竞争中立：国际贸易与投资规则的新焦点》，载《国际经济合作》2012年第9期。

CHAPTER 06 >>

第六章

竞争政策的推进机制:文化的孕育性分析

第一节　竞争文化的建构性特征:以竞争倡导为路径

一、竞争文化的建构性特征

(一)竞争文化对竞争政策的影响

竞争文化是"关于市场竞争的一系列思想观念、商业规则和法律制度的总称"。[①] 竞争文化能够集中反映所有与市场竞争相关的主体(包括政府、企业和消费者)对于竞争理念和机制的态度。在短期内,竞争文化对于一个国家竞争机制和竞争政策的影响不易察觉,但是,一旦经过长期的宣传和渗透,使竞争文化成为国民的一种内在意识,其对于整个国家竞争政策发展的影响是难以估量的。

---

① 参见徐士英等:《竞争法新论》,北京大学出版社2006年版,第288页。

在强有力的竞争文化下,政府会倾向于出台更利于竞争的政策,企业会形成竞争合规的习惯,消费者会通过自由地选择商品或服务引导竞争的趋势。相反, 在弱势的竞争文化下,消费者更容易向滥用市场支配地位的生产商和供应商屈服,竞争政策也较容易被其他经济和社会政策所取代。① 这种文化也会使经营者依仗其优势地位而不再关注创新。

目前,已经有越来越多的国家拥有竞争法,但是并非所有国家都具有成熟的竞争文化,也并非所有国家都将竞争政策视为国家的基本经济政策。竞争文化不仅受到法律(包括竞争法和其他影响竞争的法律法规)及其实施的影响,还受到市场中特定的生产和商业模式的影响,同时还受到市场参与者中持有的准则和价值观的影响。②因此,培育各方对于竞争以及竞争规则的意识,是培育竞争文化的重要途径。

由于竞争文化对于竞争政策的孕育和实施极为重要,许多国家已经将培育竞争文化作为竞争主管部门的重要职责之一。许多区域经济组织或国际组织,也纷纷致力于促进各成员开展竞争文化的培育。比如,ICN 专门设立了竞争倡导工作组,致力于形成切实可行的倡导工具,促进国际成员机构之间的经验分享,提高成员内部竞争文化的发展。UNCTAD 的竞争法和竞争政策问题专家组,通过每年召开会议的方式,讨论如何促进世界范围内的竞争政策合作,也有助于通过交流互相学习培育竞争文化的方式。

---

① See ICN Advocacy Working Group, *Competition Culture Project Report*, https://www.internationalcompetitionnetwork. org/wp - content/uploads/2018/09/AWG_CompetitionCultureReport2015. pdf.

② See Danish Competition Authority & Danish Consumer Agency, *Competition Culture*, https://www. en. kfst. dk/media/3333/competition - culture - 06012010. pdf.

(二)竞争文化的生成模式

从理论上看,竞争文化有两种生成模式:一是自发生成模式,即在特定的政治、经济和文化传统之下,在本土自行生成崇尚竞争的文化,典型代表是美国;二是外力生成模式,即本土并不具备生成竞争文化的充分条件,而是在外力(不论是政治、经济还是文化层面)的影响下被动植入竞争制度,在与本土体制相结合之后,逐步形成具有本土特色的竞争文化,典型代表是日本。

美国具有世界上独一无二的竞争文化。美国曾长期受英国殖民统治,因此在其建国之初,就深深烙上了"自由"的烙印。美国人追求自由一方面源于之前被殖民统治的事实,另一方面在于其没有历史羁绊,也没有像英国一样的贵族阶层。"天赋人权"思想在美国得到集中体现。这种思想与自由主义的经济学说相结合,使竞争文化渗透于美国政治经济制度以及社会制度的方方面面。

与美国不同,绝大多数国家的竞争文化是受到外力的影响而产生的。日本是最典型的代表。第一次世界大战时期,日本就采用了计划经济的形式,加强国家对经济的控制。战后经济危机期间,政府推行企业合并、强制实施卡特尔,全面干预经济。① 正因为如此,日本不断出现各种大型的财阀。② 这些财阀通过与国家权力的紧密合作,控制国家的经济命脉,成为这一时期日本资本主义发展的一大特色。第二次世界大战结束后,日本被美国占领。在综合多种考量下,美国以《谢尔曼法》为蓝本,在1947年为日本量身订做了《禁止私人垄断和确保公平交易法》(以下简称《禁止垄断法》)。由于该法是美国强势介入的结果,同

---

① 参见戴龙:《日本反垄断法研究》,中国政法大学出版社2014年版,第2页。

② 到第二次世界大战结束时,隶属于四大财阀的企业有761家,隶属于六小财阀的企业有436家,共计1197家,其资金总数达到日本企业资金总数的24.5%。参见[日]铃木满:《日本反垄断法解说》,武晋伟、王玉辉译,河南大学出版社2004年版,第1页。

时，充分的自由竞争并不符合战后日本经济恢复的需要，日本政商界对此充满抵触情绪。因此，该法出台伊始就面临巨大的挑战。1949 年和 1953 年日本政府两次对《禁止垄断法》进行调整，保障一些卡特尔和企业集中的合理性，从而维护日本实现经济复苏、增强国际竞争的政策要求。直到 20 世纪 70 年代，日本对于竞争政策的理解才开始自我苏醒，逐步发掘竞争政策固有的功能。也就是说，在经历了约 30 年后，反垄断法这一外来的制度才融入日本的经济体制中去。[①]

对于包括日本在内的许多国家而言，在最初引入竞争政策的时候，通常国内并未形成完善的市场经济体制，政府在经济上的考量更多倾向于培育市场。如果能够在培育市场的过程中同时培育竞争文化，那么其对一个国家竞争政策发展的作用不可估量。实际上，即便是美国，其在实践中仍然积极通过竞争倡导的方式弘扬竞争文化。这不仅是由于竞争文化的培育是一个系统工程和长期工程，需要影响的不只包括这一代人，还包括下一代人，同时也是因为其是对抗利益集团和防止政府被“俘获”的重要工具。

竞争倡导对于竞争文化的培育至关重要，不论是自发生成的竞争文化模式还是外力生成的竞争文化模式，都离不开竞争倡导的作用。对于中国来说，竞争法律制度和日本一样，都是属于“舶来品”，既没有良好的竞争文化土壤，也尚未形成完善的法律体系和强大的执法机构。因此，对于我国来说，更需要竞争倡导。

① 吴小丁：《经济发展过程与竞争政策评价——日本竞争政策演变的启示》，载《经济社会体制比较》2003 年第 4 期。

二、竞争文化的建构方式：竞争倡导

（一）竞争倡导的含义

根据ICN的定义，“竞争倡导是由竞争主管机构通过非执法机制采取的与提高竞争环境有关的提升公众对竞争利益的认识所进行的活动”。[①] 竞争倡导是竞争政策的重要组成部分。

竞争倡导之所以能够成为竞争法实施之外的单独路径，是由于竞争法实施本身存在无法避免的缺陷：一是无法对市场最大的干预者——政府（包括行业组织）所实施的限制竞争行为施加影响；二是无法“事先”对限制竞争行为施加影响，只能对其已经实施的垄断行为进行有限约束；三是执法方式受法律严格约束。相反，竞争倡导能够在宏观层面一揽子解决所有（或大部分）影响市场竞争行为的经济法律和政策，破除限制自由竞争机制发挥作用的制度樊篱。

首先，需要强调，竞争倡导不是竞争执法。虽然竞争主管机构可以在执法过程中以某种方式教育社会各界部门，即执法可以为竞争倡导提供一个联络点，但是执法本身并非竞争倡导。

其次，初级的竞争倡导通常表现为宣传竞争主管机构的职能、工作和成果（特别是执法成果），高级的竞争倡导则远远超出竞争主管机构“新闻办公室”的职责，其目标应是广泛地影响政府、企业和社会公众，最终形成超越竞争法本身的“有益于竞争”的经济政策思维方式。竞争倡导寻求的是建立公众对于竞争政策的宗旨、本质和实施方面的总体

---

① See ICN Advocacy Working Group, *Advocacy and Competition Policy* (2002), https://www.internationalcompetitionnetwork.org/wp-content/uploads/2018/09/AWG_AdvocacyReport2002.pdf.

信任。[①]

此外,竞争倡导不仅在国内层面进行,还在国际层面展开。UNCTAD 和 ICN 等国际组织均积极通过发布报告、交流经验等方式在国际层面开展竞争倡导。比如,2012 年,UNCTAD 发布了《向新成立的竞争主管机构提供能力建设》的报告。该报告总结了 UNCTAD 对于发展中国家竞争主管机构的技术援助情况,并在同行评议的基础上,对如何开展能力建设(包括竞争倡导能力的建设)提出建议。ICN 也通过其内部的竞争倡导工作组促进 ICN 成员执法机构之间的经验分享,促进 ICN 成员竞争倡导的开展。

(二)竞争倡导的理论基础

现代管制经济学为竞争倡导提供了理论基础。管制经济学理论区分"反垄断"和"管制"——前者是对竞争市场中的垄断行为的规制,后者则是针对法定垄断领域的规制。

但是,管制也可能被用于将财富从消费者手中转移至经营者手中,而非促进消费者的福利。由于经营者相比于消费者在政治决策方面更有影响力,因此在绝大多数情况下,在管制过程中"生产者利益总是优先于消费者利益"。[②] 特别是,随着现代管制经济学理论的发展,早期将管制视为一个促进社会福利最大化之"黑箱"的理论开始被将所有政治家和选民视为理性的经济参与者的理论所取代。[③] 选民要求更有利于自己的法律,政治家则为了回报选民的支持借助国家强制力提供这样

---

① 参见《加强竞争法执行和竞争倡导的方法和手段》,载《中国价格监管与反垄断》2015 年第 10 期。

② See Sam Peltzman, *Toward a More General Theory of Economic Regulation*, Journal of Law & Economics, Vol. 19, p. 212(1976).

③ See Gary Becker, *A Theory of Competition Among Pressure Groups for Political Influence*, Quarterly Journal of Economics, Vol. 98(1983).

的法律。显然,在采纳或实施某一政策的时候,决策者和实施者都会衡量支持或者反对此政策的政治力量。

问题是,相比于消费者,作为被管制对象的经营者更容易形成利益集团,也更容易对决策施加实质性影响。由于信息与组织成本会约束利益集团的规模,而且“在政治舞台中获得广泛信息的成本比在市场中获得信息的成本要高,因为这些信息只能以间接的方式获得”,[①]利益集团的规模越大,人均收益就越低,“搭便车”的可能性也就越高,结果就是利益集团的每个成员都希望不承担义务而能够从其他成员的付出中获得好处。所以,规模巨大且利益分散的集团不太可能成为政策的有效影响者,一项对多数人利益不利的法律也不会理所当然地遭受反对。事实上,很容易发现现实中消费者的利益让位于少数的行业利益的管制现象。

这就导致具有相似利益但规模较小的集团(如某些行业组织)总是可以获得比规模庞大但是较为分散的集团(如消费者组织)更为有效的政治支持力量。因此,政治过程的均衡结果很可能是通过了为保护某个行业免予竞争而损害消费者利益的法律。这些法律可能会通过各种方式隐藏其真实面目。即便有人认识到这种意图及其可能造成的系统性损害,考虑到推翻法律可能产生的成本,组织力量向其发难也很困难。

在这种情况下,经营者很容易会发现,相比于从事私人限制竞争行为,游说政府采取反竞争行为的风险要小得多。更何况,各种游说通常是打着保护消费者的旗号来实现剥夺消费者利益的真实目的。

此外,还存在另外一种可能性,即反竞争的法律或政策并非利益集团影响的产物,而是立法者或政策制定者的“无意识”产物。有时候,对于竞争的限制不是恶意的,而是出于保护消费者或实现其他公共利益

---

① See George J. Stigler, *The Theory of Economic Regulation*, Bell J. of Economics and Management Science, Vol. 2, p. 11(1971).

的考虑。但是,许多此类“良法”也可能会对竞争产生消极作用。[1] 这就会形成一种逆向激励,推动经营者“参与政府发起的垄断组织”。[2] 因此,成功的竞争政策必须同时关注两类反竞争行为,包括私人和政府的竞争限制。只关注私人反竞争行为的竞争政策就如同试图用叉子堵住水流。除非竞争主管机构能够堵住反竞争行为的两个“渠道”,否则竞争的损害不可能完全消除。

正是因为在政治程序中,消费者很难组织起来主张其利益,而同时又存在立法者或政策制定者“无意识”地实施反竞争行为的风险,所以使在政治程序中推进竞争的理念成为一个弥补政治缺陷的有效做法。竞争倡导正是为了实现这一目标。通过竞争倡导,能够将闲置竞争的政策和做法“消灭在萌芽状态”,从而最大限度地保护消费者的利益。

最后,相比于通过竞争执法、司法诉讼或违宪审查等方式“事后”对妨碍竞争的法律或政策予以废止,竞争倡导显然更具有成本优势。确实,竞争倡导的实施会将政策之间的冲突搬上台面,看起来加剧了不同政策之间的矛盾。但是,这是一种事先协调的方式,比事后挽救要更有效率。

(三)竞争倡导促进竞争文化

对于绝大多数国家而言,竞争文化都需要通过一定的方式进行培育,即竞争文化具有构建性的特征。竞争倡导是培育竞争文化的最重要方式。

竞争文化的发展与一国的文化氛围息息相关,有些国家的文化中

---

① See Deborah Platt Majoras, *A Dose of our Own Medicine: Applying a Cost/Benefit Analysis to the FTC's Advocacy Program*, Speech Given at Conference on Current Topics in Antitrust Economics and Competition Policy, Charles River Associates, February 8, 2005.

② See Gordon Tullock, *The Welfare Costs of Tariffs, Monopoly and Theft*, Western Economic Journal, Vol. 5, p. 224 - 232(1967).

包含有竞争理念,强调自由和竞争,对于通过竞争实现个人的价值目标和社会财富的增长具有普遍的认同。而有些国家的文化氛围不仅不利于竞争文化的形成,甚至还有可能阻竞争文化的培育。比如,在传统儒家文化的影响下,奉行"以和为贵"的许多亚洲国家潜意识里会认为"竞争"会破坏社会秩序的安定。对于后者,竞争倡导的作用显得尤为重要。

竞争倡导通过一系列非执法手段,加强政府、企业以及社会公众对竞争的了解。与竞争执法不同的是,竞争倡导是以一种较为缓和的方式去推动竞争文化的发展。竞争倡导的策略可能因为各国的经济发展状况、竞争文化的发达程度、执法机构的能力等原因而不同。但就目前而言,世界上许多国家纷纷采取竞争倡导策略,以期补足其国内竞争执法的不足。甚至,在一定程度上,良好的竞争倡导策略,对于竞争文化的培育效果比之竞争执法更具有广泛的意义。

三、竞争倡导的制度内涵:三位一体

竞争倡导主要针对三个方面的主体,即政府、企业和社会公众(见图6-1)。政府违反竞争的行为对市场竞争秩序的影响往往大于企业垄断带来的影响,而企业往往是不正当竞争的主要参与者,社会公众则通常都是反竞争行为的受害者。

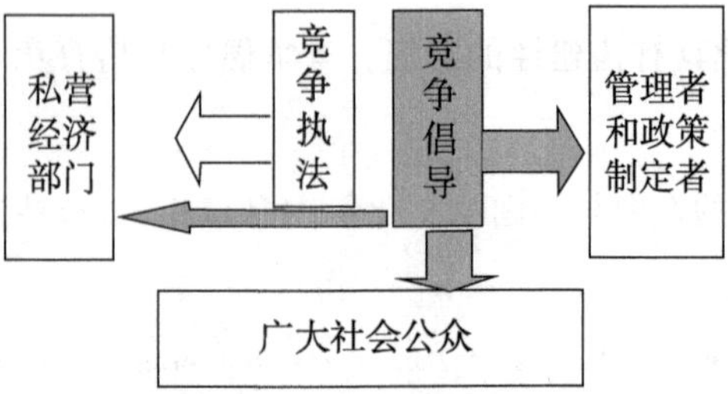

图6-1 竞争倡导逻辑

（一）针对政府的竞争倡导

政府是竞争倡导最为关键的一环。从立法、执法到守法，各个环节都可能出现影响竞争的政府行为。但是，通常情况下，其他政府部门没有接受竞争倡导的意愿。如果要求其引入竞争机制，在某些情况下会减损其原始权力和利益，这通常会招致抵触情绪。因此，针对政府的竞争倡导也最为困难。

政府工作人员缺乏竞争意识是造成政府决策违反竞争政策的重要原因。ICN 的一项调查显示，政府工作人员具有较高竞争意识的仅有 29%，他们明白竞争所带来的社会价值，并能够在工作中充分考虑竞争问题；61% 的受调查者处于中间层次，他们只具有一定的竞争意识，明白相关的竞争规则，但是并不认为竞争对其工作具有重要意义；而 10% 的受访者几乎没有相关竞争意识。① 虽然这份调查抽取的样本并未涵盖全球所有的国家，但仍可看出有相当一部分政府官员对于竞争的认识不足或并不重视竞争政策在政府行为中的作用。在这种情况下，针对政府的竞争倡导就不仅需要影响政府行为本身，还必须影响政府的思维方式。

通过针对政府的竞争倡导，可以使政府工作人员了解竞争政策的理念以及竞争的好处，从而在决策的过程中更多地考虑竞争影响。这种思维方式的改变一旦作用于所有可能产生竞争影响的公共政策，对于整个竞争环境的影响是巨大的。

（二）针对企业的竞争倡导

竞争倡导有助于竞争机制的正常运行。一方面，竞争倡导有助于

---

① See ICN Advocacy Working Group, *Competition Culture Project Report*, https://www.internationalcompetitionnetwork.org/wp-content/uploads/2018/09/AWG_CompetitionCultureReport2015.pdf.

促进企业合规,帮助企业了解根据竞争政策什么可以做,什么不能做。另一方面,竞争倡导能够鼓励企业在遭受反竞争行为时能够合理利用竞争法,通过投诉机制利用公共执法或在私人诉讼中维护自己的权益。

严格的竞争执法是针对企业的竞争倡导能够取得成功的重要的前提。如果没有潜在的执法威慑,如较高的被查处率和较高的法律责任(如较高的罚款金额或刑事责任),则竞争倡导的有效性会大打折扣。通过严格的竞争执法带动竞争倡导的实施,是针对企业的竞争倡导发挥效果的重要因素。只有这样,企业才有动力去规范自己的行为,在市场竞争中加强企业行为的合规性审查。

针对企业的竞争倡导还有必要和针对行业协会或其他行业组织的倡导相结合。大多数企业都通过行业协会的形式集合在一起,针对行业协会的倡导不仅可以达到针对企业的倡导的目的,而且可以以更小成本的方式获得同样的成果。竞争主管机构有必要同相关行业主管部门及行业协会开展合作,对所属特定行业有针对性地开展集中倡导,这比单个的、碎片式的倡导能够发挥更有价值的效果。

此外,在那些只有一个供应商提供特定服务的领域,竞争倡导显得更为重要,因为在这些领域,消费者没有其他选择。

(三)针对社会公众的竞争倡导

对于竞争文化薄弱的国家来说,社会公众往往对竞争、竞争执法、垄断等概念没有充分的意识或仅具有较少的认识。他们不会关心也不能察觉到垄断带来的消费者福利的减少以及由此带来的社会不利影响。因此,对于社会公众的竞争倡导的最直接的意义就在于,使公众了解竞争,了解竞争市场对消费者福利的影响。同时,社会公众还可以通过竞争倡导了解竞争主管机构管辖范围内的相关申诉和救济渠道。

总之,针对社会公众的竞争倡导,能够使公众了解市场竞争带来的社会效益和消费者福利，而引起公众对竞争的渴望和对垄断的警惕。这种竞争意识的觉醒，会使一国竞争氛围得到极大改善，从而推动竞争文化的形成，使企业和公众更好地享受竞争带来的福利。

第二节 竞争倡导的国际比较

不同国家由于其国内的经济发展水平、竞争法发展的程度、文化背景差异以及竞争执法机构的地位差异等原因，各国实施竞争倡导的初衷以及所采取的措施都有所差别。在发达资本主义国家，具有良好的市场经济条件以及竞争法实施的经验，国内竞争文化较为成熟，社会公众以及政府对于竞争理念有较强的认识；而对于发展中国家来说，市场经济条件不成熟，竞争法实施的历史较短，社会公众及政府的竞争意识较弱，因此这两类国家实施竞争倡导的侧重点必然有所不同。本节通过选取典型发达国家美国、新兴发达国家韩国以及发展中国家印度作为主要样本，探讨竞争倡导在国际层面的不同做法及其借鉴意义。

一、美国的竞争倡导

竞争倡导是美国竞争政策的重要组成部分。美国的两大竞争主管机构（见表6-1）——司法部反托拉斯局和联邦贸易委员会——都把竞争倡导作为其职能的一部分。例如，联邦贸易委员会认为，当反垄断豁免使其无法对限制竞争行为提出挑战时，竞争倡导就成为其履行使命的唯一工具。[①]

---

① See Todd J. Zywicki, James C. Cooper, Paul A. Pautler, *Theory and Practice of Competition Advocacy at the FTC*, SSRN Electronic Journal, 72(3): 1091-1112(2004).

表6-1 美国联邦竞争主管机构

项目	司法部反托拉斯局	联邦贸易委员会
机构领导	助理部长	5位委员
任命	总统提名、经参议院批准任命	总统提名、经参议院批准任命
任期	根据总统的意愿	7年,可根据情况撤换
裁决	联邦法院	行政程序,可以复审或上诉至联邦法院
管辖权	民事和刑事	民事
调查权限	限于案件相关事项	不限于案件相关事项
政治控制主体	主要受控于行政权	主要受控于国会

资料来源:中国世界贸易组织研究会竞争政策与法律专业委员会编著:《中国竞争法律与政策研究报告(2014年)》,法律出版社2014年版,第259页。

除司法部反托拉斯局独享反垄断刑事案件管辖权以及联邦贸易委员会有权针对“不公平的竞争方法”单独行使管辖权之外,这两个机构在反垄断执法和竞争倡导方面均享有类似的权限,因此在事实上构成了一定的“竞争关系”。这两个机构分别隶属于行政系统和立法系统,因此它们在执法和倡导方面也常常扮演不同的角色。

充分的人力和预算资源,为它们开展执法活动和竞争倡导提供了充足的保障。据统计,反托拉斯局工作人员770人,其中法学家、经济学家和其他专业人员569人。反托拉斯局2006年的财政预算约为1.45亿美元。[①] 根据美国联邦贸易委员会2017年财政预算报告,其财政预算约为3.42亿美元,工作人员共计1176名,其中法学家和经济学家的人数为737人。[②]

---

① 参见王晓晔:《反垄断法》,法律出版社2011年版,第331页。

② See Federal Trade Commission: Fiscal Year 2017 Congressional Budget Justification (2017), https://www.ftc.gov/reports/fy-2017-congressional-budget-justification.

美国竞争主管机构开展竞争倡导的手段多样。司法部反托拉斯局在其工作手册中,将其使用的竞争倡导工具概括成以下五个方面:与行政部门的磋商、对法律法规作出竞争评估、针对行业发布竞争状况报告、干预监管机构的管制行为、作为“法庭之友”提供证词。[①] 所有这些倡导方式也同样被联邦贸易委员会所采用。在上述方式中,对相关部门提出倡导建议是常见也是最有效的方式。这里所指的相关部门既包括立法机关和行政机关,也包括司法机关。由于美国是普通法制度,同时具有发达的反垄断私人诉讼,因此反垄断法的实施及其演变与司法密切相关。在这种情况下,不仅法院有时候会寻求竞争主管部门的帮助,司法部和联邦贸易委员会对于提供意见也十分感兴趣。甚至在某些案件中,司法部和联邦贸易委员会向法院联合出具意见书,对相关法律问题发表意见。[②]

当政府机构或其他组织制定影响消费者或竞争的政策,或者法院审理与竞争相关的案件时,美国竞争主管机构可以通过提交倡导建议的方式对其施加影响。倡导建议有可能是积极的(支持法律或政策本身),也可以是消极的(反对某个法律或政策)。此外,公司、行业团体、消费者组织和个人,也可以通过向竞争主管部门提出批准合并补救措施、修改规则制定、启动调查或采取其他行动的申请和意见。同时,司法部和联邦贸易委员会还在其官网上将其历年来在各个领域进行的竞争评估报告逐一列举。[③]

---

① See Department of Justice, Chapter v. Competition Advocacy (2015), https://www.justice.gov/atr/file/761151/download.

② 例如,联邦贸易委员会和司法部一起向法院提交了意见书,要求最高法院做出裁决,判定一种非专利产品与专利产品绑在一起出售不能推定为具有市场力量。See Illinois Tool Works Inc. v. Independent Ink, Inc. 547 U.S. 28 (2006).

③ 参见王健、汪望宇:《美国竞争倡导制度研究——兼论我国如何导入竞争倡导制度》,载《经济法论丛》2014 年第 2 期。

除上述国内层面的竞争倡导行为外,美国还致力于国际层面的竞争倡导。比如,积极参与国际组织 ICN 和 OECD 的有关竞争倡导方面的活动。通过国际合作与交流,不断加强自身竞争执法机构竞争倡导能力建设的同时,向其他国家积极提供帮助。

不过,美国的竞争倡导历史表明,即便在美国这样竞争文化已经相对发达的国家,竞争倡导也不是一帆风顺的。美国的竞争倡导也并非伴随反垄断法的产生而产生,而是直到 20 世纪 70 年代,随着时任联邦贸易委员会主席刘易斯·恩格曼(Lewis Engman)的推动才开始逐步普及;20 世纪 90 年代以后,美国的竞争倡导还曾经进入一段低迷期。直到蒂莫西·莫里斯(Timothy Muris)时代,即 2001 年之后,竞争倡导在美国才又重新得到重视。图 6-2 反映了美国联邦贸易委员会在 1980 年至 2004 年实施竞争倡导的状况。①

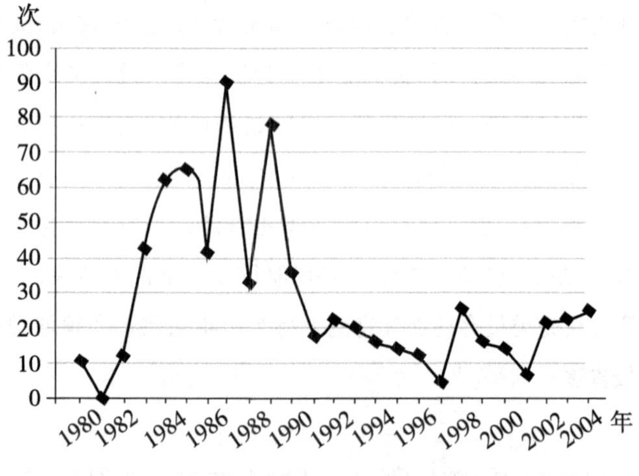

图 6-2 美国联邦贸易委员会的竞争倡导建议数量(1980~2004 年)

① See Todd J. Zywicki, James C. Cooper & Paul A. Pautler, *Theory and Practice of Competition Advocacy at the FTC*, SSRN Electronic Journal,72(3):1091-1112(2004).

由图6－2可知,20世纪80年代是联邦贸易委员会实施竞争倡导最繁荣的年代,而进入20世纪90年代以后,倡导建议的数量持续保持低迷状态。这可能有多重原因。一方面,经过一段时间的竞争倡导,可能已经初步形成良好的竞争文化,许多显而易见的限制竞争的做法已经消除;另一方面,则是源于民主社会中不同利益集团的博弈导致竞争政策暂时处于弱势,使得国会试图在20世纪80年代末削弱该计划的影响。结果在1989年,当时的联邦贸易委员会(Federal Trade Commission,FTC)主席决定不再强调该计划。[①] 直到2001年蒂莫西·莫里斯(Timothy Muirs)上任之后,竞争倡导计划才开始重新复苏,并且将竞争倡导的范围扩展至石油、天然气、酒类、特殊许可行业等更广泛的领域。[②]

美国的经验表明,竞争文化是影响竞争倡导的重要因素。一个良好的竞争文化氛围,会使竞争倡导达到事半功倍的效果。美国的反托拉斯法是世界上最具影响力的竞争法之一,同时也是竞争文化自发生成的典型国家。美国竞争文化的形成得益于其自由民主的观念以及其追求公平竞争的理念。但是,即便在美国这样竞争文化相对发达的国家,仍然需要竞争倡导,且竞争倡导的实施仍然遭遇很多阻力。

美国的经验还表明了独立且主动的竞争倡导机构的重要性。相比于司法部,联邦贸易委员会在竞争倡导方面更具有中立性,因为联邦贸易委员会并非隶属于政府,且在一定程度上摆脱了党派之争。这种中立的地位使其更少遭受来自反对方的非难。作为规制机构,司法部和联邦贸易委员会都难免存在来自利益集团的政治压力,但是,来自国会的压力相比于来自政府的压力要更加小一些,或者说压力的传导会更

① 参见李胜利:《竞争文化·竞争宣导·反垄断执法——从美国反托拉斯法历史经验出发》,载《经济法论丛》2015年第1期。

② 参见王健、汪望宇:《美国竞争倡导制度研究——兼论我国如何导入竞争倡导制度》,载《经济法论丛》2014年第2期。

加间接一些。而且,由于联邦贸易委员会是一个独立的两党共同组建的机构,任何一个特殊的行业似乎都很难俘获它。再者,与其他监管机构不同,司法部和联邦贸易委员会同时对许多的行业进行监管,这使它们比专门监管一个或少数行业的机构更难被俘获。

此外,联邦机构相比于州或地方机构更宜作为倡导机构。特殊的利益集团在某个州或地方政府范围内常常是非常有实力的,更容易对州或地方政府的行政事务产生不正当的影响。因此,应当将竞争倡导的职责赋予不易被利益集团俘获的国家机构,显然中央机构比地方机构更能胜任。

最后,美国的竞争倡导建议没有强制约束力,经营者或消费者也不能据此提起私人反垄断诉讼。但是,倡导建议向相关政府部门(特别是监管部门)阐释了政治决策可能带来的限制竞争的后果,并向公众传达了竞争主管部门倡导竞争的决心和努力。尽管竞争主管部门无法像利益集团或选民一样对政治决策施加直接影响,但是通过竞争倡导,竞争主管部门充当了与政策相关的信息的收集者和宣传者,从而能够间接地代表消费者以竞争政策的名义对政府决策施加政治影响。

二、韩国的竞争倡导

韩国的竞争倡导是新兴发达国家的成功范例,其最鲜明的特征在于:在韩国实施竞争倡导具有良好的法律授权基础。根据韩国《规制垄断和公平交易法》第36条的规定,"协商和协调限制竞争的立法和行政措施"是韩国公平交易委员会(Korea Fair Trade Commission,KFTC)的职责之一。这一规定是KFTC开展竞争倡导的法律基础。[①] 同时,为了

---

① Dae-Sik Hong, *Competition Advocacy of the Korean Competition Authority*, in Thomas K. Cheng, Ioannis Lianos & D. Daniel Sokol eds., Competition and the State, Stanford University Press(Dec. 13, 2013), https://ssrn.com/abstract=2819439.

促进与其他监管机构之间的合作和协调,更好地促进竞争倡导在其他监管机构的实现,韩国竞争法提供了一个允许 KFTC 参与公共机构立法和监管程序的机制。根据韩国《规制垄断和公平竞争法》第 63 条的规定,如果有关行政主管机关要制定或者修改以限制竞争为内容的法令、规则或者规章,应当事先向 KFTC 咨询意见。这被称为“事先法定咨询制度”。尽管这种事先咨询的意见没有强制约束力,主管行政机关只是将其作为参考,KFTC 不能强制要求监管机构采纳;但是如果 KFTC 和一个部门在一条拟议立法中发生冲突,负责调解的总理办公室或监管改革委员会通常会建议适用 KFTC 的意见。这对其他行政部门产生了竞争倡导作用,使其他行政部门在出台相关立法时会审慎地考虑 KFTC 的意见。

竞争倡导机构在所属系统中的高级别也为竞争倡导的成功实施奠定了基础。作为竞争倡导的主管机构,KFTC 是总理授权的部级中央行政组织,也是一个准司法机构。KFTC 独立地履行其职能和职责,不受外部组织的干预。KFTC 由 9 名委员组成,负责审议竞争和消费者保护问题。主席和副主席由总理推荐,由总统任命,其余的委员则由主席推荐,由总统任命。委员的任期为 3 年。截至 2015 年, KFTC 拥有 533 名员工。① 在 1995 年之前,KFTC 还是另一个行政管理机构内的非独立机构。1995 年,它成为一个独立的中央行政当局,1996 年,KFTC 的主席晋升到部长级。此外,主席虽然不是国务委员,但可以出席理事会并发言。② 这种优势使 KFTC 具有得天独厚的优势地位。特别是在竞争倡

---

① See Korea Fair Trade Commission, 2015 *Annual Report*, http://www. ftc. go. kr/eng/bbs. do? command = getList&type_cd = 53&pageId = 0301.

② See Dae - Sik Hong, *Competition Advocacy of the Korean Competition Authority*, in Thomas K. Cheng, Ioannis Lianos & D. Daniel Sokol eds. , Competition and the State, Stanford University Press (Dec. 13, 2013), https://ssrn. com/abstract = 2819439.

导方面,KFTC与政府机关的紧密联系,对于政府作出的有可能存在反竞争行为的立法或行政事项,KFTC能够事先对其进行竞争倡导,最大限度影响政府的决策,从而保障政府决策的公平合理性。

KFTC不仅在执法上具有完备的法律依据,同时,作为一个准司法机构,它具有很大的权力。其做出的决定具有与一审法院判决同等的效力,对此不服的企业必须向首尔高等法院(二审)提起诉讼。[①] 这种司法权力的存在,为保障其权力的执行和执法目的的实现具有重要的作用。

更重要的是,竞争效果评估已经成为韩国法律法规影响评估系统中的重要组成部分。2008年12月4日,韩国成功将竞争效果评估纳入法律法规影响评估系统,要求各行政主管机关自2009年1月1日起开始将法律法规的影响分析报告报送至规制改革委员会(Regulatory Reform Committee, RRC)[②]和KFTC,KFTC对法律法规潜在的竞争效果进行评估,并将评估意见提供给有关行政主管机关和RRC,RRC以此为参考对法律法规进行审查。KFTC主席是RRC 25个成员中的6个政府成员之一,因此能够起到防止制定反竞争的法律法规的作用。

在此背景下,KFTC一方面致力于改善尚未颁布的法律法规,另一方面则致力于改善已生效的限制竞争的法律法规。数据显示,从2006年至2008年,KFTC总共制止了63部具有限制竞争事项的法律法规(2006年20部、2007年25部以及2008年18部)。其中,限制市场进入13部(20.6%),限制商业行为10部(15.9%),价格控制5部(7.9%),侵害消费者利益15部(23.8%),涉嫌支持卡特尔4部(6.4%)以及其

① 参见中国世界贸易组织研究会竞争政策与法律专业委员会编著:《中国竞争法律与政策研究报告(2014年)》,法律出版社2014年版,第322页。

② 参见RRC网站,http://www.rrc.go.kr/eng.do? menuSID=22。

他案件 16 部(25.4%)。此外,这些年来 KFTC 一直致力于对已生效法律法规的修改。2004 年 KFTC 修改了 56 部、2005 年修改了 51 部、2007 年修改了 23 部限制竞争的法律法规。2008 年,KFTC 针对包括金融在内主要产业的 56 部限制竞争的法律法规,与行政主管机关进行咨询商议,行政主管机关同意对其中的 34 部进行修改,其中包括了对银行业的放松管制。同时,由于相关法律法规在中央政府层面被删除和修改,地方政府根据原中央政府法律法规制定的地方性法规便起到了替代性的作用。2008 年,KFTC 对各市及各地方 68 部限制竞争的命令或规定进行了整顿,行政机关部门同意对其中的 33 部进行修改。① 表 6 - 2 是 2010 年至 2014 年 KFTC 有关事先咨询的统计数据。

表 6 - 2　KFTC 事先咨询数据(2010 ~ 2014 年)

单位:次

年份	规范性法律文件				行政处罚		总量	
	政府发起			国会发起				
	商讨	建议	修改	商讨	商讨	修改	商讨	修改
2010	1178	56	48	918	0	0	2096	46
2011	1624	33	29	1376	0	0	3000	29
2012	1593	22	16	1387	0	0	2980	16
2013	1679	15	9	2323	0	0	4002	9
2014	1912	19	14	1589	0	0	3501	14

统计数据显示,大量的 KFTC 意见对最终通过的法规产生了影响。例如,从 1991 年 KFTC 开始提供倡导意见开始,到 2003 年,KFTC 与不

① See Korea Fair Trade Commission, *2009 Annual Report* , http://eng. ftc. go. kr/files/bbs/2009/Annual%20Report%202009. PDF.

同的主管行政当局进行了4396次事先磋商。KFTC提供了850条意见,其中633条得到落实(74%的采纳率)。而且,意见的采纳率一直存在上升趋势。KFTC与各机构的磋商逐渐从2001年的483个增加到2010年的1178个。2010年,KFTC提出了56项修正建议,其中43项得到实施(76.8%的采纳率)。①

KFTC还通过开展行业调查和发布行业竞争政策报告的方式进行竞争倡导。从2008年开始,KFTC每年出版行业竞争政策报告,涉及的行业领域包括航空运输、互联网、保险、电影、石油、药品、燃气和酒精饮料等。②这些报告一方面使得政府能够更好地了解相关行业动态,为开展政府监管提供情报信息;另一方面可以帮助企业充分了解相关行业,避免在市场竞争中的盲目性和滞后性,并有助于其加强自身行为的合规性审查。

最后,KFTC在规范企业竞争方面还采取了更为有效的做法,即企业合规性建设。KFTC从2001年开始推出合规计划(CP),积极鼓励企业将其作为自愿遵守公平市场秩序的基本准则。对于加入CP的企业,KFTC给予相关的鼓励政策,如减轻罚款等。同时,为了避免有的企业为了获取相关鼓励政策而加入CP,KFTC引入了CP评级评估系统,基于公司CP操作的进展给出了差异化激励政策。为了加强评级的公平性和可信度,2012年,KTFC将评级机构从韩国公平贸易协会改为政府资助的私人组织——韩国公平贸易调解机构。CP评级评估系统通过综合考虑以下7个因素确定评级:(1)CEO的意志和行使CP的政策;(2)CEO的能力和预算支持,包括任命CP经理;(3)出版和分发CP

① See Dae – Sik Hong, *Competition Advocacy of the Korean Competition Authority*, in Thomas K. Cheng, Ioannis Lianos & D. Daniel Sokol eds., Competition and the State, Stanford University Press(Dec. 13, 2013), https://ssrn.com/abstract=2819439.

② See Dae – Sik Hong, *Competition Advocacy of the Korean Competition Authority*, in Thomas K. Cheng, Ioannis Lianos & D. Daniel Sokol eds., Competition and the State, Stanford University Press(Dec. 13, 2013), https://ssrn.com/abstract=2819439.

手册;(4)CP 教育和培训;(5)CP 初步监测系统的运行;(6)人员制裁和激励制度运行;(7)CP 运行的评估和改进。通过上述因素综合考量,将公司执行 CP 的情况分为 8 个等级,即 AAA、AA、A、BBB、BB、B、C、D。[①] 通过实施上述的措施,使企业在参与市场竞争时,能够有效避免反竞争行为的出现。同时,如果绝大多数企业都能够很好地处理企业合规问题,那么对于政府来说,将大大节约在预防和处理企业违法行为上的资源。因此,无论是对于政府还是企业来说,这都是一种双赢的选择。

三、印度的竞争倡导

印度是最早制定竞争法的发展中国家之一,早在 1969 年 12 月 27 日就颁布了《垄断与限制性贸易行为法》。该法颁布以后,随着印度经济的发展历经了 9 次修订,直到 2002 年《竞争法》通过,才结束其历史使命。[②] 2002 年《竞争法》迎合了国际经济发展趋势,在印度加入 WTO 的大背景下,有助于更好地维护市场竞争秩序。

印度的竞争法实施并非一帆风顺,由于竞争文化的缺失以及社会各界对竞争的意识不足,印度竞争法一开始未得到政府、企业和民众的支持,甚至还遭遇社会各方的阻力。这种现状使得立法者认识到提高社会政府和社会公众的竞争意识和培养竞争文化的重要意义。这也一定程度上促成了 2002 年《竞争法》专门设立一个章节强调"竞争倡导"。

印度竞争法集中体现了竞争政策的基础性地位。印度《竞争法》(2007 年修订版)第 60 条规定:"即使其他现行有效法律与本法的规定

---

① See Korea Fair Trade Commission, 2015 *Annual Report*, http://eng.ftc.go.kr/files/bbs/2015/Annual%20Report%202009.PDF.

② See Viswanath Pingali et al., *Competition Law in India: Perspectives*, The Journal for Decision Makers, 41(2):168 – 193 (2016).

不同,本法的规定仍然具有法律效力。”这一规定肯定了印度竞争法在涉及竞争行为的法律法规上的最高效力,有效避免了法条竞合所带来的执法困难。同时,印度竞争法还排除了民事法院的管辖权。该法第61条规定:“对于本法授权竞争委员会或上诉法庭决定的事务,民事法院不享有任何诉讼或其他程序的管辖权,并且对于本法授权竞争委员会采取的行动或拟采取的行动,民事法院或其他管理当局不得发布禁令。”这项规定,一定意义上是对竞争委员会和上诉法庭准司法权力的肯定,最大限度地排除了竞争委员会和上诉法庭在执法过程中受到外来干扰。

印度的竞争倡导机构主要是竞争委员会(Competition Commission of India, CCI)。在2002年《竞争法》颁布之前,印度的竞争主管机构是设在印度公司事务部下的垄断与限制性贸易委员会。2002年《竞争法》颁布之后,CCI应运而生。相较于之前的垄断与限制性贸易委员会,新的执法机构除了承担执行竞争法的职能之外,还承担竞争倡导职能。CCI成立之后,人们对于其性质是司法机构、准司法机构抑或专家机构存在诸多争议,为了明确CCI的定位,印度于2007年重新修订《竞争法》。《竞争法(修正案)》在2007年9月10日获得通过,其中最为重要的内容就是对竞争主管机构的设置进行调整。2007年修正案将印度竞争主管机构一分为二,在原有竞争委员会的基础上增设了竞争上诉法庭,以便纠正CCI作出的不正确的决定,更好地维护当事人的合法权益。如果当事人对于CCI的决定不服,可以向上诉法庭上诉。

CCI由1名主席和6个下属部门组成,其中一个部门专门负责竞争倡导。印度《竞争法》第49条专门授权CCI采取措施开展竞争倡导。因此,CCI的管辖权包括采取执法和非执法措施来履行其任务。非执法措施主要就是开展竞争倡导,提高公众意识和开展培训。值得注意的是,印度《竞争法》采用了分阶段的生效模式,在其他实体内容生效之前，首先要求 CCI 用一年的时间专门进行能力建设和竞争倡导。[①] CCI 在印度政府的三个层面（中央、州和市政府）同时开展竞争倡导工作，此外还针对其他利益相关者（如商业部门、消费者组织、律师和会计师等专业人士）开展倡导工作。[②] 在 2011 年至 2015 年期间，CCI 共实施了 284 个竞争倡导计划，[③]取得了显著的成效。

印度是典型的发展中国家，与其他发展中国家一样，并没有良好的竞争文化氛围。但通过不断的探索和借鉴，印度在竞争法律完善和竞争执法机构的职能建设方面，取得了显著的成效。一方面，印度竞争法的立法和执法实践，对于广大发展中国家来说，具有重要的借鉴意义；另一方面，印度竞争法中竞争执法和竞争倡导双管齐下的做法，值得发展中国家学习。竞争倡导通过影响政府、企业和社会公众，使其充分了解竞争对社会经济以及自身利益带来的好处，从而达到促进公平竞争的目的。印度通过赋予竞争主管机构竞争倡导的职能，使印度社会各界充分了解竞争，促进了印度竞争文化的发展。

四、启示和借鉴

美国拥有信奉竞争与自由市场的政治文化，同时宪政机制和行政机构通常能够为私人财产提供充分的保护，并对政府行为进行有效的约束。无论是司法部还是联邦贸易委员会的竞争倡导，都是与这种文

---

① 参见尹雪萍：《发展中国家视角下的印度竞争法研究》，法律出版社 2015 年版，第 279 页。

② See Sandeep Saini & Chinky Nanda, *Competition Advocacy: An Analysis of Provisions under Competition Law of India*, International Journal of Law Management & Humanities, 4(2): 2049 – 2055 (2021).

③ See Smita Jhingran, *India: Competition Commission of India* (Feb. 11, 2016), https://globalcompetitionreview.com/review/the-asia-pacific-antitrust-review/the-asia-pacific-antitrust-review-2016/article/india-competition-commission-of-india.

化相契合的。同时,竞争主管机构通过致力于在竞争倡导中强调竞争的好处与消费者福利,反过来促进了美国竞争文化的发展。而竞争文化一旦形成,不但会极大地减轻竞争主管机构开展竞争执法和竞争倡导的负担,而且会在全社会形成"竞争有益"的普遍共识,使各种反竞争的行为和措施受到道德的讨伐。

但是,对于其他许多国家而言,培育竞争文化的路径要困难得多。即便在日本这样的发达国家和印度这种的新兴发展中国家,竞争文化的培育也经历了漫长的历程。对于其他更不发达的发展中国家而言,这种困难就更加突出了。许多发展中国家对于竞争的优势缺乏信任的历史。由于法律制度本身并不健全,且缺乏法治的传统和文化,在很多发展中国家,法律本身更容易被视为是政府官员的意志而非普通大众的意志。在这种世界观的影响下,公众倾向于通过影响政府官员而非通过司法机构或独立的竞争主管机构来主张自己的权利。更何况,这些国家通常没有独立的竞争主管机构,或者即便有,也因为资源有限或缺乏必需的专业知识与威望,使其不太可能开展成功的竞争倡导。除了竞争文化,竞争分析的专业知识也是许多发展中国家所缺乏的。事实上,成功的竞争倡导,特别是针对政府的竞争倡导,除了取决于竞争文化,还需要大量经过严格培训并拥有分析能力(包括经济分析能力)的员工。这也可以解释,为什么即便是发达国家,也通常是在竞争执法开展了较长一段时间之后,才有能力和精力开展竞争倡导。

但是,OECD 与 ICN 等国际组织都提倡,新生的竞争主管机构应优先实施竞争倡导计划,而非轻率地首先开展竞争执法。印度就是这样做的。但是,这样的建议很可能并非完全正确。至少中国提供了一个不同的思路。由于竞争文化的土壤相比于美国等发达国家相对贫瘠,竞争倡导的效用可能是有限的,期望依靠倡导获得政治支持并非总能取得成效。相反,通过强有力的竞争执法,能够在第一时间向其他政府部门、企业和公众表明竞争主管机构促进市场竞争的决心，并引发全社会的普遍关注。竞争倡导与竞争执法之间的相互依赖关系类似于“先有鸡还是先有蛋”的问题。实际上，竞争主管机构的威望在很大程度上依赖于其实施竞争法的成绩，同时这种威望又会明显地影响其作为竞争倡导者的作用。因此，两者显然是相辅相成的。在更多的时候，严格的竞争执法是竞争倡导取得成功的催化剂。

因此，在人力和财政资源均有限的情况下，更好的做法是合理地分配执法资源，重点关注那些相对显而易见的违法行为（如价格卡特尔）、重大的经营者集中以及明显的滥用行政权力排除或限制竞争的行为。这些行为较少涉及复杂的经济分析，因此并不需要那么多的专业知识。而且，这类案件可以为消费者提供显而易见的福利，因此有利于增加竞争主管机构的威望，同时向公众灌输竞争意识。同时，在节约一定执法资源的基础上，投入资源开展有效的竞争倡导。

在有条件的情况下，设立独立的竞争主管机构显然更有助于竞争倡导的有效实施。比如，作为一个独立的规制机构，美国联邦贸易委员会相比于司法部享有更多的自主权和独立性，从而免受许多政治压力，这些压力会损害竞争倡导的实施。竞争倡导的努力会面临具有政治影响力的利益集团的干预与阻碍，独立的机构一方面能够避免这种干预或俘获，另一方面也更容易建立公正的权威。

同时，有必要事先考虑并恰当分配竞争主管机构与行业监管机构之间的权力。如果立法把某个行业的监管权（包括特定的竞争规制权）赋予某个行业的监管者，必须确保竞争规制与行业监管之间保持恰当的平衡。比如，在竞争主管机构和行业监管机构共享管辖权的情况下，有必要明确要求行业监管机构在实施竞争规制时要与竞争主管机构进行协商，并且要求其以最小限制竞争的方式实现监管目标，确保公平竞争原则在监管过程中得到贯彻。通过明确的授权或建立协商机制，能够为竞争主管机构开展竞争倡导提供法律依据,并在一定程度上使竞争主管机构在磋商时享有道义上的优势。

此外,明确表明竞争倡导的目的是实现保护竞争与消费者福利的目标而非模糊的定义为"公众利益",可能具有更好的倡导效果。美国竞争倡导的成功在一定程度上证明了这一点。乍看之下,诸如公共利益这样模糊的客观标准扩大了竞争主管机构的权力与管辖范围。但是,在竞争政策之下,这种模糊的标准削弱了竞争主管机构以保护竞争与消费者福利的名义有效进行干预的能力。相反,"公共利益"常被用于证明限制竞争的法律是正当的。

最后,竞争倡导的技巧也十分重要。刚开始的时候,竞争主管机构可以重点关注那些限制竞争的效果明显,同时层级又不是很高的规范性法律文件或政策措施,通过纠正一批类似的措施建立竞争倡导的威望。在此基础上,再逐步将倡导的范围向层级更高、范围更广的政策领域延伸。成功的竞争倡导还有一个十分重要的因素,那就是依赖专家的意见。通过依靠专家的智识及其相对独立且权威的分析,有助于在全社会推广和宣传竞争倡导的必要性和重要性,并帮助竞争主管机构培养在竞争法和经济学方面具有自我分析能力的员工,形成竞争倡导的可持续发展的力量。

第三节 竞争倡导的不同策略

竞争倡导的方式有多种,选择何种竞争倡导方式取决于不同国家的市场经济发展程度、文化观念以及制度背景等诸多因素。此外,国家政策需求以及竞争执法机构的地位和权能等也会影响一国竞争倡导模式的选择。本书主要通过介绍不同的竞争倡导模式,并阐述其在各国的实践情况,为下文我国对相关竞争倡导模式的选择提供参考。

一、竞争审查(评估)

所谓竞争审查或竞争评估,是指竞争倡导机关(通常为竞争主管机构)对已存在或即将出台的相关法律法规或政策文件是否可能对竞争产生不利影响进行评估,并在此基础上采取一定措施,达到减少限制竞争的目的。竞争评估既是一种"事前"机制(体现在对尚未出台的法律或政策的事前评估),也是一种"事后"机制(体现在对已经出台的法律或政策的事后评估)。由于历史、竞争意识或是其他政策考量等原因,许多已出台或即将出台的政策可能对竞争秩序产生影响,因此竞争评估对于促进有效竞争和规范竞争秩序具有重要意义。

UNCTAD的《竞争法范本》(2010年)第7章有对竞争评估的专门规定,不过仅体现了竞争评估的"事前"规制功能:"由执行机关、地方自治机关或拥有政府授权的机关颁布的经济和行政规定,尤其是在此类规定涉及基础设施时,在通过之前,应由竞争管理机构进行公开的审查。如果上述规定限制经济主体行动的独立性和自由,或造成对一公营或私营分司活动的歧视,或恰恰相反,为其创造了有利条件,或导致或可能导致限制竞争或侵犯公司或公民的利益,尤其应当进行此种审查。具体而言,竞争管理机构应从经济角度,包括从公众利益出发,评估经济和行政条例中存在的对竞争的监管壁垒。"[①]我国已经建立的公平竞争审查制度,[②]实际上就是竞争评估。而且,我国的公平竞争审查制度同时兼顾了竞争评估的事前和事后规制功能,不过其侧重点仍然

---

① United Nations Conference on Trade and Development, *Model Law on Competition* (2010) - *Chapter* Ⅶ, https://unctad.org/system/files/official - document/tdrbpconf7L7_en.pdf.

② 参见国务院《关于在市场体系建设中建立公平竞争审查制度的意见》(国发〔2016〕34号)。

是“事前评估”,即“防止出台排除、限制竞争的政策措施”。

竞争评估的启动主要有三种模式:一是立法机关启动,即通过专门法案建立特别委员会来负责竞争评估的具体工作;二是由行政机关推动竞争评估的实施,获得一定成果后,再转由立法机关作出相关决议;三是由竞争主管机构启动,即法律授权竞争主管机构通过竞争评估向有关部门行使建议权。[①] 一般来说,前两种模式主导下的竞争评估,能够比较彻底地清理一国法律法规中影响竞争的文件。但从另一个角度来说,这两种模式所耗费的人力物力等相对较大,而且受限于一国的经济发展状况,并非每个国家都有决心和魄力去彻底清理一国的法律。对于有些国家来说,竞争政策并非一国政策的最优先考虑,政府有可能将重心放在产业政策和其他公共政策之上。这样一来,第三种模式对于这类国家来说可能是弥补其竞争政策不足的重要手段。

国际组织在宣传和推广竞争评估机制方面也作出了若干努力。比如,OECD 为了帮助其成员国建立有效的竞争评估机制,在 2010 年发布了《OECD 竞争评估工具书:原则》和《OECD 竞争评估工具书:指南》,随后又在 2015 年在上述文件基础上发布了更为详细的《OECD 竞争评估工具书:操作手册》,对竞争评估的内容和程序做了详细的说明。这些工具书或建议总结了世界上开展竞争评估的不同模式和方式,为各国建立符合自己需求的竞争评估制度提供了重要参考。

日本的竞争评估主要体现了其事前规制功能。比如,早在 2001 年 6 月,日本就颁布了《政府政策评估法》;2010 年 4 月,日本又引入了 OECD“竞争评估手册”中的竞争评估制度,作为日本政府政策事前评估

---

① 参见向立力:《竞争推进的理论与制度研究》,华东政法大学 2012 年博士学位论文,第 57~60 页。

的一部分。①

竞争评估的重要意义不仅体现在对法律或政策的审查，还在于审查之后可采取的后续措施。实际上，可以采取什么样的后续措施，是竞争评估的结果能否得到贯彻的关键。这里主要存在四种情况：第一，不存在后续措施，即竞争评估只是作为法律或政策制定的参考；第二，后续措施仅限于行使建议权，即竞争评估机构向相关立法或决策部门提出减少限制竞争效果的替代性建议，但是建议不具有约束力，是否考虑或采纳取决于被建议方；第三，后续措施体现为行使建议权，但是竞争评估机构提出的建议具有法律约束力，被建议方必须予以考虑或采纳；第四，竞争评估机构提出的建议如若不被采纳，竞争评估机构可采取进一步措施，如提起诉讼。

不同的国家采取的竞争评估的后续措施是不同的。大多数国家采纳的是上述第一种或第二种情况。这样做不太会引起法律或政策冲突，但是效果相对有限。比如，在印度，各级政府在考虑竞争政策问题时都可以向竞争委员会征求意见，但竞争委员会的意见没有约束力。但是，也有一些国家采纳了第三种或第四种模式。在突尼斯，政府可以就所有拟出台的法案以及任何其他竞争事项向竞争理事会咨询，理事会的意见对政府具有约束力。② 意大利则在 2011 年通过了强化意大利反垄断执法机构权力的法律，授予其向“违反保护竞争和市场规则的一般行政规定及任何政府措施”提起司法诉讼的权力。③ 意大利反垄断执法机构必须首先列举违反竞争原则的具体内容，如果政府不予采纳，其

① 参见徐士英、应品广：《竞争文化的培育和发展——从日本竞争主管机关竞争执法、竞争推进谈起》，载《江苏大学学报（社会科学版）》2011 年第 5 期。

② 参见《加强竞争法执行和竞争倡导的方法和手段》，载《中国价格监管与反垄断》2015 年第 10 期。

③ See Article 35 of the Decree Law No. 201 of Dec. 6, 2011, Amending Act No. 287 of 10 October 1990, adding 21 bis, also called the Save Italy Law Decree.

可以向法院提起诉讼。仅2012年,意大利反垄断执法机构就发布了约20条意见并发起了3起诉讼。①

相较于其他竞争倡导方式,竞争评估是最直接也是效果最明显的一种方式。通过竞争评估,能够对限制竞争的相关法律法规进行清理,对于创造良好的竞争环境能起到立竿见影的效果。

二、事先咨询机制

顾名思义,事先咨询机制要求相关立法和政策制定机构在立法和制定政策的过程中涉及有关竞争问题时,事先向竞争主管机构征求意见,从而保障其制定的法律和政策不对市场竞争造成扭曲。这种事前咨询的做法,能够最大限度地保障竞争政策的理念在其他经济和社会政策中得到贯彻,是确保竞争评估开展的重要程序保障。

事先咨询机制已经被许多国家所运用,有的甚至规定于其法律中,直接赋予竞争执法部门对政策和立法提供建议的权力。根据印度尼西亚《有关禁止垄断行为和不公平商业竞争的第5/1999号法》第35条的规定,印度尼西亚竞争管理机构商业竞争监督委员会应"就政府有关垄断行为和/或不公平商业竞争的政策提供咨询和意见"②。根据爱尔兰2002年《竞争法》第30条第1款的规定,爱尔兰竞争主管机构"就立法提案(包括任何法令下制定的任何文书)对货物和服务市场竞争的影响,向政府、政府部长和国务部长提供意见"。乌拉圭也赋予了竞争主管机构为行政部门提供有关促进竞争和竞争政策的咨询以及出具不具

① See the Administrative Court of Lazio, Decision No. 2720, 15 March 2013, referred to the European Court of Justice a question on the compatibility of the Italian measure with, among others, TEU Article 4(3) and TFEU Article 101.

② United Nations Conference on Trade and Development, *Model Law on Competition* (2010) - *Chapter* Ⅶ, https://unctad.org/system/files/official - document/tdrbpconf7L7_en.pdf.

约束力的建议的权力。[①] 再如，根据乌克兰《反垄断委员会法》第 2 条，反垄断委员会处于总统控制之下，向议会负责。反垄断委员会可向乌克兰总统和内阁提交有关竞争政策的建议，也可审查立法草案并向议会委员会提供咨询意见，还可与内阁在制定和执行经济发展方案过程中互相交流。[②]

我国当前的公平竞争审查制度以政策制定部门“自我审查”为主，这意味着并不需要主动咨询竞争主管机构的意见。国家市场监督管理总局、国家发展改革委、财政部、商务部和司法部联合印发的《公平竞争审查制度实施细则》第 27 条规定，“……本级及以上市场监管部门可以向政策制定机关或者其上级机关提出整改建议……”；第 28 条规定，“市场监管总局负责牵头组织政策措施抽查，检查有关政策措施是否履行审查程序、审查流程是否规范、审查结论是否准确等……”。因此，市场监管部门被授予了监督检查的职能，从而可以督促指导政策制定部门开展公平竞争审查工作。这为建立事先咨询制度提供了可能性。目前，不少省市已经开始探索公平竞争审查的会商会审机制，对于重大政策措施，政策制定机关在出台之前需要征求市场监管部门的意见。这实际上就是一种事先咨询制度。

无论是有拘束力还是无拘束力的意见，作为一种事前咨询策略，事先咨询机制能够在一定程度上避免影响竞争的法律法规的出现，对于竞争主管机构向立法者进行竞争倡导具有重要意义。考虑到我国已经赋予竞争主管机构根据《反垄断法》开展“事后规制”的职能，如若再赋予其具有法律约束力的“事前建议”职能，则难免出现事前建议和事后规制矛盾的

---

① See UNCTAD, *Voluntary Peer Review of Competition Law and Policy*: *Uruguay*(2016), http://unctad.org/en/PublicationsLibrary/ditcclp2016d1_en.pdf.

② See UNCTAD, *Voluntary Peer Review of Competition Law and Policy*: *Ukraine*(2013), https://unctad.org/system/files/official-document/ditcclp2013d3_overview_en.pdf.

情况,也可能导致“过度授权”,因此,无约束力的建议权相对可行。不过,事先咨询机制对于竞争主管部门的要求比较高,虽然说竞争主管部门往往是最了解竞争政策的部门,但是许多国家的竞争主管部门由于其人员配备、工作人员素质、竞争执法经验等原因,往往不能很好地承担这一重任。因此,能力建设也是开展竞争倡导的重要前提。

三、企业合规指引

企业合规指引(compliance guidance)是竞争主管机构引导、协助企业构建合规制度的措施。企业合规制度主要是通过培训、审计等方式,告知员工可被竞争法接受的行为范围、发现违法行为应该如何处理、反竞争行为可能导致的处罚等,以最大限度地确保公司商业行为符合竞争法。①

企业合规指引有助于引导经营者从事符合竞争政策的商业行为,从而最大限度地降低私人反竞争行为对竞争秩序造成的损害。各国竞争法对于企业的反竞争行为规定了多种处理方式,包括罚款、剥夺董事资格、私人损害赔偿和刑事处罚等。这些救济措施在很大程度上能够促使企业主动合规。其中,罚款是各国最常用的督促企业合规的方式。比如,2013 年,微软因未能遵守和解协议向欧洲用户提供选择网络浏览器的自由,被欧盟处以 5.61 亿欧元的罚款。② 2016 年,欧盟以苹果公司在爱尔兰获得非法税收优惠为由,判定苹果公司向爱尔兰补缴高达 130 亿欧元(约合 145 亿美元)的税款。③ 这些天价的罚单会给企业形成威慑,使其在参与市场竞争的过程中,更加注意行为合规审查。

---

① 参见张占江:《竞争倡导研究》,载《法学研究》2010 年第 5 期。

② 刘华桢:《欧盟重罚微软 意在“敲山震虎”》,载胶东在线,http://www.jiaodong.net/new/system/2013/03/07/011827993.shtml。

③ 参见《爱尔兰政府本周三就苹果罚单向欧盟提起上诉》,载网易科技 2016 年 11 月 9 日,https://www.163.com/tech/article/C5DH7H5L00097U7R.html。

但在有些情况下,企业的反竞争行为是对竞争政策的意识淡薄的后果。比如,英国对于公司对竞争法理解情况的一项研究显示,在接受访谈的1201 家私人企业中,只有23% 非常了解竞争法。换言之,有77% 的企业对竞争法缺乏了解。在对竞争法非常了解的那一组中,相比较而言,大公司比中小型公司的竞争法意识更强,即有57% 的大企业和37% 的中小型企业非常了解竞争法。① 对于这种情况,企业合规的竞争倡导显得至关重要。

除了依托竞争执法促进企业主动合规,最典型的促进企业合规的做法是通过竞争主管机构制定企业合规制度框架。即通过制度设计,为企业提供可供选择的竞争合规模式。这对于竞争意识不强的企业,特别是无法凭借自己的能力提高企业合规能力的小企业来说,显得尤为重要。例如,韩国 KFTC 一直致力于建立企业自愿遵守竞争法的文化,并着力制定、发布成熟的合规程序。在 2001 年至 2008 年,韩国建立、遵行合规程序的企业数量增长了近 30 倍,足见其企业合规指引方面取得的巨大进步。②

此外,通过竞争主管机构每年发布工作计划的方式,也能够间接引导企业合规。比如,KFTC 于 2017 年 1 月 4 日发布了"2017 年度工作计划"。在该工作计划中,KFTC 围绕"与企业和消费者一起实现有活力的市场"这一目标,提出了形成促进创新的竞争性市场、确立大中小企业之间健康的企业生态圈、构建可扩大消费者权益的消费环境三大核心课题,并围绕每个课题详细列举了将要采取的措施。比如,在"形成促进创新的竞争性市场"课题中,列举了加强监督半导体、广播通信等普遍适用标准技术的市场中滥用垄断地位的行为,加强监督制药、医疗

① 参见联合国贸易和发展理事会:《加强私营部门在竞争合规性方面的能力》,载联合国贸易和发展理事会网 2016 年 8 月 17 日,http://unctad. org/system/files/official - Documents/ciclpd39_ch. pdf。

② 参见张占江:《竞争倡导研究》,载《法学研究》2010 年第 5 期。

器械、移动领域的限制竞争行为,针对移动通信、电影、铁路(非运输领域)等寡头垄断弊端蔓延的市场制定促进竞争的方案等具体举措。通过 KFTC 在工作计划中阐述的政策方向和具体的工作内容,企业能够通过咨询法律专家确立或完善有关制度,并对业务人员进行合规教育等,将违反法律的风险降到最低。通过这种方式,实际上也间接地促进各个领域的企业逐步建立起合规文化。

另外,针对企业的其他竞争倡导行为也是促进企业合规的有利因素,如通过适当渠道(如网站、通信、媒体等)宣传和分享合规的重要性及其好处。媒体在提高竞争意识和宣传竞争文化方面能够发挥非常重要的作用。如果媒体能够广泛报道竞争主管部门发现的违法行为和竞争案件的法庭审理情况,就没有哪个经营者可以声称自己不了解竞争法。媒体的宣传还有助于私营部门(特别是律师事务所和咨询公司)逐渐制定合规方案,并通过这些方案对客户进行教育。①

四、其他竞争倡导方式

竞争倡导的方式多种多样,除了上述方式之外,还有举办有关竞争政策的研讨会、开办有关竞争政策知识普及的讲习班、通过互联网等新媒体方式推广有关竞争政策的知识以及开展国际合作与交流等。这些方式相较于其他竞争倡导策略,推广方式简便,成本也较低,因此被世界各国普遍接受。

很多竞争主管机构通过创办杂志或刊物的方式宣传竞争。比如,CCI 出版了很多竞争宣传材料。② JFTC 为不同行业的经营者准备如何

---

① See Competition Commission South Africa, *Ten Years of Enforcement by the South African Competition Authorities: Unleashing Rivalry* (1999 - 2009), https://www.compcom.co.za/wp-content/uploads/2017/11/10year.pdf.

② 参见尹雪萍:《竞争倡导:发展中国家竞争法实施的短板——以印度经验为视角》,载《理论学刊》2015 年第 6 期。

遵守反垄断法的宣传册，还设立了“咨询指导室”，向企业界提供各种咨询服务，定期归纳咨询实例并予以公布。

一些比较有能力的国家的竞争执法部门，通常在这些做法的基础上，还积极深入对行业竞争状况的研究。比如，美国司法部对包括航空公司、通信、医疗保险、远洋运输和众多能源行业在内的受监管行业的竞争情况进行了一系列深入研究，并发布了一系列专业性的竞争报告。[①] 这些报告对于提高公众对相关行业竞争状况的了解具有十分重要的作用，同时也有利于相关行业开展监管改革。

第四节　竞争倡导的中国路径

一、我国竞争倡导的现状和问题

我国《反垄断法》实施已逾10年，《反不正当竞争法》实施也有20多年，原先十分淡薄的竞争文化得以迅速发育，变得浓厚起来。“发展依赖竞争，竞争需要规则”的理念，逐渐为社会大众所接受，并得到了更广阔的渗透与弘扬。但是，仍要看到，目前我国开展竞争倡导的“授权环境”和实施能力都有所欠缺。这不仅体现在我国竞争法没有明确授予竞争主管机构开展竞争倡导的职能，并且竞争主管机构目前的人员编制有限，不具备在竞争执法之外广泛开展竞争倡导所需要的必要的人力和能力储备，还在于我国现有的法律制度尚未为竞争倡导提供良

① 这些报告包括《变化的竞争格局及其对消费者的影响(2008年)》《房地产经纪行业竞争(2007年)》《反托拉斯执法和知识产权：促进创新和竞争(2007年)》《改善医疗保健：竞争剂量(2004年)》等。See Department of Justice, Chapter v. Competition Advocacy (2015), https://www.justice.gov/atr/file/761151/download.

好环境。①

受制于上述条件,我国竞争主管部门虽然在实践中已经开展竞争倡导,但无论是针对政府还是企业的倡导行为都还处于相对初级阶段。针对政府的竞争倡导主要体现在公平竞争审查制度的落实,但由于该制度刚刚落地不久,如何实施还有待深化。针对企业和公众的竞争倡导目前主要以"培训会""协调会""交流会"的形式体现,相对而言属于表面化的宣传方式,尚未开展企业合规指引等直接指导企业开展竞争合规的方式。

总的来说,我国目前的竞争倡导主要面临三大挑战:一是目标不清;二是能力不足;三是环境制约。

目标不清主要体现在竞争主管机构并未将竞争倡导作为其主要职责之一。由于立法并未明确赋予竞争倡导职责,竞争主管机构在执法资源有限的情况下,并没有开展竞争倡导的足够激励。这也导致竞争主管机构缺乏竞争倡导的长期目标和短期目标,不能将竞争执法与竞争倡导紧密结合,充分利用两者的相互作用共同推动竞争文化的孕育和发展。

能力不足主要体现在竞争主管机构的独立性、人员编制、预算以及开展竞争倡导的经验方面的缺陷。我国的竞争主管机构层级较低(属于司局级单位),且隶属于行政机构本身使其相对缺乏独立性,理论上其相对容易受到代表竞争以外其他价值取向的上级部门的干扰。由于人力和财力资源紧张,以及缺乏专业的竞争倡导知识和人才,也使其难以腾出足够精力实施执法以外的倡导计划。

环境制约则主要体现在当前的宪法和法律并未提供开展竞争倡导

---

① 如我国《宪法》没有保障竞争的专门条款,在现有宪法解释机制下,试图依靠基本权利条款保障"竞争自由"也十分困难。参见应品广:《法治视角下的竞争政策》,法律出版社 2013 年版,第 242 页。

和普及竞争文化的明确依据，特别是未在竞争法中明确竞争政策的基础性地位，导致针对政府的竞争倡导措施的开展可能遭遇与竞争政策相冲突的其他经济和社会政策的妨碍。同时，竞争政策在获得内部和外部政治支持方面还有待加强。

虽然由于“中国文化中存在的深层结构”以及“计划经济体制下的惯性”综合作用，固有文化在短期内可能还难以内生竞争意识，①但其他国家的经验表明，竞争文化的生成是可以培育的。我国应该更加重视竞争主管机关塑造竞争文化的作用，赋予其更多执法之外的竞争倡导职能。

竞争倡导作为培育和弘扬竞争文化的最有效路径，对于我国竞争文化的孕育至少具有如下意义：第一，竞争倡导有利于消除政府实施的限制竞争行为。竞争倡导的目标之一是影响政府（行业）的经济政策，使之与竞争政策相衔接，消除影响市场竞争的政府行为（特别是以政策、法律法规等形式体现的抽象行政行为）。第二，竞争倡导有利于促进垄断行业的竞争化改革。各国针对垄断行业开展竞争评估的事实证明，竞争倡导不仅有助于推动垄断行业的改革，也有助于提升国有经济的效率，更可促进竞争政策向其他经济政策渗透，使新的垄断也得到全面预防。第三，竞争倡导有利于向社会公众全面渗透竞争文化。在竞争倡导中通过教育宣传，使民众了解竞争带来的经济优势，能够提高公众对“竞争有益经济”观念的理解与支持，营造和培育竞争文化。

二、明晰倡导目标

竞争主管机构的职责应当超越竞争法的实施本身，涵盖促进竞争的一系列职能，包括反对设置市场进入障碍、促进政府放松管制、提倡

---

① 参见黄勇、江山：《反垄断法实施的文化维度论纲——以竞争文化、诉讼文化与权利文化为中心》，载《江西社会科学》2008 年第 7 期。

贸易自由化以及推动政府取消所有多余的市场干预措施。这些除了竞争执法之外促进竞争的措施,实际上都能通过竞争倡导来实现。因此,在立法中明确授予竞争主管部门竞争倡导的职能,是有效开展竞争倡导并实现上述目标的首要举措。

我国可以设定“竞争倡导”的长期和短期目标。竞争倡导的长期目标可以定位为:“从宏观到微观”层层推进,影响政府立法、改良企业行为、提升民众意识,实现全社会竞争法律环境的优化。竞争倡导的短期目标则可以在借鉴其他国家做法的基础上,制订每年度或若干年度(如5年)的工作计划,在其中包含短期的竞争倡导目标,比如针对若干行业开展竞争调查,在此基础上向相关部门提出改进建议。

竞争倡导的主要任务包括两个方面:(1)针对制定或实施与竞争相关的法律和政策的公共机构的竞争倡导。通过影响能对竞争产生影响作用的机构,包括立法机构、政府部门乃至司法机关,使国家权力的运用能够以一种“竞争友好型”的方式实施。具体而言,又包含两层目标:一是实现竞争政策“主导”经济政策的制定和实施;二是实现竞争政策“影响”社会政策的制定与实施。(2)针对全体社会成员的竞争倡导,其具体目标是增进公众对竞争的优势以及竞争政策在促进经济增长、保护竞争方面的作用的意识。

在当前形势下,针对公共机构的竞争倡导是重点和关键。理由在于:一方面,我国进一步改革的重点已经从要素市场的改革转向以转变政府职能为主的改革;另一方面,这也是协调竞争政策与其他经济社会政策关系的需要。与此同时,在竞争倡导中更多地依靠社会组织的力量也是国际竞争倡导实践的重要共识。

在培育竞争文化的方式上,有必要实现竞争倡导与竞争执法的相互协调。发展中国家的竞争文化建设与发达国家的路径不同,法律的实施是宣传竞争政策的最好形式,以符合竞争政策的竞争执法带动竞争合规和竞争文化的发展是最有效路径。相比于国外主要通过竞争倡导的方式推广竞争文化，对于发展中国家而言，通过竞争执法的方式推广竞争文化显然更具有现实意义。通过加强对竞争执法和司法的机理研究和案例分析，如能达到“处理一个案件、教育一批企业、改变一种传统、改造一个行业”的效果，则将真正促进企业和政府认真开展“竞争合规”，并久而久之达到内生“竞争文化”。

三、提升倡导能力

相比于美国、欧盟、日本、韩国等国家或地区，我国竞争主管机构的人员配置和经费预算都是明显偏低的。这大大制约了竞争执法和竞争倡导工作的开展，也与我国“逐步确立竞争政策的基础性地位”的目标不相匹配。

目前无法从官方渠道得知我国竞争主管机构具体掌握了多少人力资源，但是根据《国家市场监督管理总局职能配置、内设机构和人员编制规定》，国家市场监督管理总局下设 27 个司局部门，机关行政编制 805 名，平均每个下设部门只有 30 名工作人员。相较之下，美国两家机构司法部反托拉斯局与联邦贸易委员会，加起来超过 2000 人（其中法学家、经济学家以及其他专业人员超过 7 成），每年财政预算达 4 亿美元；[①]JFTC 超过 700 人，每年财政预算超过 7000 万美元；[②]KFTC 也有近

---

① 美国联邦贸易委员会工作人员共计 1176 名，其中法学家和经济学家的人数多达 737 人，其 2017 年的财政预算高达 3. 42 亿美元。See Federal Trade Commission, *Fiscal Year* 2017 *Congressional Budget Justification*, https://www. ftc. gov/system/files/documents/reports/fy - 2017 - congressional - budget - justification/2017 - cbj. pdf. 美国司法部工作人员 770 人，其中法学家、经济学家和其他专业人员 569 人。美国司法部反托拉斯局 2006 年的财政预算约为 1. 45 亿美元。参见王晓晔：《反垄断法》，法律出版社 2011 年版，第 331 页。

② 日本 JFTC 数据显示，2021 年度其工作人员总计 841 人，财政预算为 11. 46 亿日元。See Japan Fair Trade Commission, *Staff and Budget* (FY 1995 - 2021) (Jul. 18, 2021), http://www. jftc. go. jp/en/about_jftc/statistics. html.

500 人,财政预算超过 4000 万美元。①

如果将中国的执法资源与上述其他国家对比,同时考虑到中国的人口规模和经济总量,可以说中国竞争主管机构近年来所取得的成就是超乎想象的。但是,在编制和预算均有限的情况下,无法指望竞争主管机构在繁重的竞争执法之外,还有动力和精力开展竞争倡导。即便是公平竞争审查制度的落实,在当前情况下竞争主管部门也是“心有余而力不足”。当前以政策制定部门自我审查为主的模式落实公平竞争审查制度,不仅是为了缓解部门压力,也是能力有限情况下的无奈之举。

显然,我国至少在人员配备上与主要国家的差距还很大。借鉴国外竞争执法机构的人员配置情况,增加人员编制和经费预算,对于促进竞争执法的精细化和腾出精力开展竞争倡导而言已经刻不容缓。而且,新增的人员更多的不是行政人员,而是能够处理专业的竞争案件的经济和法律方面的专家。在此基础上,才可能形成“专家执法”的常态,并通过进一步的培训和学习,在促进竞争执法的科学性的同时,逐步将工作重心从针对私人反竞争行为转移到政府反竞争行为,推动公平竞争审查制度的落实。

在执行竞争倡导计划时还必须关注的一个问题是如何处理竞争主管机构与特殊的经济监管部门之间的关系。竞争主管机构促进竞争和消费者福利的目标可能会与其他监管部门的行业发展目标发生冲突。促进消费者的福利可能是行业监管部门的目标之一,但基本上不是其主要任务。行业监管部门通常也会考虑促进行业内部的有序竞争,但是出于行业发展的考虑,并不以消费者福利作为最终目标,

---

① 截至 2015 年,韩国 KFTC 拥有 533 名员工。See KFTC, *Annual Report* 2015, http://www.ftc.go.kr/eng/bbs.do? command=getList&type_cd=53&pageId=0301.

而常常以经营者的利益作为保护对象。鉴于消费者利益与行业监管机构服务的对象之间存在不可避免的利益冲突,消费者的利益往往需要退让。

除此之外,任何机构为了发展壮大,往往努力扩大其权威、权力和预算。因此,行业监管机构往往不愿与其他机构(如竞争主管机构)一起分享监管权。而且,由于行业监管聚焦某一领域,并与被监管对象长期打交道,较容易认同并适应被监管行业的观点和做法,将被监管行业的局部利益与整个社会的整体利益相混淆。在这种情况下,行业监管部门更容易被"俘获",使监管者和被监管者捆绑成"利益共同体"。相比之下,竞争主管部门并不以特定行业作为监管对象,其实施竞争政策是为了实现普遍的促进竞争和消费者福利的目标,因此不像行业监管一样在某个领域长期维护和互动,也不易被俘获所累。

但是,在如何恰当地划分行业监管部门(作为行业监管者)与竞争主管机构(作为普通监管者)之间管辖权的问题上并没有单一的正确答案。行业监管部门在其特定的行业或领域具有更为专业的技术,但是,竞争主管机构却对竞争对于社会与经济的益处有更为清晰的认识。大部分的行业中总会存在一些看似"与众不同"从而应当豁免于竞争政策的主张,或者十分复杂的应当适用特殊的竞争政策的主张。竞争主管机构的专业性和中立性使其可以更好地区分合法与不合法的主张。相反,除了促进竞争和消费者福利之外,行业监管部门往往会通过对市场进入、价格与新产品的发展课以不需要的控制而损害消费者的福利。[①]基于目标与专业知识的差别,竞争主管机构在实施竞争倡导时必然会与行业监管部门发生冲突,这些冲突是不可避免的,但是可以采取一些

---

① Timothy J. Muris, *Looking Forward: The Federal Trade Commission and the Future Development of U. S. Competition Policy* (Dec. 10, 2002), https://ssrn. com/abstract = 545803.

方法使这些冲突降到最低。

显然,竞争主管机构与行业监管部门之间的关系会直接影响竞争倡导及竞争政策实施的效果。两者之间的关系基本上可以划分为四种情况(见图6－3)。[①] 情况一:在双方的共同价值一致的情况下,任何一方行使管辖权都影响不大;情况二:在任何一方保持中立的情况下,另一方的利益会得到正向提升;情况三:如果双方的价值取向相左,则任何一方行使管辖权都会引发冲突;情况四:双方尽管存在价值差异,但是仍然存在价值交汇点,存在共享管辖权的空间。第一种和第二种

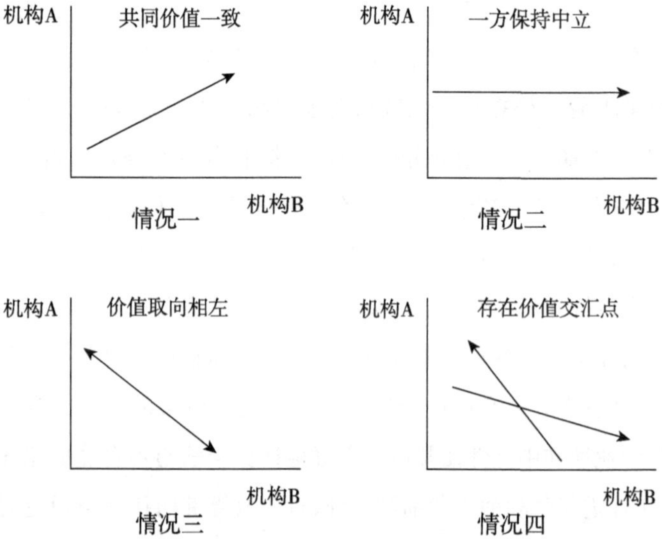

图6－3 不同部门之间的关系

① See OECD, SESSION Ⅲ: *Strategies for Competition Advocacy*, *Frameworks for Advocacy*: *Note by Professor Allan Fels*(2010), http://www.oecd.org/competition/latinamerica/2010LACF－Strategies－for－competition－advocacy.pdf.

情况是值得追求的,关键是如何处理第三种和第四种情况。相比之下,第四种情况又比第三种情况更优,因此,如若存在将第三种情况转变为第四种情况的可能性,或进一步转变为第二种乃至第一种情况的可能性,那么就有必要通过制度设计的方式推动其实现。

上述情况在我国亦有所体现。除了竞争执法部门负有相应的竞争执法权之外,还有其他国务院组成部门或者国务院授权的事业单位对部分特殊市场行使监管权:如国家能源局对电力供应市场、交通运输部对交通运输市场、工信部对电信市场、中国民用航空局对民航市场等都依法行使监管权。因此,协调好竞争主管机构与行业监管部门的关系对于实现竞争政策的基础性地位至关重要。可惜的是,现有法律特别是《反垄断法》对竞争主管机构和行业监管部门交叉执法的工作原则并未予以明确。

要确立竞争政策的基础性地位,并为竞争主管部门开展竞争倡导创造条件,有必要通过修订《反垄断法》,重新纳入草案中曾经提出过的相关制度。同时,确立竞争政策和竞争法优先于产业政策和行业法的基本地位,即在法律适用方面,行业性法律的适用以不违反竞争法基本宗旨为前提。此外,还需要构建具体的制度,保障竞争政策的基础性地位得以实现,包括公平竞争审查制度、行业法的竞争法化、事前协商制度、竞争政策审议制度、行业调查制度、司法审查制度等。竞争主管机构应当保留一般执法权和兜底的执法权,即在行业主管部门怠于执法的情况下,有权开展竞争执法。这能在很大程度上消除执法权冲突。

四、改善倡导环境

竞争倡导的有效开展有赖于良好的环境,包括但不限于健全的法律体系和司法系统、尊崇市场的政治环境、坚实的学术基础、积极的行业协会和消费者组织等。从源头来看,需要从宪法理论中梳理阐发竞争政策的理论依据,通过深入解读《宪法》关于市场经济体制的规定,确立竞争政策基础性地位的宪法基础。在此基础上,完善《反垄断法》《反不正当竞争法》等调节市场竞争秩序的法律,进一步在法律中明确竞争政策的基础性地位。

竞争倡导环境的优化并非一朝一夕之功,还是需要建立在长期的耕耘和培育基础之上。关键靠两点:一是靠强有力的竞争执法,通过实现竞争执法的常态化和精细化,提升竞争主管机构的权威性和影响力,推动政府和企业形成合规文化;二是靠积极实施公平竞争审查制度,全面改变政府的资源配置方式,以竞争政策为指导制定其他经济和社会政策。

我国并未从立法上确立竞争主管机构的竞争倡导职能。就目前而言,我国竞争主管机构的竞争倡导实践还停留在比较简单的状态,即通过宣传竞争执法来促进相关市场主体对竞争的了解。这种简单的竞争倡导对于我国目前存在的诸多竞争问题无异于杯水车薪,并不能很好地解决政府、企业以及社会公众的竞争意识问题。公平竞争审查制度的出台,给我国开展竞争倡导带来了契机。

接下来,有必要推动全面实施公平竞争审查制度,使该制度在中央和地方真正落地。实施细则应当包括建立工作机制、协调审查程序、把握审查标准等内容:一是对现行有效的政策措施进行有序的竞争审查,凡不符合公平竞争的情形,经评估后加以或清理废止,或寻找替代性方案,或修改后继续实施;二是对正在制定中的政策措施进行事先审查,按照国务院规定的要求审查通过后进入发布程序;三是对尚在动议之中的政策措施,按照国务院规定进行竞争审查,通过后进入制定程序;四是明确公平竞争审查的工作方法(定性分析法、定量分析法、疑难问题请示流程、专家参与审查方法、提出替代方案、听取公众意见等)。

最后,还有必要建立针对公平竞争审查以及竞争倡导本身的评估机制,对公平竞争审查及竞争倡导的实施绩效予以评估。对此,可以积极探索第三方评估机制,确保评估的中立性和可信度。评估的指标既可以包括定量指标,如开展竞争倡导或提供倡导建议的次数,也可以包括定性指标,如具体分析倡导计划对于特定行业或领域所产生的影响。

结　语

“处理好市场与政府的关系”已经成为当前改革的核心，而竞争政策恰是市场与政府关系的重要结合点。竞争政策通过规制私人的和政府的反竞争行为，不仅有助于确保“市场在资源配置方面起决定性作用”，而且有利于“更好地发挥政府作用”。

实践证明，以产业政策为主的经济政策体系与市场经济的本质要求不相符合且不可持续。同时，在很长一段时间里，竞争政策促进经济“可持续”和“包容性”发展的功能、统领和协调经济政策的功能以及经济波动时期的“防火墙”功能均被忽视。但是，随着中央一系列文件的出台，竞争政策开始走向中国经济政策体系的前台，有望成为经济体制改革的突破口和着力点。

当前，国家已经明确提出强化竞争政策基础地位的目标。竞争政策的法治化程度、竞争法实施是否能够做到常态化和精细化以及公平竞争审查制度能否得到有效落实等，将共同验证竞争政策的基础性地位是否能够在不远的将来得到实现。

毫无疑问,一个国家的竞争政策是和其“经济体制”相匹配的。可以说,我国经济体制的变革塑造了竞争政策,同时当前的经济体制也影响竞争政策的实施。例如,我国《宪法》中的“公有制条款”(“以公有制为主体、多种所有制经济共同发展”)和“社会主义经济条款”(“国家实行社会主义市场经济”)是竞争政策实施不可回避的基本前提。再如,促进社会主义市场经济健康发展是《反垄断法》的追求目标之一。由于竞争政策与经济体制密切关联,因此竞争政策不仅要关注法律实施本身,更要考虑经济体制因素。如果说,中国过去的竞争政策主要围绕竞争法而展开,那么,未来的竞争政策应更加关注竞争法之外“促进竞争”的法律和政策,通过法律实施之外的措施回应经济体制或促进经济体制的变革和升级。

由于各国的经济体制不同,竞争政策的目标和重点亦有所不同。首先,应当明确:竞争政策的目标不等于且在范围上要大于反垄断法的目标,竞争政策的目标也不等于竞争政策的价值,更不等于竞争政策实施的目标。明确竞争政策的目标定位至少存在四个方面的意义:一是协调不同公共政策之间的目标冲突;二是协调反垄断法本身的目标冲突;三是指导法律规则的变迁;四是指导竞争政策的实施。

其次,我国可以分阶段、分层次地确立竞争政策的目标体系。一方面,可以分三个阶段逐步提升竞争政策的地位:第一阶段是确立竞争政策的基础性地位;第二阶段是强化竞争政策的基础地位;第三阶段是实现作为基础性经济政策的竞争政策的常态化运行。与此同时,需要明确竞争政策多元目标的阶段性取舍:(1)从价值角度看,单纯的效率目标应当逐步向兼顾公平的效率目标过渡;(2)从保护对象看,竞争政策的目标应当从保护竞争者(或保护公共利益)逐步过渡到保护消费者;(3)从体制机制上看,竞争政策的目标要从“促进社会主义市场经济健康发展”逐步过渡到“完善社会主义市场经济体制”。另一方面,可以对竞争政策目标进行层次性划分:一是优先实现经济目标,再相继考虑社会目标和政治目标。二是对于属于同一层次的目标,应当在不同阶段有所取舍,通过类型化的划分确立基本的目标层次:(1)从价值上看,体现经济性价值的效率目标要优先于体现社会性价值的公平目标和体现政治性价值的自由与民主目标;(2)从保护对象上看,竞争政策的目标应当向消费者倾斜;(3)从竞争模式上看,竞争政策的目标应当追求有效竞争模式,而非可竞争模式或完全竞争模式;(4)从体制机制上看,“完善社会主义市场经济体制”是竞争政策目标中的体制追求层面。

中国竞争政策实施的经验表明,竞争政策的技术性改进难以消除体制性障碍,包括对经济性垄断与行政性垄断“人为区分”的“身份观念”和制度安排,主要依靠民商法和行政法思维处理反垄断案件的惯性思维,以政府和公有制经济为主导的经济发展模式等,这同样与当前是经济体制及其运行机制相关。因此,除了关注私人限制竞争行为,更加需要关注政府限制竞争行为以及混合限制竞争行为。

中国竞争政策应当在以下方面体现其实施的“侧重性”:第一,明确适用于国有企业、政府采购以及行政性垄断;第二,限缩豁免范围;第三,法律责任扩展适用于所有影响自由和公平竞争的“单位”和“个人”;第四,不仅限于竞争法本身,还需要紧密结合公平竞争审查制度以及其他相关经济和社会政策中“促进竞争”的制度安排。如果中国能够在上述方面有所突破,不仅能够系统性地解决横亘在改革面前的巨大障碍,而且能够为全球竞争政策的发展提供独特贡献。

中国竞争政策的发展不仅要处理自身的实施问题,还需要处理与其他经济政策之间的关系问题。尽管中国实践足以证明“竞争政策优先”的正确性,但是可以预见,在很长一段时间内,竞争政策仍然会“让位”于以产业政策为代表的其他经济政策。因此,竞争政策与其他政策之间关系的处理不能仅仅依靠协调,更需要制度的保障。由于其他经济政策与竞争政策相比更具有短期政策效应,且单纯依靠协调无法化解不均衡的政治博弈,协调的结果很可能是竞争政策作出让步,因此,需要进一步强化竞争政策的基础地位,构建体现竞争政策基础地位的政策协调机制。

中国竞争政策还面临与国际竞争政策对接的问题。在我国当前深度参与经济全球化和全球经济治理的背景下,有必要充分利用“规则”和“趋同”两条路径,对跨国限制竞争行为予以有效回应。

最后,中国还有必要借助于竞争倡导机制孕育竞争文化,系统性、全方位地推进竞争政策理念的传播和竞争政策制度的实施。竞争倡导已经成为各国推动竞争政策实施和培育竞争文化的重要手段。可以说,目前我国开展竞争倡导的法律环境和实施能力都有所欠缺。对此,我国亟待明确竞争倡导目标、提升竞争倡导能力、改善竞争倡导环境,为通过竞争倡导提升我国竞争文化提供良好的制度保障。

主要参考文献

一、中文著作

1. 白树强:《全球竞争政策——WTO 框架下竞争政策议题研究》,北京大学出版社 2011 年版。

2. 刘宁元:《反垄断法域外管辖冲突及其国际协调机制研究》,北京大学出版社 2013 年版。

3. 王俊豪:《政府管制经济学导论——基本理论及其在政府管制实践中的应用》,商务印书馆 2001 年版。

4. 徐士英:《竞争政策研究——国际比较与中国选择》,法律出版社 2013 年版。

5. 应品广:《法治视角下的竞争政策》,法律出版社 2013 年版。

6. 于馨淼:《我国反垄断法国际合作的模式选择》,法律出版社 2012 年版。

7. 张彤主编:《欧盟法概论》,中国人民大学出版社 2011 年版。

二、中文期刊

1. 蔡定剑:《法律冲突及其解决途径》,载《中国法学》1999 年第 3 期。

2. 戴霞:《WTO 框架下的国际竞争政策和我国竞争法制的完善》,载《现代法学》2003 年第 6 期。

3. 冯晓琦、万军:《从产业政策到竞争政策:东亚地区政府干预方式的转型及对中国的启示》,载《南开经济研究》2005 年第 5 期。

4. 耿邦:《论中国竞争政策体系的构建》,载《人民论坛》2012 年第 35 期。

5. 胡凯、蔡红英、吴清:《中国的政府采购促进了技术创新吗?》,载《财经研究》2013 年第 9 期。

6. 黄勇、江山:《反垄断法实施的文化维度论纲——以竞争文化、诉讼文化与权利文化为中心》,载《江西社会科学》2008 年第 7 期。

7. 蒋岩波:《我国反垄断法的司法制度构想》,载《法学家》2008 年第 1 期。

8. 李胜利:《竞争文化·竞争宣导·反垄断执法——从美国反托拉斯法历史经验出发》,载《经济法论丛》2015 年第 1 期。

9. 李振宁:《自贸协定竞争政策条款研究:现状与应对》,载《中国物价》2014 年第 6 期。

10. 刘武朝:《欧盟竞争法中的单一主体规则及借鉴》,载《比较法研究》2014 年第 4 期。

11. 史际春:《竞争政策:经验与文本的交织进化》,载《法学研究》2010 年第 5 期。

12. 孙晋、张田:《关于〈反垄断法〉对垄断国企适用问题的思考——对王先林、徐晓松两篇文章的回应》,载《法治研究》2014 年第 8 期。

13. 王健:《威慑理念下的反垄断法刑事制裁制度——兼评〈中华人民共和国反垄断法(修改稿)〉的相关规定》,载《法商研究》2006 年第 1 期。

14. 王健、汪望宇:《美国竞争倡导制度研究——兼论我国如何导入竞争倡导制度》,载《经济法论丛》2014 年第 2 期。

15. 王李乐:《区域自贸协定竞争问题谈判:现状与发展》,载《国际经济合作》2013 年第 11 期。

16. 王婷:《竞争中立:国际贸易与投资规则的新焦点》,载《国际经济合作》2012 年第 9 期。

17. 王先林:《国际贸易协定谈判中的竞争政策问题——以 WTO 和 TPP 谈判为例》,载《竞争政策研究》2015 年第 1 期。

18. 王晓晔:《竞争政策优先——欧共体产业政策与竞争政策》,载《国际贸易》2001 年第 10 期。

19. 王晓晔:《我国〈反垄断法〉域外适用的理论与实践》,载《价格理论与实践》2014 年第 2 期。

20. 王晓晔、陶正华:《WTO 的竞争政策及其对中国的影响——兼论制定反垄断法的意义》,载《中国社会科学》2003 年第 5 期。

21. 王勇:《WTO〈政府采购协议〉与我国〈政府采购法〉之比较》,载《政治与法律》2002 年第 6 期。

22. 徐士英、应品广:《竞争文化的培育和发展——从日本竞争主管机关竞争执法、竞争推进谈起》,载《江苏大学学报(社会科学版)》2011 年第 5 期。

23. 薛克鹏:《中国反垄断法个性及其机理刍议》,载《中国流通经济》2008 年第 1 期。

24. 叶卫平:《司法审查与行政性垄断规制》,载《法学》2009 年第 1 期。

25. 应品广:《反垄断法的豁免:中国的视角和选择》,载《中南大学学报(社会科学版)》2010 年第 5 期。

26. 应品广:《金融危机下竞争政策变化的比较考察和机理剖析》,

载《经济法论丛》2010 年第 1 期。

27. 应品广:《论经济法理念对行政诉讼体制的冲击和渗透——以反垄断行政诉讼为视角》,载《学术探索》2011 年第 1 期。

28. 应品广:《美式国有企业规则的推行路径与逻辑谬误——基于与澳式规则的比较分析》,载《国际商务研究》2021 年第 5 期。

29. 臧旭恒:《从哈佛学派、芝加哥学派到后芝加哥学派——反托拉斯与竞争政策的产业经济学理论基础的发展与展望》,载《东岳论丛》2007 年第 1 期。

30. 张瑞萍:《反垄断法国际合作中的积极礼让原则分析》,载《环球法律评论》2006 年第 2 期。

31. 张占江:《竞争倡导研究》,载《法学研究》2010 年第 5 期。

三、中文译著

1. [美]瑞秋 · 布兰登勃格、[美]兰迪 · 特莱特尔、胡润田:《全球反垄断政策的趋同与差距》,载《朝阳法律评论》2012 年第 1 期。

2. [德]曼弗里德 · 诺依曼:《竞争政策——历史、理论及实践》,谷爱俊译,北京大学出版社 2003 年版。

3. [德]瓦尔特 · 欧根:《经济政策的原则》,李道斌译,上海人民出版社 2001 年版。

4. [德]乌茨 · 施利斯基:《经济公法》,喻文光译,法律出版社 2006 年版。

5. [美]查尔斯 · R. 吉斯特:《美国垄断史——帝国的缔造者和他们的敌人(从杰伊 · 古尔德到比尔 · 盖茨)》,傅浩等译,经济科学出版社 2004 年版。

6. [美]戴维 · J. 格伯尔:《二十世纪欧洲的法律与竞争》,冯克利、魏志梅译,中国社会科学出版社 2004 年版。

7. [美]赫伯特·霍温坎普:《联邦反托拉斯政策:竞争法律及其实践》,许光耀、江山、王晨译,法律出版社 2009 年版。

8. [美]约瑟夫·熊彼特:《资本主义、社会主义与民主》,吴良健译,商务印书馆 1999 年版。

9. [日]金泽良雄:《经济法概论》,满达人译,中国法制出版社 2005 年版。

10. [意]马西莫·莫塔:《竞争政策——理论与实践》,沈国华译,上海财经大学出版社 2006 年版。

四、英文文献

1. A Chandler, *Scale and Scope*: *The Dynamics of Industrial Capitalism*, Cambridge, Harvard University Press, 1990.

2. Amanda P. Reeves & Maurice E. Stucke, *Behavioral Antitrust*, 86 Indiana L. J. 1527, 1567 (2011).

3. John M. Connor & Robert H. Lande, *Cartels as Rational Business Strategy*: *Crime Pays*, 34 Cardozo L. Rev 427, 468 (2012).

4. Bucci Alberto, *An Inverted—U Relationship between Product Market Competition and Growth in an Extended Romerian Model*, Working Paper of CUTS, 2004.

5. Carl Shapiro, *Exclusivity in Network Industries*, 7 Geo. Mason L. Rev. 673, 674 (1999).

6. Clifford Winston, *Economic Deregulation*: *Days of Reckoning for Micro Economists*, 31 J. Econ. Lit 1263 (1993).

7. CUTS, *Towards a Healthy Competition Culture*, http://www. cuts – international. org/THC. pdf.

8. David E. M. Sappington & J. Gregory Sidak, *Competition Law for*

State - Owned Enterprises, 71 Antitrust L. J. 479 (2003).

9. David McGowan, *Between Logic and Experience: Error Costs and United States v. Microsoft Corp.*, 20 Berkeley Tech. L. J. 1185 (2005).

10. Eleanor Fox, *The Efficiency Paradox*, in U. S. Antitrust, R. Pitofsky ed., How the Chicago School Overshot the Mark: The Effect of Conservative Economic Analysis Oxford 2008.

11. Eleanor Fox, *The Modernization of Antitrust—A New Equilibrium*, 66 Cornell L. Rev. 1140 (1981).

12. Eleanor M. Fox & Deborah Healey, *When the State Harms Competition—The Role for Competition Law*, Antitrust Law Journal, Vol. 79, Issue 3, 2014.

13. Eleanor M. Fox, *Against Goals*, 81 Fordham Law Review 2157 (2013).

14. Frank Easterbrook, *The Limits of Antitrust*, 63 Tex. L. Rev. 1, 3 (1984).

15. Giovanni Palmioli & Adam Heal, *Structural Economic Reform in China: The Role of the Shanghai Free Trade Zone*, *Trade Insights*, United Nations Economic and Social Commission for Asia and the Pacific, Issue No. 3, November 2014.

16. Herbert Hovenkamp, *Antitrust Violations in Securities Markets*, 28 J. Corp. L. 607, 609 (2003).

17. Hoekman Bernard & Kostecki Michel, *The Political Economy of the World Trading Symtem from GATT to WTO*, Oxford University Press, 1997.

18. ICN Advocacy Working Group, *Advocacy and Competition Policy*, 2002, http://www.internationalcompetitionnetwork.org/uploads/

library/doc358. pdf.

19. Jim Murphy, *Competition Policy: The Australian Experience*, address to the National Development and Reform Commission (Jul. 9, 2007), http://www. sdpc. gov. cn/gzdt/W020070720552787085079. doc.

20. Khor Martin, *WTO Competition Rules or Global "Welfare" for TNCs?*, Third World Economics, Issue 211, Penang, (1999).

21. Lawrence J. White, *The Role of Competition Policy in the Promotion of Economic Growth* (Mar. 2008), NYU Working Paper No. EC – 08 – 19, http://ssrn. com/abstract = 1281911.

22. Lawrence S. Liu, *In Fairness We Trust? —Why Fostering Competition Law and Policy Ain't Easy in Asia* (Oct. 19, 2004), http://ssrn. com/abstract = 610822 or doi:10. 2139/ssrn. 610822.

23. Mary Newcomer Williams, *Comparative Analysis of Telecommunications Regulation: Pitfalls and Opportunities*, 56 Fed. Comm. L. J. 269, 277 (2003).

24. Maurice E. Stucke, *Better Competition Advocacy*, St. John's Law Review, Vol. 82, Issue 3, Summer (2008).

25. OECD, *Competition Assessment Guidance* (2010), http://www. oecd. org/competition/assessment – toolkit. htm.

26. Philip Areeda, *Essential Facilties: An Epithet in Need of Limiting Principles*, 58 Antitrust L. J. 841, 853 (1989).

27. Philip J. Weiser, *The Internet, Innovation, and Intellectual Property Policy*, 103 Colum. L. Rev. 601 – 602 (2003).

28. Richard A. Posner, *Antitrust in the New Economy*, 68 Antitrust L. J. 932 (2001).

29. Richard Schmalensee, *Antitrust Issues in Schumpeterian*

Industries, 90 am. Econ. Rev. 192, 194 (2000).

30. Robert Pitofsky, *The Political Content of Antitrust*, 127 U. PA. L. Rev. 1051 (1979).

31. Rudolf J. R. Peritz, *Competition Policy in America*, 1888 - 1892: *History*, *Rhetoric*, *Law*, Oxford University Press, 1996.

32. Stephen Breyer, *Regulation and Deregulation in the United States: Airlines, Telecommunications and Antitrust*, in Giandomenico Majone ed. , Deregulation or Re - regulaton? 1990.

33. United Nations Conference on Trade and Development, *Empirical Evidence of the Benefits from Applying Competition Law and Policy Principles to Economic Development in Order to Attain Greater Efficiency in International Trade and Development* (1997), file://Users/peterying/Downloads/TD_B_COM. 2_EM_10 - EN. pdf.

34. Willard K. Tom & Gregory F. Wells, *Raising Rivals' Costs: The Problem of Remedies*, 12 Geo. Mason L. Rev. 389, 407 (2003).

35. World Bank, *China* 2030 - *Building a Modern*, *Harmonious*, *and Creative Society* (2013), http://www. worldbank. org/en/news/feature/2012/02/27/china - 2030 - executive - summary.

36. WTO Working Group on the Interaction between Trade and Competition Policy, *Report of the Working Group on the Interaction Between Trade and Competition Policy to the General Council*, WT/WGTCP/2, 1998.

37. WTO Working Group on the Interaction between Trade and Competition Policy, *Synthesis Paper on the Relationship between Competition Policy to Development and Economic Growth* (1998), http://docsonline. wto. org/DDFDocuments/t/WT/WGTCP/W80. DOC.

图书在版编目（CIP）数据

中国竞争政策研究 / 应品广著. -- 北京 : 法律出版社, 2023

（世界贸易组织讲席计划丛书）

ISBN 978 -7 -5197 -7194 -2

Ⅰ. ①中… Ⅱ. ①应… Ⅲ. ①反不正当竞争－经济法－研究－中国 Ⅳ. ①D922.294.4

中国版本图书馆 CIP 数据核字（2022）第 191176 号

中国竞争政策研究
ZHONGGUO JINGZHENG ZHENGCE YANJIU

应品广 著

策划编辑 李天一
责任编辑 李天一
装帧设计 贾丹丹

出版发行 法律出版社
编辑统筹 辞书·融出版编辑部
责任校对 王 丰 郭艳萍 张翼羽
责任印制 吕亚莉
经　　销 新华书店

开本 A5
印张 11　**字数** 291 千
版本 2023 年 5 月第 1 版
印次 2023 年 5 月第 1 次印刷
印刷 北京建宏印刷有限公司

地址：北京市丰台区莲花池西里 7 号（100073）
网址：www.lawpress.com.cn
投稿邮箱：info@lawpress.com.cn
举报盗版邮箱：jbwq@lawpress.com.cn
销售电话：010－83938349
客服电话：010－83938350
咨询电话：010－63939796

书号：ISBN 978－7－5197－7194－2　**定价**：78.00 元

凡购买本社图书，如有印装错误，我社负责退换。电话：010－83938349